비영리기관운영관리

김성철 · 김은주 · 김지현 · 김창원 · 김한나 · 김현경 · 김혜림
도우현 · 박영복 · 서　경 · 이규성 · 이정아 · 한지윤 · 함지훈

박영사

머리말

　[비영리기관과 운영관리]는 가정복지사, 공공가정관리사 등의 자격을 획득하기 위한 필수과목으로서 가정자원관리학의 기초 아래 실제 공공시설에서의 경영원리를 탐색하는 강의이다. 본 과목에서는 시설에서의 경영원리는 기획관리, 마케팅관리, 자재관리, 인력관리, 재무관리, 업무수행관리 등으로 구별하여 기본적인 경영원리를 파악하는 과목이다.

　최근 비영리기관은 지역사회에서 전통적으로 가정이 수행해 온 돌봄의 기능을 지지, 보충, 대체하는 역할을 수행하는 기관으로 자리매김하고 있다. 비영리기관이 수행하고 있는 이러한 역할은 정부를 비롯한 공공부문이나 자본의 논리에 의해 움직이는 시장과는 뚜렷하게 구분된다. 『비영리기관운영관리』는 비영리기관의 의의를 이해하고 운영관리를 위한 실제를 익힐 수 있도록 준비하였다.

　경영학 산책은 '경영학'이라는 창을 통해 현대사회를 살아가는 필승법을 배울 수 있도록 시야를 활짝 열어주고 있다. 경영학은 이기는 방법을 개인적, 조직적 측면에서 과학적으로 탐구해가는 학문이다. 물론 승리할 수 있는 길을 모두 배울 수는 없다. 새로운 기업 경영 아이디어를 액면 그대로 또는 절대적인 것으로 받아들이는 것은 바람직하지 못하다. 그보다는 현재 자신의 경험과 판단에 근거한, 한 가지 제안 형태로 경영 이론을 이해해야 한다.

　현대 사회조직이 복잡하고 빠르게 변화함에 따라서 가장 중요하면서 가장 부족한 것이 커뮤니케이션이라고 생각한다. 조직을 하나의 교향악단에 비유한다면, 지휘자가 연주자들의 호흡을 읽어 매끄러운 연주를 할 수 있다면 조직도 고위 경영자가 각각의 서브 경영자들과 커뮤니케이션을 통해 조직을 제대로 경영할 수 있다고 본다.

커뮤니케이션은 전달자와 피전달자의 채널에 의해 직접적인 접촉으로 행해지는 대인(對人) 커뮤니케이션, 매스미디어를 통해 익명성의 대중에게 전달되는 매스 커뮤니케이션으로 나뉜다. 커뮤니케이션은 인간의 사회적 성격을 반영하는 인지적 상호작용이기 때문에 사회적 상호작용이 맺어지는 형식에 따라 다양한 형태의 커뮤니케이션이 존재할 수 있다. 커뮤니케이션은 사회적인 행위의 양식이다.

조직의 질서와 체계는 인간이 만든 것이기에, 한때는 좋은 아이디어였을지 몰라도 시간이 지나고 나면 모순투성이며 이해할 수 없는 것들이 되어 버린다.

조직의 중간계급에서는 끝까지 저항하며 바꾸려는 노력을 꾸준히 해야 하는 의무가 있다. 자기 계발이나 경력 개발은 스스로 책임져야 한다는 것이다. 조직 내에서 역할이 작다거나 업무 구분이 명확하지 않다면 본인의 실력을 보여줄 수 있는 기회를 만든다든지 상사와의 조율을 통해 업그레이드 할 수 있는 기회를 만들어야 할 것이다. 현대의 지식근로자에게 자기 관리는 각자가 '최고경영자'처럼 생각하고 행동해야 함을 요구하고 있다. 경영은 다양한 지식과 기술을 가진 사람들을 하나의 조직에 통합하고자 하는 모든 노력과 관련이 있다. 경영의 과제는 공동의 비전과 목표 그리고 가치관에 대해 깊이 생각하고, 결정하고, 구성원들에게 제시하는 것이다. 기업의 목적과 사명에 대한 정의 그리고 사업에 대한 정의가 내려지고 나면, 그것은 반드시 구체적인 목표들로 표현되어야 한다. 목표는 구체적인 작업으로 전환될 수 있어야 한다. 사회 문제들이 우리가 문제를 보는 관점을 바꾸기만 하면 저절로 소멸될 수도 있다고 기대하는 것은 어리석은 생각이다. 문제가 해결되는 것은 누군가가 어떤 조치를 취했기 때문이다.

미국이나 일본 기업이 우리 기업의 미래가 아니듯, 그들의 경영학이 우리의 경영학을 대신할 수는 없다. 분명 우리에게는 대한민국 시장에 적합한 논리나 실제로 응용 가능한 한국적 경영학이 존재할 것이다.

『비영리기관 운영관리』에서의 NPO경영은 이러한 종합적 관리를 경영 직능의 수직적 분화와 수평적 분화를 통해 수행한다고 볼 수 있다. NPO경영은 학문적인 복지 소비자의 욕구(needs)에 대한 서비스를 창출하고 서비스를 이루어내야 한다. 또한 자원의 확보·활용과 수요와 공급을 정해진 목표 내에서 합리적으로 조정하고 경영관리 해야 한다. NPO경영은 사회복지에 관한 정책 형성과 이를 실행하는 임상적 실천 현장에서 경영관리와 운영관리를 모두 포괄하는 전반적인 과정이며 복지의 효율성과 효과성을 중심으로 이루어지는 과정이라고 볼 수 있다. [비영리기관과 운영관리] 과목은 NPO경영학을 기초로 하며 복지경영을 이루어 가는 사회복지학과 경영학의 융합의 학문적인 과정이며 결과물이다. 사회복지가 앞으로 나아가야 할 방향성은 'NPO경영'이라고 생각한다. 『비영리기관 운영관리』에서의 NPO경영을 통한 우리의 시각 전환이 매우 필요하며 이러한 미래지향적인 준비는 한국적 NPO경영학이 좀 더 나은 단계로 도약할 수 있는 밑거름이 될 것이다.

2023. 3. 1
저자일동

차례

Chapter 01
비영리기관의 경영혁신 1

Chapter 02
비영리조직의 역할 21

Chapter 03
비영리조직의 구분 43

01 비영리기관의 경영혁신

1. 미래를 준비하는 NPO경영

사카구치 다이와[1])는 '경영학 산책'이라는 책에서 사회 진출을 앞두고 의욕이 넘치는 젊은이들, 책임 있는 자리에서 이미 활약 중인 사람들, 조직에서 독립하여 자신의 일을 계획하는 용기 있는 사람들을 위해 새로운 꿈과 비전을 제시하고 있다.

사카구치 다이와는 경영학을 '이기기 위한 방법을 탐구하는 학문'이라 규정하고 현실을 위한 경영을 강조한다. 경영학 산책은 '경영학'이라는 창을 통해 현대사회를 살아가는 필승법을 배울 수 있도록 시야를 활짝 열어주고 있다.

경영학은 이기는 방법을 개인적, 조직적 측면에서 과학적으로 탐구해가는 학문이다. 물론 승리할 수 있는 길을 모두 배울 수는 없다. 해답이 보이지 않더라도 최대한 냉정하고 과학적으로 생각하여 이기기 위한 방책을 찾아가도록 돕는다(사카구치 다이와, 2008).

경영학에서 생존의 지혜와 필승법을 발견한다면 경쟁사회를 보다 수월하

---

1) 1941년 도쿄에서 태어났다. 도쿄대학교 법학과를 졸업한 후 닛산 자동차에 입사했다. 1972년 미시건대학교 경영학대학원으로 유학하여 MBA를 취득하였고, 전문분야는 국제경영론이다. 보스턴컨설팅그룹에서 활동하다가 릿쇼대학교 경영학부 교수가 되었으며, 미국 벤더빌트대학교 객원교수 및 멕시코국립대학원 객원연구원 등을 역임했다.

게 헤쳐 나갈 수 있을 것이다. 특히 경영학이라는 창을 통해 현실을 객관적으로 판단하고 이를 바탕으로 행동하는 사람이 미래사회의 리더가 될 것이다. 미래의 지도자는 '경영자적 시각'을 갖추도록 노력해야 한다.

최근 수년간 경영학 이론 분야는 과거 어느 때보다도 활발한 논의가 진행되고 있으며, 오늘날 빠른 성장세를 나타내는 산업 분야로 각광 받고 있다. 새로운 비즈니스 이론은 과거 이론에 비해 보다 급속하게 경제 및 산업 분야에 적용되고 있는데, 이는 경영학 이론에 대한 보다 활발한 수용과 인지도의 확산을 그 주요 원인으로 볼 수 있다.

그러나 이러한 최근의 관심에도 불구하고, 경영 이론은 아직 그 초기 단계에 있다고 할 수 있다. 지금까지의 경영 이론은 한 개인의 개성 또는 마케팅 능력에 의해 많은 영향을 받아왔으며, 이 분야에 새롭게 진입하는 데 있어 강력한 제재요인도 존재하지 않는다.

따라서 특정 자격 요건을 갖춘 사람이 아닌 마케팅 능력이 뛰어난 사람들에게 보다 많은 기회가 주어졌다고 볼 수 있다. 또한 이 분야는 자기비판과 합리적인 토론이 어렵고, 다른 학문 분야와 같은 정설 또는 법칙의 부재에 따른 모순이 팽배해 있기도 하다. 따라서 새로운 기업 경영 아이디어를 액면 그대로 또는 절대적인 것으로 받아들이는 것은 바람직하지 못하다.

그보다는 현재 자신의 경험과 판단에 근거한, 한 가지 제안 형태로 경영 이론을 이해해야 한다. 물론 이러한 접근 방법에서도 실수를 저지를 수 있지만, 이익 실현을 위한 기회를 최대화하고 동시에 위험을 최소화할 수 있는 방법이라 할 수 있다.

고전적 경영학, 행동론적 경영학이 경영이론의 발전에 큰 공헌을 한 것은 사실이지만 경영환경 여건이 변화하면서 최근에 와서는 시스템이론 등 새로운 이론들이 큰 영향을 미치고 있다. 이들 새로운 경영이론들은 경영에 대한 사고의 혁신을 가져왔기 때문에 현대적 경영학으로 평가받고 있다.

Henry Towne[2]는 고전적 경영학이라고 불리는 새로운 주요 접근 방식을

---

2) 헨리 로빈슨 타운(Henry Robinson Towne, 1844년 8월 24일, 필라델피아 - 1924년 10월 15일)은 초기 기계화 관리 시스템으로 알려진 미국의 기계 엔지니어이자 사업가이다.

선도하는 데 도움을 주었으며, 독립된 연구 분야로서 경영학의 창설을 주장했다. 고전적 경영학이란 작업과 조직을 더욱 효율적으로 관리하는 방법에 대한 연구를 강조하는 경영학에서의 관점을 말한다. 고전적 경영학에는 과학적 경영, 관료적 경영, 관리적 경영의 3가지 접근 방식으로 이루어져 있다(사카구치 다이와, 2008).

1) 과학적 경영(Scientific Management)은 종업원의 능률을 증진시키기 위한 작업 방식에 대한 과학적 연구를 강조하는 고전적 경영 이론상의 한 접근방식이다. 이 경영 이론의 대표자는 Frederick Winslow Taylor, Frank and Lillian Gilbreth, Henry Gantt이다.

2) 고전적 경영이론의 또 다른 영역은 관료적 경영(Bureaucratic Management)이다. 이는 소유주나 경영자가 독단적이고 일시적인 기분에 의해서 운영하기보다는 합리적인 태도에 의해 조직을 운영해 나갈 것을 강조하는 경영이론이다. 관료적 경영 접근은 저명한 독일의 조직을 운영해 나갈 것을 강조하는 경영이론이다. 관료적 경영 접근은 저명한 독일의 사회학자인 Max Weber (1864–1920)의 연구에 바탕을 둔 것이다.

3) 과학적 경영의 주창자들은 종업원들이 업무를 더욱 효율적으로 하기 위해 사용될 수 있는 이론들을 개발하는 데 노력하고, Weber는 관료주의의 개념을 개발하는데 노력하는 동안 또 다른 고전적 경영학의 지류가 개발되고 있었는데 그것이 바로 관리적 경영(Administrative Management) 접근방식이다. 이는 경영자가 조직 내부의 활동을 조정하는 데 이용될 수 있는 원칙에 초점을 둔 경영이념으로 주요 공헌자로는 Henri Fayol과 Chester Barnard가 있다.
행동론적 경영학의 발달 과정은 다음과 같다.

(1) 호오손 연구와 인간관계

과학적 관리에 초점을 두고 실험한 결과 예기치 못한 결과가 나타났으며, 이로 인해 '인간의 심리적 요인'이 생산성을 증대시키는 데 더 중요하다는 점을 발견하게 되었다. 작업장에서의 종업원간의 상호작용이나 비공식 집단이 근로자의 태도와 행동을 형성하는 중요한 역할을 한다는 사실을 지적하였다.

(2) 매슬로우의 욕구단계이론

욕구란, 인간이 충족하고 싶어 하는 생리학적이고 심리학적인 결핍이다. 따라서 욕구는 인간의 작업태도와 행동에 영향을 미친다. 매슬로우는 인간의 욕구를 5단계로 분류하고, 순차적으로 가장 저차원적 욕구로부터 가장 고차원 적 욕구로 서열화되어 있으며, 이전 단계의 욕구가 충족되어야만 그 다음 단 계의 욕구가 의식을 지배하여 동기유발을 하게 된다고 주장하였다.

(3) 맥그리거의 x/y 이론

경영자들이 인간에 대하여 지니고 있는 가정을 두 가지 범주로 나누어 x 이론적 인간관과 y이론적 인간관으로 구분하고 있다. 매슬로우의 이론에 입각 한 y이론은 고차원적 욕구 충족과 관련이 있으며, x이론보다 y이론이 더 적절 하다고 맥그리거는 주장하였다.

(4) 아지리스의 성숙/미성숙 이론

성숙한 인간과 미성숙한 인간은 서로 다른 태도와 행동을 갖게 된다고 주 장하면서, x이론적 인간관을 미성숙한 유아적 인간관으로 규정하고, x이론으 로부터 y이론으로의 연속적 발전을, 건전한 성인으로 성장해 가는 인간의 성 숙 과정이라고 언급하고 있다.

고전적 경영학, 행동론적 경영학의 차이점은 고전주의 경영학이 기계론적 접근으로 인간의 인격성을 간과하고, 조직의 생산성이나 능률에만 치우쳤다. 반면 행동론적 경영은 작업장에서의 인간적 관점에 관한에 관한 강조가 논의 되기 시작하였다.

우리가 건강검진을 받을 때 심장이나 위장 등 신체 일부기관만의 건강상 태를 체크할 수 있다. 이 경우에 아무리 심장의 건강상태가 양호하다 하더라 도 이것만을 근거로 신체가 전체적으로 건강하다고 무조건 판단할 수는 없다. 신체의 건강은 각 부분을 단편적으로 볼 것이 아니라 이들 각 부분들의 상호관련성 속에서 몸 전체의 상태를 파악해야 올바른 판단을 할 수 있는 것이다. 사회복지학은 어떤 사회현상에 내재하는 사회문제에 대처하는 사회적 시책을 강구하는 학문으로서의 성격이 강하다.

따라서 다른 사회과학이 순수성이 강하다고 한다면 사회복지학은 응용성과 실용성이 상대적으로 강하다고 할 수 있다. 사회복지가 해결하고자 하는 사회문제가 시대에 따라 확대되어 왔기 때문에 사회복지의 개념과 영역도 확대되어 온 것이다.

사회복지라는 개념은 결코 고정적인 것이 아니고 앞으로도 사회변화와 사회문제의 성격변화에 대응하면서 계속 변화 발전해 갈 것이다.

제2절 | 조직목표와 NPO경영

현대 사회조직이 복잡하고 빠르게 변화함에 따라서 가장 중요하면서 가장 부족한 것이 커뮤니케이션이라고 생각한다. 조직을 하나의 교향악단에 비유한다면, 지휘자가 연주자들의 호흡을 읽어 매끄러운 연주를 할 수 있다면 조직도 고위 경영자가 각각의 서브 경영자들과 커뮤니케이션을 통해 조직을 제대로 경영할 수 있다고 본다.

1. 조직의 목표

커뮤니케이션은 전달자와 피전달자의 채널에 의해 직접적인 접촉으로 행해지는 대인(對人) 커뮤니케이션, 매스미디어를 통해 익명성의 대중에게 전달되는 매스 커뮤니케이션으로 나뉜다. 커뮤니케이션은 인간의 사회적 성격을 반영하는 인지적 상호작용이기 때문에 사회적 상호작용이 맺어지는 형식에 따라 다양한 형태의 커뮤니케이션이 존재할 수 있다. 커뮤니케이션은 사회적인 행위의 양식이다.

조직의 질서와 체계는 인간이 만든 것이기에, 한때는 좋은 아이디어였을지 몰라도 시간이 지나고 나면 모순투성이며 이해할 수 없는 것들이 되어 버린다. 그러면서도 변화를 싫어하는 조직의 사람들은 규정이나 전통이라는 이유로 대물림하고 있는 현실이다. 조직의 중간계급에서는 끝까지 저항하며 바꾸려는 노력을 꾸준히 해야 하는 의무가 있다.

자기 계발이나 경력 개발은 스스로 책임져야 한다는 것이다. 조직 내에서 역할이 작다거나 업무 구분이 명확하지 않다면 본인의 실력을 보여줄 수 있는 기회를 만든다든지 상사와의 조율을 통해 업그레이드 할 수 있는 기회를 만들어야 할 것이다.

현대의 지식근로자에게 자기 관리는 각자가 '최고경영자'처럼 생각하고 행동해야 함을 요구하고 있다. 경영은 다양한 지식과 기술을 가진 사람들을 하나의 조직에 통합하고자 하는 모든 노력과 관련이 있다. 경영의 과제는 공동의 비전과 목표 그리고 가치관에 대해 깊이 생각하고, 결정하고, 구성원들에게 제시하는 것이다.

기업의 목적과 사명에 대한 정의 그리고 사업에 대한 정의가 내려지고 나면, 그것은 반드시 구체적인 목표들로 표현되어야 한다. 목표는 구체적인 작업으로 전환될 수 있어야 한다. 사회 문제들이 우리가 문제를 보는 관점을 바꾸기만 하면 저절로 소멸될 수도 있다고 기대하는 것은 어리석은 생각이다.

문제가 해결되는 것은 누군가가 어떤 조치를 취했기 때문이다. 자신의 일에 대해 조직 내의 다른 어느 누구보다도 더 많이 알아야 한다는 것은 지식근로자에 대한 정의를 구성하는 한 가지 요소이다. 지식 근로자는 자신이 스스로 설정한 기준에 따라 성장한다는 것이다.

조직이 달성하고자 하는 바람직한 장래의 상태로 목표(目標)라는 용어 대신 '목적'(目的)이라는 말을 쓰는 학자도 있고, 심지어는 목적을 목표보다 장기적이고 상위적(上位的)인 개념으로 이해하는 사람도 있다. 조직이라면 그것에는 반드시 공동의 목표가 있기 마련이다. 목표가 없는 조직은 조직이라고 볼 수 없다. 조직이라는 것은 사람들의 공동의 목표를 달성하기 위해 모인 집단이기 때문이다.

목표에는 조직 구성원 개개인이 추구하는 목표도 있을 수 있다. 그러나 행정학에서 연구 대상으로 삼고 있는 목표란 인적 집합체로서의 조직이 추구하는 목표이다. 조직의 목표는 미래에 지향(志向)된 영상이지만 그 영향은 미래의 상태에만 미치는 것이 아니라 현재의 조직 행동에도 크게 작용한다.

조직의 목표는 그 조직의 강력한 행위자 한 사람에 의하여 결정될 수도 있고, 여러 구성원들의 참여와 합의에 의하여 결정될 수도 있다. 그러나 민주 사회에서의 행정조직의 목표는 민주적인 의사결정과정, 즉 보다 많은 사람과 여러 집단의 참여를 통하여 이루어져야 할 것이다.

조직의 목표는 여러 가지 기능을 한다. 그 중에서도 중요한 기능으로는 다음과 같은 것을 들 수 있다.

첫째로, 조직의 목표는 조직이 나아갈 방향을 제시하는 기능을 한다. 즉, 조직의 구성원들로 하여금 장래의 원하는 상태를 이룩할 수 있도록 행동의 지침을 제공한다.

둘째로, 목표는 그 조직의 주위 환경[사회]으로부터 정당성(正當性)을 인정받을 수 있는 근거로서의 기능을 한다. 즉, 목표는 조직이 하는 약속이라 할 수 있으므로 사회를 구성하는 여러 요소들은 이 약속을 믿고 조직에게 정당성을 부여하는 것이다.

셋째로, 목표는 조직 구성원들에게 일체감(一體感)을 갖도록 할 뿐만 아니라 동기부여의 기능도 수행한다.

넷째로, 목표는 효과성을 평가하는 척도로서의 기능을 한다. 여기서 효과성(effectiveness)이란 조직이 여러 과정을 통하여 자기가 내세운 목표를 달성하는 정도를 말한다.

한편 조직의 목표는 지도자의 태도 변화, 권력구조의 변화, 조직 구성원들의 성향 변화 등 조직 내의 요인이나 환경의 변화와 같은 조직외적 요인에 의해서 변화하는 경우가 많다. 그 변화의 유형으로는 목표의 승계, 목표의 확대 또는 축소, 목표의 대치 등을 들 수 있다.

목표의 승계(succession)란 조직이 본래 추구하는 목표의 달성이 불가능하거나 완전히 달성되었을 경우에는 새로운 목표를 설정하게 되는 것을 말한다. 그리고 목표의 확대란 조직이 추구하는 당초의 목표에 새로운 목표를 추가하거나 그 범위를 확장하는 경우이며, 이와 반대로 목표의 수(數)나 범위를 줄이는 경우를 목표의 축소라고 한다. 끝으로 목표의 대치(displacement)란 조직이 정당하게 추구해야 하는 본래의 목표를 버리고 다른 목표를 택하는 경우를 말하는데, 이를 '목표의 전환(轉換)'이라고도 부른다.

사람은 스스로가 성취하고 획득할 수 있다고 생각하는 바에 따라 성장한다. 만약 자신이 되고자 하는 기준을 낮게 잡으면, 그 사람은 더 이상 성장하지 못한다. 만약 자신이 되고자 하는 목표를 높게 잡으면, 그 사람은 위대한 존재로 성장할 것이다. 일반 사람이 하는 보통의 노력만으로도 말이다.

어떤 이론이나 가치와 같이 인간이 만들어낸 모든 가공품은 반드시 늙고, 경직되고, 진부해져서 결국에는 '재앙의 씨앗'이 된다는 것으로 혁신과 기업가 정신이 필요하다.

정부의 정책들과 정부 기관들이 애초에 신이 만든 것이 아니라 인간이 만든 것이라는 사실을, 따라서 그것들은 꽤 빠른 속도로 진부해진다는 사실을 인식하게 된 것으로서, 이는 진정으로 획기적인 인식의 전환이었다.

2. 예측시장

기업가 사회의 개인들은 자기 자신의 지속적 학습, 자기 계발, 경력 개발에 대해 스스로 더 많은 책임을 져야 한다. 미래경영에서의 예측은 '이슈플레이'에서 제공하는 포인트를 걸고 베팅 방식으로 진행된다. 스포츠 경기의 승패 예측이나, 인기 영화의 관객 예측에서부터 이번 주의 유가라든가, 미국의 달러 환율과 같은 경제 예측도 진행되고 있다.

'예측시장'은 미래학자들에 의해 유망한 미래 산업으로 주목받고 있기도 하다. 지난 수십 년간, 전략의 수립과 실행은 기업 경영에 있어서 반드시 필요한 활동으로 인식되어져 왔다. 불확실성으로 가득한 현대의 경영 환경하에서 효과적인 경영 전략의 수립과 실행이 갖는 중요성은 그 어느 때 보다 강조되고 있다(LG 경제연구원, 2010).

물론 모든 기업들을 성공 기업으로 만들어주는 만병통치약은 존재하지 않는다. 기업들의 규모와 산업이 다르고, 고객과 시장이 변화하며, 재무 구조와 핵심 기술 또한 같지 않은 만큼 이런 전략은 성공하는 전략이고 저런 전략은 실패하는 전략이라고 말하는 것만큼 어리석은 일도 없을 것이다. 현실은 미래경영과 미래를 위한 복지의 예측이 그 어느 때보다도 절실하기에 미래를 위해 준비하는 복지를 기대한다.

1. 미래 사회

이미 시작된 미래 사회에는 준비하고 도전하는 자만이 살아남는다. 피터 드러커 교수는 경영이라는 것을 누구나 가르칠 수 있고 배울 수 있는 체계적인 원칙, 즉 하나의 학문 분야로 정립시킴으로써 '경영의 아버지'라 불리게 되었다.

경영은 왜, 무엇을, 어떻게 하는 것인가? 피터 드러커는 미국이 오랫동안 경제적 번영을 누릴 수 있었던 것은 다름 아닌 '경영' 덕분이라고 말한다. 즉 '경영이란 경제 발전이 인간 생활의 향상과 사회 정의를 실현하기 위한 가장 강력한 원동력이 될 수 있다'는 현대 서구 사회의 기본적인 신념을 단적으로 드러내주는 것이며, 따라서 자유세계의 모든 국가들의 앞날은 경영자들의 자질과 능력 그리고 책임감에 크게 의존해 있다는 것이 피터 드러커의 주장이다.

피터 드러커는 21세기를 지식 시대로 규정하고 예상할 수 없는 미래 사회의 시작을 헤쳐 나갈 수 있는 방법을 제시해왔다. 이제까지는 경쟁에서 이기는 것이 우리 사회의 성공전략의 모든 것인 양 인식되어 왔다. 어떻게 하면 일본을 이기고, 중국의 추격을 따돌릴 수 있을까 하는 것이 국가적인 고민이었다면 어떤 기업의 승패를 좌우하는 것 역시 경쟁사를 따돌릴 수 있는 방법을 찾는 데서부터 시작된다고 믿어왔다. 하지만 블루오션 전략은 혁신에 대한 새로운 개념뿐만 아니라 미래에 성공전략은 어떤 방향을 취해야 하는가에 대한 인식전환을 우리에게 요구한다.

경쟁전략의 효용성이 그 수명을 다했음은 이미 여러 지점에서 감지되고 있다. 기술의 발달과 산업화로 인하여 상품과 서비스에 대한 공급은 충분하다 못해 포화상태에 이르고 있다. 더 이상 제살 깎아먹기 식의 가격경쟁과 제로섬게임 안에서의 경쟁전략은 우리에게 부를 늘려주지 못하고 있다. 전 세계가 하나의 시장으로 되어가는 속도가 가속화 될수록 틈새시장은 없어져가고 제한된 영역 내에서 누렸던 시장의 독점권은 점점 사라져가고 있다.

2. 블루오션 전략

경쟁자를 이기는 최선의 방법은 경쟁하지 않는 것이다. 레드오션에서는 경쟁자를 벤치마킹하고, 그들을 능가하려는 데 총력을 기울인다. 그러나 성공에 훨씬 근접한 전략이 바로 블루오션 전략(Blue Ocean Strategy)이다.

블루오션 전략의 중심목표는 가치혁신(Value Innovation), 즉 구매자 입장에서의 가치를 높이는 동시에, 비용을 낮추는 것이다. 따라서 어떤 기업의 설비와 가격, 비용구조가 적절하게 일치될 때만 달성될 수 있다.

이처럼 시스템이 뒷받침되면서 접근해야만 지속적으로 블루오션을 창출할 수 있다. 레드오션은 이미 기존에 존재하는 산업으로 경쟁자와 경쟁의 규칙이 정해져있어 경쟁을 통하지 않고서는 시장 점유율을 늘릴 수 없으며 시장이 포화상태에 이름에 따라 수익이 줄 수밖에 없게 된다.

그리고 레드오션에서는 경쟁이 치열해질수록 제품은 일상품이 되어버리며 결국은 극심한 경쟁으로 레드오션이 말 그대로 핏빛바다로 변하게 된다고 주장한다.

아마 이에 대한 대표적인 사례로 PC시장을 예로 들 수 있다. PC시장은 초기에 매우 차별화된 제품으로 시작했지만 이제 PC시장은 가격경쟁이 극심한 시장으로 변해버렸다. 반면 블루오션은 현재 존재하지 않는 시장이며 경쟁도 없다. 따라서 기회는 무한하다. 블루오션은 경영자의 머리를 통해서 만들어지는 무한 시장이다. 막대한 기회와 무한한 성장이 눈앞에 펼쳐진, 심연을 알 수 없는 깊고 푸른 바다와 같다. 따라서 현명한 전략은 기존시장에서 경쟁자와 치열한 아귀다툼을 하는 것이 아니라 새로운 기회의 시장인 블루오션을 창출하는 전략이 된다. 산업현장에서 치열한 경쟁은 가속화되고 있고 공급은 수요를 초과하는 속도가 빨라지는 현실 속에서 희망이 없다고 간주해버린 적이 있는가?

가치혁신(value innovation)은 프랑스 유럽경영대학원 인시아드의 교수인 한국인 김위찬 교수와 르네 마보안 교수가 1990년대 중반 공동으로 제창한 고도성장을 위한 기업 경영전략 이론이다.

지식경제의 경영학을 다루는 이론으로, 신기술의 연구·개발에만 집중하기보다는 개발된 기술에 참신한 아이디어를 접목해 새로운 시장을 창출하는 데 중점을 둔다. 즉 첨단기술을 개발해 기존의 경쟁자를 물리치는 기술혁신의 차원이 아니라, 현재의 상품이나 서비스가 제공하지 못하는 가치를 찾아 새로운 시장을 개척하는 데 중점을 두는 경영전략 이론이다.

두 사람은 지난 120년 동안 큰 성공을 거둔 세계 150개 기업을 분석해 이들이 성공할 수 있었던 요인은 기존의 시장에서 경쟁자들과 싸워 이겼기 때문이 아니라, 전혀 다른 시장을 만들어냈기 때문이라는 결론을 얻었다. 이를 바탕으로 두 사람이 체계화한 경영 전략이론이 바로 가치혁신이다.

이 이론은 2000년 이후 세계 각국의 대기업들이 기업경영 전략으로 채택하면서 새로운 경영이론으로 주목받기 시작하였다. 2004년 현재 삼성전자(주)를 비롯해 세계 30여 개의 기업들이 미래 경영전략으로 도입해 시행하고 있다. 미국의 하버드대학교 비즈니스스쿨, 펜실베이니아대학교 워튼스쿨 등 세계적으로 유명한 비즈니스스쿨에서도 전략 필수과목으로 정해 가치혁신 이론을 가르치고 있다.

블루오션 전략은 치밀한 방법론을 제시하며, 거대 신 시장을 창출할 수 있게 해주는, 다음 세대를 위한 희망의 전략이라 할 수 있다. 이제 비영리기관도 미래사회 NPO경영으로서 생존전략이 절실히 요구되는 시대이기에 비영리기관의 현장에서 새로운 각오로 임해야 할 것이다.

제4절 NPO경영의 도약과 모색

1. 경영자의 자기관리와 NPO경영의 합리성

1) 경영관리

경영관리는 합리적으로 이루어져야 하지만, 그 합리성은 조직적 사고와 계산적 사고에 의하여 뒷받침된다. 즉, 사업을 조직화하고, 계수적으로 생각하는 것이 그것이다. 이들 두 가지 사고의 전개로서, 조직적 관리 또는 실체적 관리와 계수적 관리가 성립한다. 또한 모든 경영관리는 사전·진행 중 및 사후에 있어서의 합리성과 유효성을 확보하도록 주력하며, 그것이 '계획―조직―통제'라는 매니지먼트 사이클이 된다. 사전에 행동을 합리적으로 예정하는 것이 계획이며, 이는 조직을 통해서 집행된다.

2) 경영계획

경영계획(business planning)이란 기업의 장래를 위해 경영목표를 설정하고, 그 목표를 달성하기 위한 대체적인 행동안을 선택하는 경영자 활동이라고 할 수 있다.

미래에 있어서의 기업 활동 수행에는 여러 가지의 대안(alternative)이 있다. 그 대안 중에서 최적의 것을 선택하고, 이에 따라 기업 활동을 수행하게 되면 가장 합리적으로 기업 활동이 수행될 수 있다. 이처럼 미래의 활동과정에 대한 여러 가지의 대안 중에서 가장 적합한 것을 선택하는 것을 계획 설정 또는 계획수립(planning)이라 하며, 이와 같이 선택된 미래의 활동과정에 대한 안을 가리켜 계획(plan)이라 한다.

경영계획은 활동을 시작하기 전에 이루어지며 앞날을 지향하며 창조적인 사고를 구체화하는 것이다. 경영계획이 다른 관리활동에 비해 갖는 특성을 살펴보면, 목표기여(contribution to objectives), 계획우선(primacy of planning), 계획의 일반성(pervasiveness of planning) 및 계획의 효율성(efficiency of planning)을 통해 수립되어야 한다.

3) 통제

통제(controlling)라는 용어는 여러 가지 의미로 사용되고 있는데, 이를 정리해보면 다음과 같은 다섯 가지 뜻으로 요약할 수 있다.
① 점검 또는 확인하는 것
② 규제하는 것
③ 표준과 비교하는 것
④ 명령 또는 지시의 권한을 행사하는 것
⑤ 억제 또는 제한하는 것

통제는 계획과 실적을 대조하고, 실시(實施)를 비판·검토하며 필요한 시정활동을 강구하는 한편, 그러한 내용을 차기 계획에 반영시킨다. 이러한 사이클에 있어서 경영계획의 옳고 그름은 경영관리 전체를 결정적으로 좌우한다.

효과적인 통제제도로서 모든 통제제도는 조직구성원이 조직의 성과에 최대한 기여할 수 있도록 하는 것이다. 따라서 통제의 관리적 의의는 성과목표와 그 실행결과를 연결시켜 주는 관리 역할에 있다. 그러나 때때로 통제제도는 피통제자의 예기치 않은 반응으로 인해서 전혀 다른 결과를 발생시킬 수도 있다.

조직이 종업원의 부정적 반응을 극복하고 통제제도를 효과적으로 운영하기 위해서는 다음과 같은 지침을 준수해야 한다.

첫째, 통제는 전략적이며 결과 지향적이어야 한다. 통제는 조직의 전략적 계획을 실행하기 위하여 이루어지는 것이므로 목표에 따른 결과 지향적인 것이어야 하며 성과측정 그 자체에 치중되어서는 안 된다.

둘째, 통제는 정보에 근거하여 이루어져야 한다. 통제는 의사결정과 문제해결을 보조하는 것이다. 따라서 단순히 목표와 실제와의 차이뿐만 아니라 그 원인과 해결방안에 대한 정보를 제공할 수 있어야 한다.

셋째, 필요 이상으로 복잡해서는 안 된다. 통제는 조직의 과업과 과업을 달성하기 위한 계획을 보조하기 위한 것이다. 따라서 통제는 과업을 수행하는 사람들과 과업, 그리고 조직구조에 적합해야 한다. 과잉통제는 비용도 많이 소용될 뿐만 아니라 종업원의 부정적 반응을 야기시키므로 통제제도는 단순하여야 한다.

넷째, 목표와 실제와의 차이를 발생시킨 예외에 신속하게 대응하여야 한다. 통제는 표준 적인 업무에서 벗어나는 사건을 신속히 파악하여 많은 문제를 발생시키기 전에 조치를 취하는 것이다. 따라서 통제는 표준적인 업무보다는 예외적 사건에 초점을 맞추어야 한다.

다섯째, 통제제도는 조직구성원이 이해 가능해야 한다. 좋은 통제제도란 의사 결정자에게 간결하고 이해하기 쉬운 형태로 자료를 신속하게 제공할 수 있어야 한다. 불필요하게 복잡한 통제제도나 자료는 아무런 의미가 없다.

여섯째, 통제제도는 신축성을 가져야 한다. 통제제도는 단순히 규칙에 따라 항상 일정하게 적용하게 되는 것은 아니다. 좋은 통제제도는 신축성 있게 상황에 따라 적절한 조치를 취할 수 있어야 한다.

일곱째, 통제제도는 조직구조와 일치하여야 한다. 통제제도는 권한 계층을 보조하게 된다. 즉, 통제제도에서 제공되는 자료는 권한소유자가 의사결정을 하고자 할 때 필요한 정보를 제공하는 것이므로 조직구조와 일치하는 방향으로 설계되어야 한다.

여덟째, 가능한 자기 통제를 촉진시킬 수 있도록 설계되어야 한다. 통제제도는 관련된 모든 관계자의 자기 통제, 상호신뢰, 활발한 의사소통, 그리고 적극적 참여를 촉진시킬 수 있는 방향으로 설계되어야 한다.

아홉째, 통제제도는 긍정적인 측면을 중심으로 이루어져야 한다.

열 번째, 통제제도는 공정하고 객관적이어야 한다. 즉 통제제도는 편견이나 주관이 개입 되어서는 안 된다.

4) 자기관리

경영관리는 경영상에서의 각종 업무수행이 경영목적을 위하여 가장 효과적으로 행해질 수 있도록 여러 가지 시책을 체계적으로 연구하고 경영조직체를 만들어 이를 운영하는 일을 의미한다. 초기의 경영관리는 경영자의 경험과 직관력(直觀力)을 바탕으로 행해졌으나, 경영규모의 확대, 경영내용의 복잡화, 경영환경의 급격한 변화 등으로 경영관리의 과학화가 필연적으로 필요하게 되었다. 그것은 20세기 초의 과학적 관리법에서부터 시작된다. 그리고 경영관리와 함께 필요한 것이 자기관리이다. 자기관리가 뛰어난 사람을 성공한 사람이라고 부를 수 있다. 성공으로 가기 위해서는 두 가지 도움이 필요한데 역량, 기술, 지식을 통해 창출된 경제적 부와 원만한 대인관계가 필요하다. 이 모든 것들은 리더십이 배후가 되어 조종하게 된다. 즉 성공한 사람은 리더십이 뛰어난 사람이라고 할 수 있다. 자기관리에는 협의의 자기관리와 광의의 자기관리로 나눌 수 있다. 협의의 자기관리는 미시적 차원의 자기관리로 오로지 자기 자신의 자기관리 능력을 말하는 것이고, 광의의 자기관리는 거시적 차원의 자기관리로 대인관계능력을 말하는 것이다. 자기관리의 능력으로는 비전, 목표, 태도, 시간, 스트레스, 마음, 건강관리가 있고 대인관계의 능력으로는 신뢰를 바탕으로 인간관계 관리와 갈등 관리가 있다.

자기관리의 핵심은 자아개념에 있다. 내가 나를 얼마나 알고 있는가? 자아개념을 가지고 있어야만 자신의 목표와 능력, 신념 및 가치관 등을 세울 수 있다. 이로써 자아실현 또한 이룰 수 있는 것이다. 자기 자신을 표현한다는 정신으로 본연의 자기 자신이 된 다음 자신을 펼쳐 행하는 방법이다. 자아인식의 4가지 교훈으로는 '자신이 최고의 자기 선생이다', '책임을 져라. 누구에게도 전가시키지 마라', '자신이 배우고 싶은 것은 무엇이든지 배울 수 있다', '진정한 깨달음은 자기 경험의 성찰에서 온다'가 있다.

스스로의 힘으로 한 발짝 앞으로 나아가는 것이 중요하다고다고 본다. 자신을 모습에서 무엇인가 변화를 생각하는 사람들이 많다. 자신을 둘러싼 사회의 부조리나 모순에 대한 변화를 시도하는 사람들뿐 아니라 조직화된 사회에서도 개별화되며 느끼는 개인의 심리적 갈등을 이겨나가려는 부분도 있다. 대부분 그 변화를 바라는 중심에는 돈, 명예, 사랑, 직업 등이 포함된다. 또한 이와는 다르게 자신의 내면의 자아를 발견하고 보다 성숙한 삶의 의미를 찾으려는 사람들도 있을 것이다. 어떤 의미에서 변화를 시도하든지 그 변화의 뜻을 가진 사람들의 관심의 대상이 되는 자아인식은 매우 필요하다고 본다. 경영관리가 다양화하면, 전체경영과 부분경영관리와의 연결 및 일체성(一體性)을 어떻게 확보하는가가 문제가 된다.

경영관리의 과학성과 경영자의 자기관리를 어떻게 조화시키느냐 하는 문제가 중요한 과제라고 보며 경영자는 자기 자신과의 관리와 NPO경영의 합리성이 요구되는 시대에 미래의 NPO경영을 이루어나가야 할 것이다.

2. NPO경영의 도약과 모색

오늘날의 기업은 시장에서의 위험을 부담하면서 시장수요를 충족시키기 위하여 자주적으로 의사결정을 하고 영리를 추구하는 경제적 주체이기는 하지만 이윤극대화만을 위한 수단이기보다는 경제적 후생을 달성하기 위한 수단이며, 이해집단의 공동이익을 추구하는 수단으로 인식되어야 한다. 학문이 성립되기 위해서는 그 연구대상이 필요하다.

예컨대 사회과학 중 경제학은 사회현상 중 사회의 경제적 측면만을 대상으로 성립된 학문이며, 정치학은 정치적 측면을 대상으로 성립된 학문이다.

경영학이 학문으로 성립하기 위해서는 나름대로 다른 학문과 구별되는 연구영역과 대상이 존재해야 하는데, 경영학의 경우 그 연구영역 또는 대상은 '경영'이라는 현상이다. '경영'은 경제주체들이 인간의 생활에 필요하고 인간의 욕구를 충족시켜 줄 수 있는 재화나 서비스를 생산하여 공급하는 활동을 말한다.

그러므로 경영학은 경영을 담당하고 있는 경제주체들의 활동을 체계적이고 과학적인 비법을 통하여 연구하는 학문분야라고 할 수 있다. 즉 경영학은 개별경제주체들의 경제적 활동에 초점을 맞추고 있는 학문이다. '경영'은 오래 전부터 실제로 존재하였던 현상이지만 이 현상을 탐구의 대상으로 하는 '경영학'은 역사가 그렇게 오래되지 않았다.

경영학의 양대 조류 중 하나인 독일경영학의 경우 17세기, 그리고 다른 또 하나의 조류인 미국경영학은 20세기에 들어서 본격적으로 연구되기 시작하였으며, 오늘날 우리가 알고 있는 경영학은 산업혁명 이후 본격적으로 발전하였다고 할 수 있다. 경영학의 연구영역을 위와 같이 규정하더라도 경영학의 발달과정을 살펴보면 경영학에서 다루었던 경영현상은 국가에 따라 다소 차이가 남을 알 수 있다.

독일의 경영학은 상학자들의 연구를 바탕으로 생성, 발달했다. 따라서 이론 중심적이고 학문적인 성격이 강하다는 특징을 갖는다.

독일경영학의 특징은 첫째, 기본적으로 경제학의 테두리 안에서 경제학적 방법에 의해 다루어져 왔다. 곧 독일의 경영학은 경영경제학으로서의 경영학이다.

둘째, 독일경영학에서는 기업자 중심의 실리추구에 앞서 생산조직으로서의 경영체의 본질을 어떻게 정립할 것이냐의 문제를 두고 고심했는데 이때 독일민족 특유의 민족공동체 의식이 반영된 경영본질론을 집중적으로 다루고 있다.

셋째, 독일경영학을 형성한 학자들은 대개 회계학에 소양이 깊었기 때문에 그들은 특히 기업의 자본이나 비용문제에 중점을 두었다. 이런 까닭에 독일경영학은 오랫동안 회계학의 비중을 크게 다루어왔다.

예컨대 독일경영학은 경영경제학으로 알려져 있고 미국경영학은 경영관리학(Management)으로 알려져 있다. 그리고 영국, 미국에서는 기업경제학(Business Economics), 관리경제학(Managerial Economics), 또는 기업이론(Firm Theory) 등으로 불리는 경제학적 접근방식도 경영학의 분야로서 연구되고 있다. 우리는 미국식 경영학을 그대로 답습하는 경향을 보였다.

'기업경제학'(경영자를 위한 경제학)으로서 일반적으로 기업을, 이윤극대화를 지향하는 경제단위로 보며, 이윤을 목적함수로 하고, 수익·비용의 움직임을 판매량·생산량의 함수로 이해한다. 이윤을 극대화하는 함수관계를 풀기 위하여, 수요·가격·생산과정·원가·경쟁·판매촉진 등이 검토되며, 분석용구의 대부분은 미시경제학의 수법을 차용하였다.

기업경제학은 경영자·관리자의 의사결정문제에 획기적인 공헌을 한 반면, 기업을 극대이윤과의 관계에서만 받아들이는 등 이론적인 많은 문제점도 내포하고 있다.

미시경제학은 국민경제에 있어서의 경제주체, 즉 각 개인(가계)이나 기업이 어떤 동기로 어떤 법칙에 따라 활동을 전개하며, 그 활동의 결과로 여러 가지 재화나 용역 및 생산요소의 가격과 수급량이 어떻게 결정되는가의 문제를 연구대상으로 하는 것을 말한다. 즉, 미시경제학은 분석의 출발점을 개별적 경제주체로 보고, 그것들의 합리적 선택의 행동방식(가계는 효용의 극대화, 기업은 이윤의 극대화)을 밝힘으로써, 각 경제주체가 일반적 상호의존 관계에 의해서 구성하고 있는 전체 경제의 법칙성을 해명하려는 분석방법을 택한다.

이제는 한국적 경영학을 세워야 할 때가 왔다고 본다. 외국과 우리는 기업환경이 다르고 경영학의 원리도 결코 같은 방식을 적용하기 어렵다. 경제규모라든가 생활수준, 여러 면에서 이제 우리의 것을 만들어 나가야 한다. 그래야 외국인들도 우리나라에 와서 뭔가 배우고 갈 것이다. 기업 경영이 글로벌화 되고 있는 것은 사실이지만, 미국이나 일본 기업이 우리 기업의 미래가 아니듯, 그들의 경영학이 우리의 경영학을 대신할 수는 없다. 분명 우리에게는 대한민국 시장에 적합한 논리나 실제로 응용 가능한 한국적 경영학이 존재할 것이다.

그리고 이러한 현실적 인식이야말로 우리 기업의 경쟁력을 한 단계 끌어올리는 계기가 될 수 있을 것이다. 이제 앞으로는 미래의 한국적 NPO경영을 만들어가야 할 것이다. 사실 우리 기업에 맞는 고유한 경영방식을 찾아내는 작업은 무엇보다도 중요한 과제다. 그럼에도 불구하고 경영학자들이 좀처럼 엄두를 못내는 이유가 있을 것이다. 국내외에서 모든 면에 대해 인정받을 만큼 성공적이면서도 바람직한 한국 기업이 있어야 하고 이러한 기업으로부터 다른 기업에 보편적으로 적용할 수 있는 경영방식을 찾아낼 수 있어야 하기 때문이다. 그러나 아직도 양적 규모와 질적 수준, 그리고 기업 윤리적 관점에서 모범이 될 만한 한국 기업을 찾기란 보통 어려운 일이 아니다. 미국적 경영방식은 다른 어느 나라에서도 찾아보기 어려운, 미국만의 독특한 현상이었는데도 미국 경제가 가진 경제력에 편승해 보편성을 지닌 일반경영학으로 포장돼 전 세계로 확산됐다.

윤리 경영(moral management)이란 경영 활동의 규범적 기준을 사회의 윤리적 가치체계에 두는 경영 방식을 뜻한다. 윤리경영을 실천하기 위해서는 많은 노력들이 필요하다. 우선 윤리경영의 실천 여부를 모니터링할 수 있는 성과평가 시스템의 정비가 필요하고, 단기적 성과가 아닌 장기적인 관점의 질적인 평가지표를 만들어야 한다. 소비자의 기업에 대한 평판, 기업이 지역 사회에 공헌한 정도, 종업원의 기업 경영에 대한 만족도 등 윤리경영에 관한 지표들을 평가할 필요가 있는 것이다.

사람은 스스로 만든 문제를 어떻게 해결하느냐에 따라 그 사람의 가치가 결정된다. 넬슨 만델라가 인종차별정책이라는 사회악에 맞서 싸운 것, 크레이그 벤터가 인간의 게놈을 밝혀낸 것, 래리 페이지와 세르게이 브린이 사이버 공간의 광활함을 가져온 것 등은 모두가 놀라운 가능성을 지닌 특별한 문제를 해결하고자 했던 열정 덕분이었다. 따라서 경영의 미래를 창조하는 것은 경영 혁신의 가치에 대한 지적인 확신 이상의 것이 필요하다. 또 매우 구체적이면서도 고귀한 도전에 대한 열정도 요구된다.

이제는 한국적 경영학이 무엇이냐에 대한 고민을 함께 하면서 한국기업의 특질에 대해 본격적으로 연구하고 새로운 비전과 꿈을 이루기 위하여 계속적인 관심과 노력으로 나아가야 할 것이다.

기업경영과 마찬가지로 NPO경영도 비영리조직이지만 효율성과 효과성의 입장에서 '경제목적 달성을 위한 경제적 가치의 조직'이며 동시에 '공통의 목적을 향해 결합된 인간 공동사회'이므로 경영관리는 '업무관리'와 '인간관리'의 2중체계로 이루어진다.

NPO경영은 이러한 종합적 관리를 경영 직능의 수직적 분화와 수평적 분화를 통해 수행한다고 볼 수 있다. NPO경영은 학문적인 복지 소비자의 욕구(needs)에 대한 서비스를 창출하고 서비스를 이루어내야 한다. 또한 자원의 확보·활용과 수요와 공급을 정해진 목표 내에서 합리적으로 조정하고 경영관리해야한다. NPO경영은 사회복지에 관한 정책 형성과 이를 실행하는 임상적 실천 현장에서 경영관리와 운영관리를 모두 포괄하는 전반적인 과정이며 복지의 효율성과 효과성을 중심으로 이루어지는 과정이라고 볼 수 있다. NPO경영학은 복지경영을 이루어 가는 사회복지학과 경영학의 융합의 학문적인 과정이며 결과물이다. 사회복지가 앞으로 나아가야 할 방향성은 'NPO경영'이라고 생각한다. NPO경영을 통한 우리의 시각 전환이 매우 필요하며 이러한 미래지향적인 준비는 한국적 NPO경영학이 좀 더 나은 단계로 도약할 수 있는 밑거름이 될 것이다.

02 비영리조직의 역할

1. 비영리조직의 정의

학자마다 비영리조직에 대해 정의하고 있는 내용은 다양하나, 일반적으로 비영리조직에 언급되는 내용은 공통적인 특징이 있다.

이 부분에서 공통으로 부각되는 요소는 '이익을 분배하지 않는 것'과 '공익을 추구하는 것'을 들 수 있는데, 〈표 2-1〉에 제시한 바와 같이 다른 학자들의 정의도 유사한 경향을 보였다.

●● 표 2-1 비영리조직의 정의

연구자	정의
Salamon & Anheier(1997)	공식적이며 정부와는 독립되어 자치적이고 구성원에게 이윤을 배분하지 않는 자발적 조직
Salamon (1999)	조직(기관)이 소유주들의 이익을 창출하기 위해 존재하지 않고, 공익에 기여하는 것을 목적으로 하는 조직
Frumkin (2002)	강제로 참여시키지 않고, 이해관계자들에게 이윤을 분배하지 않으며, 주인의식과 책임성을 가지고 있는 조직
Grobman (2008)	소유주나 주주를 위해 자본의 이익을 추구하지 않는 대신 그 자본으로 어떠한 목적을 달성하는 단체
Ott & Dicke (2016)	공공과 민간의 영역 사이에서 개인 혹은 사회가 통합을 위해 노력함. 비영리와 자발적 행동은 공익을 추구하며, 목표와 가치를 공유하고 시민사회와 함께 행동함.

2. 비영리조직의 특징 및 기능

1) 비영리조직의 특징

Salamon et al.(2000)은 비영리조직의 중요한 특징은 자치단체(self-governing organizations)라는 점, 이익분배를 하지 않는다(not profit- distributing)는 점, 민간 조직(private)이라는 점, 비정부 조직(non-governmental)이라는 점, 자발성(voluntary)에 기인하고 있다는 점을 주요한 특징으로 언급하였다.

2) 비영리조직의 기능

비영리조직은 생산적 활동을 비롯한 기업적 기제를 도입하여 정부가 대응하지 못하는 욕구에 서비스를 공급하는 반면, 자원의 출처가 다양화하여 자율적 운영이 가능하기 때문에 지역단위의 밀착 활동을 통해 지역사회의 문제를 해결하고 공공의 목표를 효과적으로 달성할 수 있다. 즉 정부실패 및 시장실패에 따라 비영리조직의 효율성이 부각될 수 있다.

비영리조직은 자원봉사와 기부행위를 활성화시키고 사적 자원 지원과 자원봉사자에 접근 가능성이 커서 서비스의 질을 높이고 공공자원을 끌어들이는 지렛대로 작용한다. 고객의 요구에 맞추어 서비스를 재단할 가능성이 많은 소규모의 운영을 한다는 점, 서비스의 내용과 서비스가 제공되는 제도적 구조에 있어서 다양성이 많다는 점, 그리고 단절된 단편적 접근을 회피할 가능성이 크고 가족이나 개인을 다루는 데 있어서 단편적인 문제 중심으로 다루는 것이 아니라 가족과 개인이 직면한 광범위한 요구에 집중한다는 점에서 비영리조직의 기능이 더욱 주목받고 있다(Kramer, 1981; 백종마, 2002).

비영리조직이 수행하는 다양한 역할은 Salamon(1999; 2000)이 제시한 바와 같이 필요에 따른 기능적 역할을 수행하기도 하고, Putnam(2000)과 Rosenblum(1998)이 언급한 바와 같이 참여의 기회를 증진시키고 사회자본 형성에 기여하는 역할을 수행하기도 한다. 또한 Salamon & Anheier(1996a)가 제시한 바와 같이, 활동 분야만큼이나 다양한 공공가치 형성과 공유에 기여하기도 한다(Frumkin & Andre-Clark, 2000; Bryce, 2006). 그렇기 때문에 비영리조직의 역할은 매우 복합적이라 볼 수 있다. 이렇듯 복합적인 역할을 수행하는 비영리조직의 특징을 핵심적으로 설명하기 위해서 그들의 지향점과 목적 등을 기준으로 삼을 수 있을 것이다.

1. 비영리조직의 역할

비영리조직의 역할은 각 국가와 사회에 따라 차이가 있으며, 비영리조직의 주요 활동 분야와 유형에 따른 차이도 발생한다. Salamon(1999)은 비영리조직이 크게 서비스 제공, 가치의 수호, 권리 옹호와 문제 인식, 사회자본 형성과 같은 4가지 부문에 기여한다고 보았다. 첫째, 비영리조직은 서비스 제공기능을 담당하면서 충족되지 않은 요구를 해결하고, 일반적이고 보편적인 정책을 각 지역의 상황과 요구에 맞게 적용하는 역할을 수행한다. 이와 더불어 공익을 위한 특별 요구에 응할 수 있는 수단을 제공해 공공 서비스 전달을 가능하게 하는 역할을 한다. 둘째, 비영리조직은 국가의 기본적 가치 구현과 표본으로 공익에 대한 개인 차원의 주도권을 강조하는 역할을 수행한다. 다양성과 자유의 가치를 촉진하고, 수호하고자 노력하며 이를 확산시키는 데 기여한다. 셋째, 비영리조직은 사회문제에 대한 시민들의 관심을 불러일으키고 개인들이 의견을 제시할 수 있도록 권리를 옹호하며 사회적·정치적 중요 관심사를 대중에게 인식시키는 역할을 한다. 마지막으로 비영리조직은 상호 신뢰를 기반으로 활동하고 운영하며 사회자본을 형성하게 되는데, 이 과정이 다시 민주 사회가 효율적으로 작동하는 데 기여하게 되고, 선순환의 과정이 된다고 보았다.

Frumkin(2002)은 비영리조직의 활동이 갖는 기능과 역할을 수요(demand)와 공급(supply), 도구적 합리성(instrumental rationale)과 표현적 합리성(expressive rationale)을 기준으로 하여 크게 4가지로 분류하였다. 4가지는 서비스 전달(service delivery), 사회적 기업가 정신(social entrepreneurship), 시민·정

	수요 Demand-side orientation	공급 Supply-side orientation
도구적 합리성 Instrumental rationale	서비스 전달 Service Delivery	사회적기업가정신 Social entrepreneurship
표현적 합리성 Expressive rationale	시민, 정치적 참여 Civic and political engagement	가치와 신념 Value and faith

참고: Frumkin(2002)

치적 참여(civic and political engagement), 가치와 신념(value and faith)으로 〈표 2-2〉와 같이 정리할 수 있다.

첫째, 서비스 전달은 정부실패 혹은 시장실패에 대한 대응을 하거나 필요한 서비스를 제공하는 것을 말한다. 둘째, 사회적기업가정신은 상업적 목표와 자선을 위한 목표를 결합한 사회적기업을 창조하고 사회적기업가정신을 함양하도록 하는 것에 있다. 셋째, 시민·정치적 참여는 정치적 활동이나 옹호 활동 등 커뮤니티 안에서의 사회자본을 형성하도록 하는 과정에 시민을 동원하는 것이 해당한다. 마지막으로 가치와 신념은 자원봉사활동가, 직원, 기부자 등이 가치와 신념에 따라 일하도록 하는 것에 있다.

이와 같은 내용은 서비스 제공, 가치와 신념의 공유, 권리옹호, 사회문제 해결, 사회자본 형성 등과 같은 필요에 의해 비영리조직이 그 역할을 다할 수 있다는 것을 설명하고 있다. 특히 Frumkin(2002)이 제시한 4가지 기능은 서로 중첩되고 연결되어 있기 때문에, 각 부문 간의 충돌과 긴장에 잘 대응하며 다양한 역할 속에서 균형을 잡는 것이 중요하다고 보았다. 이외에도 비영리조직의 활동 자체가 긍정적인 영향을 미친다고 보는 견해도 있다. Putnam(2000)은 비영리조직 및 협회 활동이 시민참여 증진과 사회자본 형성에 기여한다고 보았다. Rosenblum(1998)은 집단적인 이익이나 물질적 성취보다 참여하는 과정 자체에 큰 가치를 두고 활동하는 사람들이 있어 참여 과정 자체부터 가치 있다고 보았다.

2. 비영리조직의 유형

백종만(1995)은 역할분담 유형을 구별하는 기준으로 첫째, 서비스 전달 주체, 둘째, 서비스의 재정 부담, 셋째, 서비스의 지배적 공급유형이라는 3가지를 기준으로 선정하였다. 비영리조직의 역할과 유형에 관한 이론적 논의를 정리해 보면 다음 〈표 2-3〉과 같다.

●● 표 2-3 비영리조직의 유형 분류

연구자	기준	유형 분류
국제 비영리조직 분류방식 (ICNPO)	활동 분야	① 문화 · 레크리에이션 ② 교육 · 연구 ③ 건강 ④ 사회 서비스 ⑤ 환경 ⑥ 개발 · 주택 ⑦ 법 · 지지 · 정치 ⑧ 자선 조직 · 자원봉사 · 활성화 ⑨ 국제적 활동 ⑩ 종교 ⑪ 기업 및 직업단체 · 노동조합 ⑫ 기타
Salamon & Anheier (1996a)	활동 분야	① 문화 · 예술 · 레크리에이션 ② 교육 · 연구 ③ 보건 · 의료 ④ 복지 서비스 ⑤ 환경 ⑥ 개발 · 주택 ⑦ 시민 · 옹호 ⑧ 자선 ⑨ 기업 · 전문가 단체 ⑩ 국제조직
행정안전부 (2018b)	활동 분야 & 주제	① 사회통합 ② 사회복지 ③ 시민사회 활성화 ④ 자원봉사 · 기부 ⑤ 민생경제 및 문화 · 관광 ⑥ 생태 · 환경 ⑦ 국가 안보 및 평화 증진 ⑧ 사회안전 ⑨ 국제 교류
Salamon (1999)	기여 부문	① 서비스 제공 ② 가치의 수호 ③ 권리 옹호와 문제 인식 ④ 사회자본 형성
Frumkin (2002)	기능 & 역할	① 서비스 전달(service delivery) ② 사회적기업가정신(social entrepreneurship)[1] ③ 시민 · 정치적 참여(civic and political engagement) ④ 가치와 신념(value and faith)
Elliot(1987)	지위 & 목표	① 복지(welfare)지향 비영리조직 ② 발전 및 개발(developmental) 중심 비영리조직 ③ 권한강화(empowerment) 비영리조직
Gordenker & Weiss(1996)	역할 & 목적	① 활동적(operational) 비영리조직 ② 교육적(educational) 비영리조직 ③ 선전 · 대변적(advocacy) 비영리조직
Brown & Moore(2001)	사명 & 대상	① 서비스전달 비영리조직 ② 역량배양 비영리조직 ③ 대변적 비영리조직
김민정 (2014)	활동 분야 &지향	① 서비스 · 복지지향 비영리조직 ② 역량배양 · 발전 비영리조직 ③ 권한강화 · 대변적 비영리조직

비영리민간단체 공익활동 지원 사업에서 구분하고 있는 활동 분야 및 주제에 따른 분류를 고려하고, 비영리조직 유형 분류에 따라 크게 3가지 유형을 종합하였는데,[2] 이를 바탕으로 3가지 유형에 따라, 각 학자의 분류유형을 대입하고, 유형의 핵심적인 특징을 종합하면 〈표 2−4〉와 같다.

●● 표 2-4 비영리조직 유형 분류

유형	특징	학자 및 제시 유형	
서비스 제공 NPO	소외계층에 대한 재화와 서비스 전달	Salamon(1999) Frumikn(2002) Elliot(1987) Gordenker & Weiss(1996) Brown & Moore(2001)	서비스 제공 서비스 전달 복지지향 활동적 서비스 전달
역량 강화 NPO	개인의 주도권 강화 및 지역의 자조 역량 강화	Salamon(1999) Frumikn(2002) Elliot(1987) Gordenker & Weiss(1996) Brown & Moore(2001)	가치의 수호 (가치와 신념) 발전 및 개발 교육적 역량 배양
권한 강화 NPO	대변적 · 옹호 · 권한 부여 활동을 통해 정책에 영향	Salamon(1999) Frumkin(2002) Elliot(1987) Gordenker & Weill(1996) Brown & Moore(2001)	권리 옹호 & 문제 인식 시민 참여 & 정치적 참여 권한 강화 선전 · 대변적 대변적

---

1) 사회적기업가정신(social entrepreneurship)은 사회적 기업에만 해당하는 내용이 아닌 모두에게 적용될 수 있는 것이다. Frumkin(2002)이 제시한 내용에서의 '사회적기업가정신'은 상업적 목표와 자선을 위한 목표를 결합한 사회적기업을 창조하고 사회적기업가정신을 함양하는 것에 있어서 본 연구에서 대상으로 삼은 '비영리조직'과는 차이가 있다. 국내에서는 상업적 목표와 결합하여 공익활동을 하는 조직을 '사회적기업'이나 '예비사회적기업', '벤처기업', '스타트업' 등으로 명명하여 별도의 지원 제도를 운영·관리하고 있다.

2) 비영리조직의 각 유형에 대한 내용이 좀 더 직관적으로 드러나도록 하기 위해, 비영리조직의 유형을 언급하는 데 있어, '서비스 제공 비영리조직'은 '서비스 제공 NPO'로, '역량 강화 비영리조직'은 '역량 강화 NPO'로 '권한 강화 비영리조직'은 '권한 강화 NPO'로 표기하도록 하겠다.

비영리조직이 왜 생겨났는지, 비영리조직의 활동이 부문(sector)으로 인정받고 '시민사회 영역'으로 표현되며 강조되어 온 배경은 무엇인지 등에 대해 살펴보고자 한다. 이에 관한 내용은 크게 '비영리조직의 생성과 성장'에 관한 부분과 '비영리조직의 실패와 위기'에 관한 부분으로 나누어 살펴보고자 한다.

1. 비영리조직의 생성과 성장

그간 비영리조직이 왜 생겨났는지, 어떻게 시작하게 되었는지에 대해 많은 논의가 있었다. 이는 곧 비영리조직의 영역이 이렇게 활성화되고 확장된 이유가 무엇인지에 대한 탐구로 이어졌다. 비영리조직의 생성과 성장에 관해서 정리하면 첫째, 신공공 관리론의 관점에서 보는 이론, 둘째, 신공공 서비스론 관점에서 보는 이론, 셋째, 이외의 관련 이론으로 구분하여 살펴보고자 한다.

1) 신공공 관리론의 관점

신공공 관리론(NPM: new public management)은 시장주의와 신자유주의 이념에 기초하여 가격체계와 경쟁 원리를 활용한 공공서비스 제공, 고객지향적 공공서비스 제공을 강조한다. 이에 따라 민간위탁·민영화 등을 확대하여 효과적이고 대응적인 정부를 구현하고자 하는 특성이 있다. 주인-대리인 이론(principal-agent theory)이나 공공선택론(public choice theory), 거래비용 이론(transaction-cost theory), 계약 실패 이론(contract failure theory) 등이 이러한 맥락에서 논의되었다(이종수, 2013).

주인-대리인 이론(Principal-agent)은 주인(Principal)이 대리인(agent)에게 자신의 이익과 관련된 행위의 권한을 부여해 재량껏 처한 문제를 해결해 달라고 요구하여, 대리인(agent)이 재량권을 갖고 행동하게 된다는 이론이다(김민정·박성민, 2014). 공공선택론(Public choice theory)은 정치의 과정을 경제학적 관점에서 분석한 이론으로, 시장의 생산자와 소비자처럼 공공부문의 정치인, 관료, 투표권자 등이 존재한다고 보는 것이다(사공영호, 2017). 이 이론은

Wicksell(1958)이 주장하였다. 거래비용 이론(transaction-cost theory)은 재화나 서비스를 거래하는 데 필연적으로 거래비용이 존재하는데, 이를 최소화하기 위한 방향으로 의사결정이 된다고 본다. 계약 실패 이론(contract failure theory)은 소비자와 공급자 간의 정보 비대칭이 심각하여 서비스의 양과 질을 정확히 판단하기 어렵기 때문에 이를 보완하고자 하여 등장한 이론이다(김준기, 1998).

신공공 관리론(NPM: new public management)의 흐름에 따라, 공공부문에서도 민영화를 하는 움직임이 생겨나고, 성과가 강조되기 시작하였다. 이에 따라 비영리 부문도 공공-민간부문과의 협력관계 속에서 점차 공공기관화 또는 민간화 되는 것에 대한 비판(Smith & Lipsky, 1993; Edwards & Hulme, 1995)이 생겨났다. 특히 중요한 가치들과 상충 관계에 놓일 가능성이 많기 때문에(이종수, 2013), 비영리조직이 본래의 역할 및 특성을 상실해가는 것에 대한 우려가 있다(김민정·박성민, 2014).

2) 신공공 서비스론의 관점

신공공 관리론의 한계와 우려를 바탕으로 신공공 서비스론(new public service)이 제기되었다. 신공공 서비스론은 '행정이 공공서비스를 제공해야 한다'는 것을 강조한다는 점에서 앞서 제시한 신공공 관리론과 차이가 있다. 그뿐만 아니라 기업가 정신보다 시민권(citizenship)을, 시민에 대한 통제보다는 시민에 대한 공공서비스 제공을 강조한다는 측면에서 정부의 역할에 대한 강조점이 다르다. 신공공 서비스론은 행정이 시민의 이익을 표출할 수 있게 하여 충족될 수 있도록 지원하고, 공유가치(shared value)를 창출하는 서비스를 제공하는 데 중점을 두어야 한다고 보았다(Denhardt & Denhardt, 2003; 김태룡, 2010; 이종수, 2013).

이러한 신공공 서비스론의 기조 아래에서 민주적 시민 이론(theories of democratic citizenship), 지역공동체 및 시민사회 모형(models of community and civil society), 조직 인본주의(organizational humanism) 등이 논의되었다(이종수, 2013). 이 중 민주적 시민 이론(theories of democratic citizenship)은 좀 더 적극적인 시민정신(citizenship)을 강조한다는 특성을 갖는다. Mansbridge, 1992; Pateman, 1970; Sandel, 1996은 정부가 선거 등과 같은 개인적 권리를 보장하

고 행사할 수 있도록 하기 위해 존재한다고 보았으며, 이러한 맥락은 공공선택론의 주장과 유사하다. 그러나 시민이 공동체에 대해 관심과 소속감을 가지면, 좀 더 장기적이고 거시적인 관점으로 사익보다 더 큰 공익을 지향하게 된다고 보았다. 유사한 맥락으로 King & Stivers(1998)는 시민이 주체라는 점을 강조하며, 정책집행 시, 시민에게 권한을 부여하고 그들에게 봉사하는 데 중점을 두어야 한다고 보았다. 정부는 시민과 공동체를 연결하고 지원하는 역할을 수행할 수 있다고 보았다.

이외에도 Denhardt & Denhardt(2000)는 첫째, 방향 잡기보다는 봉사하라 (Serve, rather than steer), 둘째, 공익은 부산물이 아니라 목표이다(The public interest is the aim, not the by-product), 셋째, 전략적으로 생각하고 민주적으로 행동하라(Think strategically, act democratically), 넷째, 고객이 아닌 시민에게 봉사하라(Serve citizens, not customers), 다섯째, 관료들의 책임성은 단순하지 않다 (Accountablitiy isn't simple), 여섯째, 생산성뿐만 아니라 사람의 가치를 존중하라(Value people, not just productivity), 일곱째, 기업가 정신보다는 시민의식과 공공서비스의 가치를 존중하라(Value citizenship and public service above entrepreneurship)와 같은 7가지 기본 원칙을 제시하며 신공공 서비스론의 이념과 특징을 보여주었다. 이와 더불어 행정과 시민의 관계와 공공서비스를 통해 지향하는 바를 함께 보여주었다.

3) 관련 이론들

비영리조직의 생성과 성장에 관한 논의는 다양하게 이루어졌다. 그중 시장 실패(market failure)나 정부 실패(government failure)에 관한 이론이 대표적이라 할 수 있다. 시장 실패와 정부 실패를 포함하여 비영리조직 존재 이유를 5가지로 종합한 Salamon(1999; 2000)의 연구를 중심으로 정리해 보고자 한다. Salamon(1999; 2000)은 비영리조직의 존재 이유를 역사적 흐름, 시장 실패, 정부 실패, 다원주의와 자유, 그리고 결속과 단결에 대한 필요에 있다고 보았다.

첫째, 역사적 흐름에 따라 비영리조직이 성장하였다고 보는 관점은 정부 형성 이전에 이미 지역사회(community)가 존재했고 그 안에서 자발적으로 소통하며 문제를 해결해오던 방식이 자발적 조직에 참여하는 것의 유용성을 자각하게 하여 계속 존재하게 되었다고 본다.

둘째, 시장실패(market failure)에 기인한다고 보는 관점은 시장이 사적 재화가 아닌 공공재를 취급하는 것이 적합하지 않기 때문에 정부와 비영리조직이 이를 담당하게 되었다고 본다.

셋째, 정부 실패(government failure)에 기인한다고 보는 관점은 정부가 가진 원천적 한계로 인하여 비영리조직이 필요하다고 본다.

넷째, 다원주의와 자유 수호에 비영리조직이 기여함으로써 비영리조직이 생성·성장해왔다고 보는 관점이다.

마지막으로 결속과 단결의 필요로 인하여 비영리조직이 생성되고 성장해왔다고 보는 관점이 있다.

이외에도 공공재 이론(public goods theory)은 시장에서의 잉여수요를 비영리조직이 공공서비스의 민간 공급자로서 행한다고 보았다.

2. 비영리조직의 실패와 위기

비영리조직의 실패나 위기, 소멸에 관해 비영리조직이 등장하고 필요성이 적은 편이다. 그러나 비영리조직 역시 서비스를 적절하게 제공하지 못하거나, 사회문제를 제대로 다루지 못했을 경우 자원부문 실패(voluntary sector failure, NGO failure)가 발생하게 되면서 어려움을 겪는다(Anheier, 2014). 이에 따라 비영리조직의 실패에 관한 이론적 논의와 운영상의 어려움과 위기를 다루어 보고자 한다.

1) 비영리조직의 실패에 관한 이론

자원(자발적)부문 실패 이론(voluntary sector failure theory)은 정부가 자립하기 어려운 비영리조직들을 지원하여, 비영리조직이 정부의 업무를 대행하는 것이 효과성과 효율성을 높일 수 있다고 설명한다. 이러한 관점으로 인해 정부와 비영리조직의 관계나 협력을 설명할 때 함께 언급된다. 그러나 자원 부문 실패 이론은 비영리조직이 자생력이 부족하고 위기에 직면하면 실패할 가능성이 높아진다는 것을 전제하고 있다(주성수, 2018). 정부와 비영리조직의 관계를 논의함에 있어서, 이런 관점에 대해 Salamon(1995)은 정부와 시장의 실패에 대한 잔존 대응(residual response)이 아니라 비영리 부문이 선호되는 체계(preferred mechanism)로 이해될 수 있도록 정부가 공공재(집합재; collective goods)를 제공하고 비영리부문의 결점이나 실패를 보완하는 것이라 보았다 (Anheier & Ben-Ner, 2003).

Salamon(1995)은 비영리부문의 실패를 크게 박애주의적 불충분성 (philanthropic insufficiency)으로 인한 실패, 박애주의적 아마추어리즘(phianthropic amateurism)으로 인한 실패, 박애주의적 온정주의(philantropic paternalism)로 인한 실패, 박애주의적 배타주의(philanthropic exclusivism)로 인한 실패와 같이 4가지로 보았다.

Salamon(1995)은 정부가 비영리부문의 실패를 사전에 방지하기 위해 혹은 실패를 극복하게 하기 위해 정부와 비영리조직 간의 파트너십이 활성화되었다고 보았다. 정부정책 차원에서 이루어지는 용역사업이나 위·수탁사업, 각종 공모사업들 모두 이에 해당한다고 볼 수 있다. 또한 비영리 부문의 실패는 그 대안으로 '상업화'가 제시된다는 점에서 심각한 문제를 초래한다고 보았다 (Salamon, 1995; 주성수, 2018). 이는 비영리 부문에서 추구하는 가치와 목표를 상실할 가능성을 높이며, 제3섹터의 위치에서 정부와 시장에 대한 견제 및 비판의 역할을 수행하기 어려워지게 만든다고 보았다. 그뿐만 아니라 시민과 소외계층에 대한 권익옹호의 역할 또한 약화될 수 있다고 보았다. 비영리 부문의 상업화가 지속되면 이와 같은 문제가 심화되고, 비영리조직은 사회서비스 제공자의 역할에 머무르게 될 수 있다는 점에서 실패가 심각한 문제를 초래한다고 지적하였다.

2) 비영리조직의 위기에 관한 이론

최근 비영리조직의 위기나 어려움에 관한 논의가 점차 구체화되고 있다. 그간 비영리 부문이 양적으로 크게 확대되면서, 효과적인 운영이나 성과 창출에 관한 논의가 주목받았다면, 최근에는 어려움이나 위기의 상황을 분석하여 대안을 마련하려는 노력도 활발해지고 있다. 이는 비영리 부문의 양적 성장에 이어 질적 성장을 위한 노력의 일환이라 볼 수 있겠다. 비영리조직의 위기에 대해 분석한 연구들은 대체로 실천 현장에서 비영리조직의 운영에 있어 어려운 점은 무엇인지를 중점적으로 다루고 있다.

주성수(2018)는 지속적으로 사회문제에 대한 의견을 제기하고, 회비를 지속적으로 납부하는 시민의 참여가 비영리조직의 자생력과 정체성 유지 및 운영 활성화에 기여한다고 보았다. 그러나 현실적으로 비영리조직의 회비나 후원이 많지 않고 예산 규모 역시 크지 않다는 점에 재정적 측면의 어려움이 크다고 볼 수 있다. 그렇기 때문에 정부 재정 지원 등과 같은 자원에 대한 의존성이 증가하여, 생존과 성장을 위해 정치적 과정에 더 적극적으로 참여하게 되는 경향이 있다(Downs, 1967; Niskanen, 1971)고 보았다.

비영리조직은 다양하고 복합적인 사회문제를 다룬다는 측면과 자원의 부족함과 한계가 가진 측면에서 여러 행위자들과 소통하고 협력한다. 연대와 협력을 통해 사회문제를 공유하고 해결하는 과정을 거친다. 그렇기 때문에 비영리조직에게 있어 협력의 어려움은 곧 비영리조직의 어려움으로 연결되기도 한다. 조민혁 외(2019)는 다문화를 주제로 하는 비영리조직들을 대상으로 민관협력의 한계에 대해 근거 이론을 활용하여 분석한 결과, 중심 현상(central phenomenon)에 있어 사업 운영의 문제와 민간위탁의 문제가 주목받았음을 밝혔다. 특히 예산을 확보하고 집행하는 과정에 대한 문제 중 보조금 지원과 예산집행에 관한 과정상의 문제가 강조되었다. 또한, 비영리조직의 존재 이유를 훼손하는 경우, 정부와 비영리조직 간 목표가 일치하지 않는 경우, 상호 간의 관계가 분절되어 버리는 결과로 이어진다는 것을 확인할 수 있었다. 이에 따라, 효과적인 민관협력을 위해서는 투명성과 절차를 중요시하되, 상호 간의 목표를 공유하고 합의하여 추진하고, 실무에서는 독립성과 자율성을 보장하는 것이 중요하다고 보았다.

김경민 외(2019)는 비영리조직 간 협력의 실패 요인에 대해 분석하였다. 교육복지 네트워크에 참여한 비영리조직 간 협력의 실패 요인으로 공동 목표 수립 공유 과정의 누락 또는 생략, 업무만으로 한정된 관계, 충분한 신뢰 관계 없이 전개되는 사업의 급진전, 참여자 혹은 참여기관의 기회주의적 행동 등이 언급되었다. 비영리조직은 미션과 비전이 조직운영에 있어 가장 중요한 요인이 되고 공익에 기여하는 방향이 되며, 조직에 기여하는 참가자들에게 동기부여가 되는 촉매 역할을 수행한다(Minkoff, 2006). 따라서 조직운영의 목적과 방향성을 점검하는 것은 비영리조직의 존폐에 영향을 미칠 수 있을 만큼 중요한 요인이 된다.

이와 같이 논의한 비영리조직의 성장 및 실패에 관한 이론을 종합하면 다음 〈표 2-5〉와 같다.

●● 표 2-5 비영리조직의 성장과 실패에 관한 이론

분류	관련 이론
정치·경제학적 관점	• 주인-대리인 이론(principal-agent theory) • 공공선택론(public choice theory) • 거래비용 이론(transaction-cost theory) • 계약 실패 이론(contract failure theory)
경제학적 관점	• 시장실패(market failure) • 정부실패(government failure) • 자원실패((voluntary failure, NGO failure) • 공공재 이론(public goods theory)
사회적 (시민사회) 관점	• 민주적 시민 이론(theories of democratic citizenship) • 지역공동체 및 시민사회 모형 (models of community and civil society) • 조직 인본주의(organizational humanism) • 다원주의와 자유 수호, 결속과 단결의 필요 • 자원 부문 실패 이론(voluntary sector failure, NGO failure)

제4절 정부와 비영리조직 간 관계

1. 정부와 비영리조직 간 관계 및 협력

1) 정부와 비영리조직 간 관계

정부와 비영리조직의 관계는 초기에는 대립적이고 경쟁적인 양상을 보였으나 오늘날은 상호보완적이고 협력적인 관계로 패러다임이 전환되었다. 다원주의 시각에 따른 새로운 흐름과 사회운동이 활성화되었던 정치·사회적 흐름에 따라, 비영리조직은 정부를 견제·감시하고 정치적 결정에 관한 입장을 옹호(advocacy)하는 역할을 수행하였다.

Salamon & Anhier(1998)는 1998년 연구에서 비영리 부문은 국가들 간에 서로 다른 역사적 경향(moorings)이 있고, 사회적 · 경제적 형태 또한 다르게 나타남을 제시하였다. 비교역사적인 이론을 통해 경제학적 접근의 한계와 전통적 복지국가에 대한 논의를 하고자 하는 이 사회적 기원 이론(The social origins theory)은 국가 간 비영리조직의 규모에 따라 다른 양상을 띠는 것을 설명하는 데 중점을 두었다. 국가의 역할과 사회적 지출(government social spending)과 비영리 부문의 경제적 규모(nonprofit sector economic size)를 기준으로 구분하였고, 이에 따라 다르게 드러나는 사회의 역할과 특징을 4가지로 구분하여 그 차이를 설명하고자 하였다. 이를 정리한 바는 다음 〈표 2-6〉과 같다.

●● 표 2-6 사회적 기원이론에 따른 모형

정부의 사회적 지출 (government social spending)	비영리 부문 경제 규모 (nonprofit sector economic size)	
	Small	Large
Low	국가주의적 모형 Statist (Japan, most developing countries)	자유주의 모형 Liberal (US, UK)
High	사회 민주주의적 Social democratic (Sweden, Norway, Denmark, Finland)	조합주의적 Corporatist (France, Germanuy)

출처: Salamon & Anheier (1998)

먼저, 국가주의적(statist) 모형은 정부의 사회적 지출이 적고, 비영리 부문 경제 규모가 작다는 특징이 있다. 또한, 발전된 정부 관료제가 사회정책을 통제하고 관리하며, 관료제를 통해 스스로 대변하거나 경영 또는 경제적 엘리트들을 대변하는 데 권력을 사용한다는 특징을 갖는다. 둘째, 자유주의(Liberal) 모형은 정부의 사회적 지출이 적고, 비영리 부문 경제 규모가 크다는 특징이 있다. 중산층이 강하고, 사회문제의 해결이나 사회복지 보장 문제에 있어 정부가 개입하기보다는 자발적으로 접근하는 것을 좀 더 선호하는 경향을 보인다. 셋째, 사회 민주주의(social democratic) 모형은 정부의 사회적 지출이 많고, 비영리 부문의 경제 규모가 작다는 특징이 있다. 탄탄한 노동자 계급이 정치적 힘을 갖고 있어, 사회복지에 대한 정부의 대규모 지출이 가능하다. 또한, 서비스 제공보다는 정치적 성향을 자녀 권리 옹호에 주력하는 기능을 담당한다. 마지막으로 조합주의적(corporatist) 모형은 정부의 사회적 지출이 많고, 비영리 부문의 경제 규모가 크다는 특징이 있다. 이에 대해서는 비영리조직들과 협력하도록 강조되었거나 설득된 국가라고 보는 견해가 있다.

Gidron et al.(1992)은 현대 복지국가에서 국가(정부)와 제3섹터(비영리 부문)의 관계를 정부우세 모형, 이중 모형, 협력 모형, 제3섹터 우세 모형과 같이 4가지로 제시하였다. 이에 대한 내용은 〈표 2−7〉과 같다.

●● 표 2-7 국가-제3섹터 관계의 4가지 모형

	정부우세 모형	이중 모형	협력 모형	제3섹터 우세 모형
자금	정부	정부·제3섹터	정부	제3섹터
공급	정부	정부·제3섹터	제3섹터	제3섹터

출처: Gidron et al. (1992)

정부우세 모형은 국가가 재정 지원과 서비스 제공에 있어 지배적인 역할을 하고, 제3섹터 우세 모형은 정부우세 모형과는 반대로 국가가 개입하는 것을 반대하는 국가에서 나타난다. 이중 모형은 평행적으로 공존하며 상호 간에 보완(complement)·보충(supplement)한다. 협력 모형은 국가가 재정을 지원하고 제3섹터가 복지 서비스를 전달하는 과정을 통해 기능하며 역할을 수행한다. 위·수탁을 통해 사회서비스를 제공하는 기관을 운영하거나 사업비를 교부하여 사회서비스를 제공하는 방식을 보았을 때, 정부와 제3섹터 간의 협력 모형을 흔히 발견할 수 있다.

Najam(2000)은 정부와 비영리조직 간 관계를 협력(cooperation), 포섭(co−optation), 보완(complementarity), 대립(confrontation)으로 보았다. 정부와 비영리조직 간에 목표·수단이 유사한 경우 협력관계로 발전할 수 있으며, 목표는 다르나 수단이 유사할 경우 포섭 관계, 목표는 유사하나 수단에 차이가 있을 경우에는 보완관계가 형성된다고 보았다. 목표·수단 모두 차이가 있을 경우 대립관계가 된다고 보았다.

Young(2000, 2006)은 정부와 비영리조직 간 관계를 크게 3가지로 보았는데, Young(2006)이 제시한 정부와 비영리조직의 관계를 정리하면 〈표 2-8〉과 같다.

●● 표 2-8 Young(2006)의 정부-NPO 관계

구분	원인	이점	관련 이론
보충적 관계	정책 선호의 다양성, 정책의 보편성	잔여 수요의 충족	공공재 이론, 정부실패론, 시장실패론, 거래비용 이론, 계약 실패 이론
보완적 관계	거래비용, 정보의 비대칭성	비용의 감소	
대립적 관계	정책의 보편성, 정보의 비대칭성	소수자의 선호 충족, 상호 관리 감독	

출처: 김화연 외(2019)

Young(2006)이 제시한 정부와 비영리조직의 관계 중 첫째, 보충적 관계(nonprofit as supplements sto government)로 시장실패로 인해 정부가 제공하지 못하는 사회서비스를 비영리조직이 대체하여 제공하는 역할을 수행한다고 보았다. 둘째, 보완적 관계(nonprofit and government as complements)로 정부와 동등한 관계에서 보완적인 형태로 사회서비스를 제공하는 역할을 수행할 수 있다. 셋째, 대립적 관계(nonprofit and government as adversaries)로 정부의 역할을 견제하고 사회서비스 정책에 대한 옹호 활동을 하는 등의 역할을 수행할 수 있다. 정부와 비영리조직의 관계에 있어서 보충적 관계, 보완적 관계, 대립적 관계 중 대립적 관계가 옹호(advocacy)와 견제의 역할을 수행한다면, 보충적 관계와 보완적 관계는 상호 간의 필요에 따라 서로 협력하는 관계라고 볼 수 있다. 정부와 비영리조직의 관계는 그 역할과 기준에 따라 다양하게 분류할 수 있다.

2) 정부와 비영리조직 간 협력

정부와 비영리조직이 서로 협력하여 상호보완적으로 기능한다는 상호보완 이론(The interdependence theory)은 정부와 비영리조직이 협력적 관계가 되는 경우에 초점을 둔다. 비영리조직의 운영에 있어 공적자금이 주요한 역할을

하고 있는데, Salamon(1987)은 이에 대해 정부는 비영리조직을 광범위하게 지원하고, 안정적으로 운영할 수 있도록 보장해 주는 주된 동력이 되어준다고 보았다. 정부가 비영리조직을 지원하는 이유는 '제3자 정부' 개념을 통해 설명하였는데, 이는 정부의 목적을 수행하기 위해 비(非) 정부 혹은 비(非) 연방정부의 조직체를 활용하는 것을 의미한다. 앞서 비영리조직의 실패와 소멸 부분에서 언급했던 박애주의적 불충분성(philanthropic insufficiency)으로 인한 실패, 박애주의적 아마추어리즘(phianthropic amateurism)으로 인한 실패, 박애주의적 온정주의(philantropic paternalism)로 인한 실패, 박애주의적 배타주의(philanthropic exclusivism)로 인한 실패가 있기 때문에 이러한 부분을 정부가 도와 서로 협력적인 관계로 나아간다는 것에 있다(Ahneier, 2014).

협력의 관계는 참여 자체로도, 사회자본 형성에도 각각의 주요한 의미를 지닌다. 그뿐만 아니라 협력은 공공 난제(wicked problems)를 해결하는 데 기여(이명석, 2009)한다는 점에서도 의미가 있다.

정부와 비영리조직은 다양한 형태의 협력을 구축하게 된다. 민관협력(PPP: public-private partnerships), 공공-비영리 부문 협력(PNP: public-nonprofit partnerships) 등에 관한 정의는 다양하지만, 공공부문과 민간부문 사이에서 특정 목적을 달성하기 위해 협력한다는 차원에서는 맥락을 같이 한다. 민관협력(PPP)은 정부와 하나 이상의 민간부문 협력자 간에 이루어지는 계약을 일컫는다. 이 계약에 따라 정부의 공공서비스 제공이라는 목표가 민간의 수익창출이라는 목표와 일치시키도록 한다(Koppenjan, 2005; 기획재정부 · KDI, 2013). OECD(2008)는 이러한 민간협력을 정부(서비스 제공)와 민간(수익)의 목적이 일치하는 사업에서 민간부문이 서비스를 제고하고 위험을 분담하는 것이라고 정의하였다.

강문수(2011)는 성공적인 협력을 위한 조건을 크게 1차적 조건과 2차적 조건으로 구분하여 제시하고 있다. 이를 정리하면 다음 〈표 2-9〉와 같다.

민관협력(PPP: public-private partnership)의 개념에서도 비영리 부문을 포괄하고 있으나, 정부와 비영리 부문 간 협력을 좀 더 강조하는 개념으로 공공-비영리 부문 협력(PNP: public-nonprofit partnerships)을 언급하기도 한다. Kapucu(2006)는 재난상황에서 공공 서비스 목표를 달성하기 위해 공공부문과

●● 표 2-9 성공적인 민관협력(PPP)을 위한 요건

성공적인 민관협력(PPP)을 위한 요건	
1차적 조건	2차적 조건
• PPP 적용 필요성, 논거의 존재	• 사업 수행 비용-위험부담 정도
• 체계적 접근법 채택	• 수익배당 정도의 명확성
• 정부와 민간부문 간 상호 신뢰 구축	• 참여자의 책임과 권한 배분
• PPP를 지지하는 명확한 의지 · 지원	• 사업의 적절한 단계 구분
• PPP 사업 주관·지원 조직체계 설치	• 사업 내 갈등의 관리에 대한 사전 합의
• 법적·규제적 장치 정비	사업 관련 제 행위의 적법성 확보
• PPP 사업 소요 재원의 적절한 조달	• 제3자의 이익과 권리의 보호

참고: 강문수(2011) 내용을 바탕으로 재구성

비영리 부문이 협력하는 과정을 이와 같이 표현하였고, 사회자본과 네트워크 이론 및 조직 협력에 관한 이론을 기반으로 이를 설명하였다. Kapucu et al.(2010)은 정부와 비영리조직 간 협력적 재난관리의 구성요소를 크게 4가지로 정리하였는데, 이는 조정(coordination), 의사소통(communication), 파트너십(partnership), 상호운용성(interoperability)이다. 국내에서는 '민관협력(PPP, PNP)'의 표현으로 함께 활용되고 있다.

Honadle & Cooper(1989)는 정부와 비영리조직 간 관계가 협력 간 관계일 때 수반되는 3가지 활동으로 정보 공유, 자원 공유, 공동행동을 언급하였다. 정보 공유는 보고서 배포, 회의, 세미나, 위원회 구성, 비공식 문의 및 연락 등으로 의사소통(공식적 · 비공식적 의사소통 모두 포함)과 같은 맥락이라 볼 수 있다. 자원 공유는 사용자비용, 자원봉사, 예산 배분, 계약 협약, 인적 · 물적 자원 파견 등을 통해 자원을 공유하는 전 과정을 의미한다. 공동행동은 각 주체가 가지고 있는 자원을 활용하여 두 조직 간 활동에 협력적으로 참여하는 것을 말한다.

이경선 · 이숙종(2017)은 정부와 개발 NGO 간 협력관계를 양측의 협력 요인을 분석한 후 각 요인에 따른 인식차를 규명하였다. 정부와 비영리조직 간 다양한 협력 요인을 Anheier(2014)의 분류를 기준으로 적용하여 분석하였는데, 이를 정리하면 다음 〈표 2 − 10〉과 같다. 분석 결과 협력 정도 중에서 협력 경험과 효용성이 정부와 개발 NGO 간 협력의향에 영향을 미치는 것으로 나타났고, 경제적 · 정치적 측면 중 관리 행정적 측면이 협력의향에 유의미한 영

향을 주는 것으로 나타났다.

●● 표 2-10 정부와 비영리조직 간 협력요인

정부의 협력요인	Anheier의 협력요인 분류	NGO의 협력요인
• 정부의 제한된 재원 • NGO의 비용 효율성	경제적 측면	• NGO의 재원 부족
• NGO 기술혁신, 전문성 활용 • NGO 네트워크 등의 활용을 통한 효과적 서비스 공급	관리 행정적 측면	• 정부의 프로그램 개발 권한 활용 • 정부의 정책적 역량 활용 • 정부의 시설 등 자원 활용
• NGO의 정책 의견 및 대안 제시 • NGO의 여론 형성 능력 • 정부의 정당성 강화	정치적 측면	• NGO의 정책 옹호 및 영향력 • NGO의 핵심가치 및 지지자 유지 • NGO의 정당성 보장

출처: 이경선 · 이숙종(2017)

2. 정부의 비영리조직 지원

정부는 비영리조직에 다양한 형태의 지원을 한다. 자원 지원 측면에서 살펴보면 물적 · 인적자원뿐만 아니라 사회자본이라 볼 수 있는 네트워크나 규범적 차원의 지원을 하기도 한다. 이에 정부와 비영리조직의 관계를 설명하는 대표적인 이론인 '자원의존 이론(resource dependence theory)'과 '거래비용 이론(transaction cost theory)'에 대해 살펴보고자 한다.

1) 자원의존 이론과 거래비용 이론

자원의존 이론(resource dependence theory)은 조직의 생존과 유지에 관한 이론이다. 일반적으로 조직은 환경에 피동적으로 반응하기보다 자신이 보유한 자원 및 필요한 자원에 따라 환경에 적극적으로 대응해야 한다는 관점이 지배적이다. 즉, 기존의 상황 적합적 이론이 환경 결정론적 관점을 취하는 반면, 자원의존 이론은 환경의 통제를 극복하려는 조직의 주체적인 노력을 강조한다. 자원의존 이론에서 조직의 궁극적 목적은 생존이며, 생존 가능성은 조직 유지에 필수 불가결한 자원들을 획득하고 유지하는 능력에 따라 결정된다. 하지만 이 자원들이 조직 내부에 모두 존재하는 경우는 사실상 불가능하므로 조직은 외부 환경, 즉 다른 조직들이 보유하고 있는 자원들을 조달해야 한다. 자원을 다른 조직으로부터 조달해야 하는 조직은 그것을 보유하거나 통제하는 조직에 종속된다. 바꾸어 말하면, 다른 조직에 대한 자원의존 상태에 놓이게 된다(Pfeffer & Salancik, 1978).

거래비용 이론(transaction cost theory)은 시장(market)에서 거래하는 데 필연적으로 거래비용이 동반되게 되는데, 이 비용을 절감하고자 하는 노력을 하면서 경제적 제도와 조직이 발전했다고 보는 이론이다. 즉, 비용 지출이 적게 들고, 효율적인 선택을 하게 된다는 것이다. 일반적으로 이 이론은 기업과 시장 간의 효율적인 경계(efficient boundary)를 나타내는데, 이를 정부와 비영리조직 간 사회 서비스 공급 문제에 적용해 보면, 정부가 직접 사회 서비스를 공급했을 때 드는 비용이 비영리조직을 통해 위탁 운영했을 때보다 훨씬 높을 경우, 효율적이지 못하다고 판단하여 좀 더 효율적인 방향으로 선택한다는 것이다.

2) 정부 지원

정부와 비영리조직 간 관계를 경제적인 관점에서 해석한 '자원의존 이론(resource dependence theory)'과 '거래비용 이론(transaction cost theory)'을 통해 재정적 의존과 서비스 제공의 효율성에 대한 의미를 좀 더 구체적으로 정부가 비영리조직에 대해 지원하는 것 또는 재정적으로 지원하는 것에 대해 살펴보고자 한다.

(1) 재정적 지원

Anheier(2014)는 비영리조직의 활동을 정부가 재정적으로 지원하는 도구로 보조금(grants), 계약(contracts), 제3자 지급(third-party payments),[3] 세금 할

---

3) 제3자 지급(Third-party payments)은 비영리조직에게 직접 보조금을 지원하거나 계약하는 형태가 아닌, 서비스의 궁극적 수혜자(시민)를 통해 비영리조직을 지원하게 하는 것으로, 바우처 형태의 결제(voucher-type payment)가 대표적이다. 바우처(voucher) 제도는 정부가 수요자에게 특정 재화 혹은 서비스를 이용할 수 있도록 일정 금액의 구매권을 지급하여 공급자에게 서비스 제공의 대가를 사후에 지급하는 제도이다.

인(tax credits), 세금 공제(tax deductions), 세금 우대(tax preferential treatment) 등을 제시하였다. 정부는 직접적인 재정 지원뿐만 아니라 사업 운영을 위한 간접적인 비용도 지원한다.

정부가 비영리조직에 재정적 지원을 하는 것에 대한 대표적인 이론으로는 보조금 이론(subsidy theory)이 있다. 비영리조직은 민간의 자발적 기부 등만으로는 운영이 어려운 측면이 있다. Ruggles & Ruggles(1980)는 비영리단체의 수입 중 정부 보조금의 비중이 민간 기부금 다음으로 중요한 것으로 분석하였다. 그뿐만 아니라, Fama & Jensen(1983)은 정부 지원의 규모가 비영리단체의 성공과 실패에 영향을 주는 주요 요인이 된다고 보았다. 정부는 비영리조직에게 운영비나 사업비를 직접적으로 재정 지원을 하기도 하고, 세제 감면 및 특별 우편요금 적용과 같은 방식으로 간접적인 재정 지원을 하기도 한다. 정부의 이러한 보조금 지원은 비영리조직의 사업 운영 및 사회 서비스 제공을 위한 프로그램에 있어서 중요한 영향을 미친다(Etzioni, 1973; 김준기, 1998).

비영리조직에 있어 정부의 재정 지원은 사회서비스 제공뿐만 아니라 조직의 안정적인 운영에 필요한 주요 요소이나, 정부와 비영리조직 간의 유착이 심화될 경우 비영리조직의 독립성을 침해할 수 있다는 점에 있어서는 경계해야 할 필요가 있다.

지은구(2006)는 사회서비스를 제공하는 비영리조직은 정부와 상호의존적 관계가 되는 경향이 있다고 보았다. 정부가 직접 사회서비스를 제공하기보다, 비영리조직에게 재정적 지원을 하여 사회서비스를 제공하기 때문에 상호의존적 관계가 형성되는 것이다. 정부 지원(보조금, 공모사업, 세금 감면 등)뿐만 아니라 이러한 시장지향성, 기업의 사회 공헌을 통한 기부 등에 대한 의존이 높아진다면, 비영리조직이 가지고 있는 본래의 특성을 잃게 된다. 그렇기 때문에 비영리조직이 추구하는 본래의 역할과 고유한 특성, 가치들을 고려하여 적절한 정부의 지원과 더불어 관리·육성·평가할 필요가 있다.

(2) 정책 및 제도적 지원

재정적 지원 이외에도 정책과정에서 비영리조직을 참여시키는 방식으로 지원하기도 하고, 중간지원조직을 통한 지원과 같이 비영리조직을 위한 제도를 마련하고 운영하는 과정을 통해 지원하기도 한다. 먼저, 정책적 지원을 생각해 보면 비영리조직은 정책의제설정(agenda setting) 단계에서 각 사회문제에 대한 시민의 의견을 대변하는 역할을 수행할 수 있다. 정책결정 단계(policy making)에서는 내부적인 자원을 동원하여 정책결정자들에게 전문적인 지식과 자료를 제공하기도 하고, 첨예할 갈등을 겪는 각종 정책의 중재자 역할을 수행할 수도 있으며, 때로는 갈등을 심화시킬 수도 있다. 마지막으로 정책집행 및 평가 과정(implementation & evaluation)에서 비영리조직은 공익적 차원에서 집행에 대한 감시와 비판 기능을 수행할 수 있다. 이렇게 각 정책집행의 과정 속에서 협력적 파트너로서 비영리조직이 정책집행 활동에 함께 참여할 수 있다(김준기, 2000; 배웅환, 2007; 김막래·김정훈, 2009; 박관규·김영대, 2015).

비영리조직 간 네트워크는 자원 공유 및 의사소통 과정을 통해 문제를 해결하고 성과와 서비스를 공유하기 위해 발생(Guo & Acar, 2005)하는데, 이 네트워크 조직의 활성화를 위해 분야별 네트워크의 장을 마련하거나 중간지원조직을 통한 활성화를 도모하는 등의 지원을 할 수 있다. 중간지원조직 설치에 관한 조례를 발의하거나 각 지방자치단체 하에 공익활동에 관한 위원회를 설치하여 운영하는 방안 등을 활용하기도 한다(박상현 외, 2016).

또한 비영리조직의 운영이나 활동과 관련된 법안 및 정책에 대한 의제설정 과정에 참여하거나 개정하는 과정에 참여하는 것 또한 정책 참여이자 정책적 지원의 과정이라고 볼 수 있다. 현재 시행되고 있는 정책을 평가하고 발전 방안을 연구하거나 새로운 참여 모델을 개발하거나 비영리조직의 상황에 적합한 모델을 개발하는 과정 역시 넓은 의미의 정책적 지원이라 볼 수 있겠다(김동춘 외, 2004b; 김민정·박성민, 2014).

03 비영리조직의 구분

제1절 비영리조직의 개념

1. NPO의 개념

NPO(Non Profit Organization)란 영리조직과는 달리 수익을 분배하지 않는 부분을 강조하는 것으로, 주로 미국을 중심으로 사용되고 있다. 여러 학자들의 NPO에 관한 정의를 종합한 것으로는 〈표 3-1〉에 나와 있다. NPO를 비영리 조직과 같은 뜻에서 공공의 목적이라 하는데 다시 말하자면 의료, 교육, 과학 지식, 사회복지 및 사상의 자유로운 표현 증진 등에 이바지하는 일련의 조직 및 기관들의 집합으로 정의할 수 있다(김정훈 외, 2018).

●● 표 3-1 NPO에 대한 정의

연구자	정의
Etzioni, Remp(1973)	제1부 문인 상업적 부문과 제2부 문인 공공 정부 부문과 구별되는 제3부 문인 비정부 부문이라는 용어를 최초로 사용하고 있다.
Hall(1987)	비영리 단체의 활동 영역에 대한 정의 - 특정한 공공서비스를 공급 - 정부의 행정 업무를 위탁받아 공공 업무를 수행함 - 정부, 영리단체 및 다른 비영리 단체의 정책결정에 영향력을 행사함
Hansmann(1987)	비영리조직의 수익을 분배하는 데 제약을 받는 조직
Gidron, krtamer, salamon(1992)	법과 질서라는 필수적인 구조를 제공하고 일반적으로 사회의 복지증진 의 목적을 가진 정부기관 및 영리를 추구하는 단체가 아닌 자체의 관리 절차를 가지고 어떤 공공목적에 봉사하는 단체

연구자	정의
Salamon(1995)	NPO의 유형을 네 가지로 분류: 기금 기관, 협회, 공익기관, 종교기관
김영래 · 김혁래(1999)	- 비정부, 비국가적, 비당파적 단체 - 개인들의 자발적인 참여에 의하여 활동하는 단체 - 추구하는 목표를 달성하기 위하여 압력단체의 성격을 가짐 - 민주 정치체제로 변화시키는 활동을 함 - 자율성과 독립성을 가짐
김준기(2000)	한국에서는 주로 비정부적 활동에 참여하는 조직
김준기 · 김인춘(2000)	자율성에 기초한 모든 종류의 비정부·비영리단체로 정의함

NPO와 정부는 비영리 분야 및 공익 분야를 담당하고 공공의 복지 향상과 공공의 이익을 위한 활동 등의 공공적 과제를 해결하기 위해서는 여러 분야에 있어서 협력관계를 가질 수 있으며, 그러한 협력 관계를 구성해야 한다. 여기에서 협력이라는 것은 첫째, 둘 이상의 행동을 하는 사람들의 결합이 있어야 하며 둘째, 상호 이익을 실현하는 공동의 목표가 있어야 하며 셋째, 본인들이 공동의 목표의 실현을 위해서 쌍방의 노력을 같이 해야 하는 것으로 정의할 수 있다(김정훈 외, 2018).

2. 한국의 NPO의 현실

한국의 여러 비영리 부문 중 의료 서비스가 차지하는 비중은 전국의 병원 약 2,000여 개소 중 숫자로는 실제로 영리의 의료기관인 개인병원이 57.5%이고 비영리 의료기관인 의료 법인과 학교법인이 31.3%를 차지하고 있다. 그러나 대부분의 비영리병원은 병원장의 개인 소유 기업처럼 운영되고 있다. 그런 점에서 한국의 비영리 의료법인은 유사 비영리조직이라고 할 수 있다. 종교단체나 지역사회가 설립하여 순수하게 비영리를 목적으로 운영하는 미국이나 유럽 등의 비영리법인 병원과는 성격이 매우 다르다고 할 수 있다(박태규 외, 2016).

한국의 경우 성공한 사업가가 자기 재산의 대부분을 기부해 공익 법인을 만드는 일은 거의 없다. 대기업이나 기업가가 재단을 만들기는 하지만 그 규모가 한정될 수밖에 없고 또한 정부는 재단을 통해 계열사를 지배하지 못하도록 특정 재단이 특정 회사의 지분을 대게 5% 이상 가지지 못하도록 하고 있다. 그러다 보니 한국의 공익 법인은 그 규모도 작고 본래의 기능도 제대로 수행하지 못하고 있다(박태규 외, 2016).

그렇기 때문에 한국 사회 전체가 과연 기업의 소유 및 지배 구조에 어떤 대응을 해야 할지 검토해 보아야 할 시점이 된 것 같다. 검토하는 과정에서 공익 재단 같은 비영리조직의 역할이 다시 정해질 수 있도록 새로운 사고의 전환이 필요하다(박태규 외, 2016).

3. 제3섹터의 개념

국가와 시장에 의한 경제 이외에도 '또 다른 하나의 경제'가 존재하는데 시민이 결사[1]를 형성하여 서로 협동해서 필요로 하는 물건·서비스를 공동 생산한다는 '공적 섹터'의 경제를 '사회경제'라고 한다. 따라서 여기에서 말하는 NPO 섹터는 비영리이기는 하지만 경제적인 사업조직 활동 조직, 구체적으로는 협동조합이나 공제조합[2]과 볼런티어단체와 같은 비경제적인 사회활동조직을 모두 포함한다.

NPO 섹터라는 개념은 법인화된 것도, 되지 않은 것도 모두 포함하는 개념이다. 비영리 협동 경제도 포함하는 NPO 섹터에 대해 유럽에서는 '사회경제 섹터'라고 부르고 있다.

〈그림 3-1〉에서도 알 수 있는 바와 같이 공적 섹터(결사 혹은 NPO 섹터)의 중요한 구성체로서의 사회적기업(협동조합)을 포함하고 있다. 여기에서는 NPO 개념은 '사회경제'를 포함하고 있다는 점에서 salamon 등에 의해서 정의된 미국의 NPO 개념과는 다르다(김정훈 외 2018).[3]

---

1) 결사: 여러 사람이 공동의 목적을 이루기 위하여 단체를 조직함. 또는 그렇게 조직된 단체
2) 공제조합: 같은 종류의 직업을 가진 사람이나 같은 사업에 종사하는 사람들이 서로 친목을 꾀하고 좋은 일이나 어려운 일에 물질적으로 돕고자 회비를 내어 운영하는 조합 ① 공식으로 설립된 것, ② 민간(비정부 조직이라는 의미), ③ 이익배분을 하지 않는다, ④ 자주 관리, ⑤ 유지(有志)에 의한 것, ⑥ 공익을 위한 것
3) ① 공식으로 설립된 것, ② 민간(비정부 조직이라는 의미), ③ 이익배분을 하지 않는다, ④ 자주 관리, ⑤ 유지(有志)에 의한 것, ⑥ 공익을 위한 것

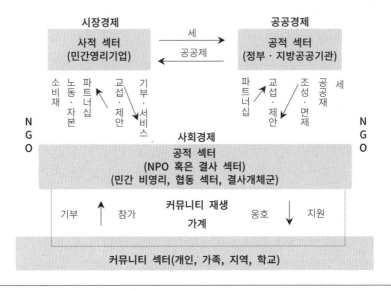

시민 민주주의 원리는 〈표 3－2〉의 '공적(公的) 섹터의 특성'에 의해 운영
되는 결사 혹은 NPO 섹터의 연구는 민주주의라는 점에서 단순히 사회적·경
제적인 역할이라기보다는 정치적인 역할의 중요성을 환기한다. 또한 이러한
연구는 공적(共的) 섹터의 매개적 역할을 국가와 시장과의 관계뿐만 아니라,
커뮤니티 섹터와의 밀접한 관계를 강조한다(김정훈 외, 2018).

●● 표 3-2 경제사회 섹터의 세 가지 유형

구분	사적섹터	공적(公的)섹터	공적(共的)섹터
조직형태	기업 관료제	국가 관료제	결사
조직화 원리	이해·경쟁	통제집권	참가·분권
제어 매체	화폐	법 권력	대화(말)
사회관계	교환	증여	상호보수
기본적 가치	자유	평등	연대
이익형태	사익	공익(公益)	공익(共益)
구제형태	자조	공조(公助)	공조(共助)
경제·경영주체	사기업	공공단체	민간비영리 협동조직
경제형태	시장경제	공공경제	사회경제
합리성	목적 합리성	목적 합리성	대화적 합리성
문제점	시장의 실패	정부의 실패	자발적인 행위의 상실

결사 혹은 NPO 섹터(이하 NPO 섹터라 함)와 다른 섹터 사이에는 다양한 관계, 예컨대 긴장 관계나 협조 관계가 있다. 먼저 첫째로, NPO 섹터와 정부 간의 긴장관계가 있다. 그것은 정부의 법률에 기초한 보편주의와 사적인 자발성에 기초한 개인주의와의 긴장이며, 관료제와 민주주의 간의 긴장이다(김정훈 외, 2018).

둘째로, NPO와 기업과의 관계는 고도 경제성장 초기의 단계에서는 기업에 의한 환경오염이나 환경파괴, 그리고 상활 파괴 등을 둘러싸고 일어나는 반공해 운동 등으로서 나타나왔다. 그러나 동시에, 최근에는 기업에서도 환경 문제나 안전 문제에의 대응이 요구됨에 따라 기업도 그 분야에서의 NPO와의 연계를 모색하기 시작하고 있다(김정훈 외 2018).

마지막으로, 〈그림 3-1〉에서도 알 수 있는 바와 같이, 공적 섹터도 사적 섹터도 그리고 NPO 섹터도 커뮤니티와 상호 의존 관계에 있다(김정훈 외, 2018).

4. 한국의 시민사회와 제3섹터

한국의 시민사회는 1987년 민주화 운동 이후 급속히 성장하여 1990년대에는 양적 성장과 함께 일정한 사회 정치적 성과도 이루면서 발전기이자 전성기를 맞았다. 민주화 운동 직후 현실 사회주의 붕괴와 함께 시민사회이론이 본격적으로 나타난 것이다. 이에 따라 시민사회의 규범적 가치가 강조되고 변혁 지향의 시민사회운동이 민주주의를 심화하리라는 기대가 높아졌다. 그 결과 시민사회는 진보적·정치적 담론[4]과 그러한 운동의 전유물[5]이 되었다(박태규 외, 2016).

한국의 제3섹터는 크게 비영리 영역과 사회경제 영역 두 부분으로 나누어 살펴볼 수 있다. 비영리 영역은 자발적·비영리조직, 특수 NPO 및 전문가 조직으로 구분된다. 사회경제 영역을 구성하는 주요 조직은 사회적기업, 협동

---

4) 담론: 이야기를 주고받으며 논의 함
5) 전유물: 혼자 독차지하여 가지는 물건

부문별	조직	주요 구성요소	특성
비영리 영역	자발적 . 비영리조직	공익 재단·공익사단법인	비영리성, 공익 추구
		민간단체, ngo 등	
	특수 npo 및 전문가 조직	사립학교법인, 사회복지법인, 비영리의료법인	비영리성, 공익 추구
		준(準) 비정부 기구, 협회, 조합, 노조 등	비영리성, 공익 및 공익적 집단이익 추구
사회적 경제 영역	사회적 경제 조직	사회적기업	영리 추구 가능, 사회적 목적 추구, 공익 및 집단이익 추구

조합, 마을 기업 등이다. 이러한 구분은 조직의 성격에 따른 것이지만 사회경제 영역과 비영리 영역이 완전히 별개인 것은 아니라고 볼 수 있다.

제3섹터의 한 축인 사회경제는 기존의 정부, 비영리조직, 자본 중심적 시장 경제 모델을 보완하는 새로운 경제 및 조직 형태에 대한 요구가 증대되면서 함께 발전하였다(박태규 외, 2016).

시민사회 또는 제3섹터가 자율성과 공공성을 결여함에 따라 사회자본 결핍이 초래된 것이라고도 해석할 수 있다. 한국의 제3섹터가 자율성과 공공성을 확보하고 공적 역할을 완수할 때 비로소 사회의 질적 발전이 보장될 것이다. 현재 제3섹터는 전 세계적으로 그 중요성이 점점 커지고 있다(박태규 외, 2016).

한국에서는 경제 및 사회정책에서 갈수록 중요한 위치를 점하고 있으며, 동유럽에서는 민주화를 겪으며 선진 복지국가가 재편되자 그 범위와 역할이 더욱 확대되고 있다. 동시에 제3섹터 조직들은 엄격한 공적 감시를 받는 한편 더 큰 공공성과 효율성, 더 많은 책임성을 요구 있다. 또 한국의 제3섹터가 다양한 경제사회 문제를 해결하는 잠재력을 발휘하려면 정부 지원 사업에 참여하는 제3섹터 조직을 규정하는 데 보다 개방적인 제도를 구축해야 할 필요성도 제기되고 있다(노대명, 2011).

5. 한국 제3섹터의 내일을 위한 5가지 과제

1) 정체성 획득이 필요하다

한국의 제3섹터는 대부분 법률적 설립 근거를 가지고 있으며, 등록 단체의 경우 주요 목적 사업에 가장 일치하는 허가 및 등록 관청이 있기 때문에 겉보기에는 아무런 문제가 없어 보인다. 하지만 이사회 운영을 통한 의사결정 방식과 지배 구조, 책임성을 포함한 거버넌스에서 여러 문제점과 비판이 제기되는데, 이는 제3섹터의 존재 이유, 역할과 기능을 포함하는 섹터의 정체성 부족에서 기인한다(박태규 외, 2016).

한국의 제3섹터가 정체성 문제를 극복하려면 국가나 기업과 다르면서도 사회가 요구하는 제3섹터만의 역할을 수행해야 한다. 제3섹터가 수행하는 역할은 많지만 그중 가장 중요한 역할은 공익에 부합하는 서비스를 제공하고 공공성을 가지는 애드보커시 역할[6]이다(박태규 외, 2016).

2) 재정 불안을 극복해야 한다

전체 재정의 거의 80~90%를 국가보조금으로 충당하는 사회복지 기관부터 국가의 경상보조금이 별로 없는 시민단체나 의료법인에 이르기까지, 제3섹터가 처한 재정적 형편은 경우에 따라 다르지만, 재정적 취약함과 독립성 문제는 국내외적으로 대부분의 비영리조직이 공통적으로 직면하는 문제이다.

한국 사회에서 재정적으로 불안정한 제3섹터의 하위 영역 중 가장 대표적인 분야는 주로 시민의 기부금과 자원봉사에 의존하는 시민단체와 지역사회 단체라고 할 수 있다. 이들 조직은 서비스 제공이 주요 존재 목적이 아니기 때문에 서비스 비용으로 재정을 충당할 수도 없고, 또 사회복지법인이나 시설처럼 정부의 보조금을 기대할 수도 없다. 서비스 비용이나 정부 지원이 충분하지 않은 제3섹터가 재정을 충당하는 유일한 방법은 민간 기부의 활성화이다(박태규 외, 2016).

---

6) 애드보커시 역할: 지지하는 역할을 일컫는다.

3) 경영 선진화가 이뤄져야 한다

한국의 제3섹터도 비영리조직 경영의 전문가 시장이 형성되어 유능하고 혁신적인 사고를 갖춘 지도자가 성장해야 한다. 그래야만 현재 비영리조직이 직면한 현안[7]문제와 위기를 극복할 수 있으리라고 본다(박태규 외, 2016).

4) 세제 혜택 차등 적용을 개선해야 한다

한국은 개인병원을 제외하고 비영리 공익법인만이 의료업을 운영할 수 있는데, 의료기관별로 설립주체에 따라 조세제도 적용에 차이가 있다. 병원이 가진 공공성과 비영리성에 비추어 아직도 한국의 의료 법인은 세제상 혜택을 별로 받지 못하는 셈이다. 물론 세법상 의료법인을 국공립병원과 동일하게 취급할 수는 없다 해도 다른 유형의 공익법인병원과의 형평성을 고려하여 세법을 점진적으로 개정해야 할 것이다(황창순, 2001).

5) 공익 재단 운영의 투명성을 확보해야 한다

한국 사회에서 공익 재단이 새롭게 발전하는 계기를 마련하려면 공익 재단 스스로 운영의 투명성을 사회에 보여주어야 한다. 이를 위해서는 우선 공익 재단의 책임 경영 제도 정착이 필요하다(박태규 외, 2016).

현재 한국의 비영리조직은 정체성 위기와 더불어 그 존재 이유라고 할 수 있는 공공성과 책임성 그리고 자율성의 측면에서 심각한 도전에 직면해 있다. 국가 조직이나 시장 조직이 거버넌스를 어떤 방식으로 확립하는지 참조해 비영리조직 역시 공공성과 책임성을 높일 수 있는 거버넌스[8] 제도를 구축해야 할 것이다.

---

7) 현안: 해결되지 않은 채 남아있는 문제
8) 거버넌스: 공동의 목표를 달성하기 위하여, 주어진 자원 제약하에서 모든 이해 당사자들이 책임감을 가지고 투명하게 의사 결정을 수행할 수 있게 하는 제반 장치

1. 비영리조직의 개념

1) 미국 비영리단체의 개념

미국에서 비영리 단체는 자원 조직, 자선 조직, 독립 센터, 제3센터, 공익 조직, 비기업조직, 면세 조직 등 여러 가지로 불리고 있다. 이 중에서 가장 많이 사용되는 용어는 비영리단체이다. 미국 비영리 단체는 대체로 공식적인 조직, 사조직, 이윤 배분 금지, 자율 관리 자원봉사 조직, 공익 추구 등 여섯 가지의 특징을 가지고 있다(김정훈 외, 2018).

2) 유럽 비영리 단체의 개념

불문법의 전통을 가진 영국은 비영리단체에 대한 명확한 조세법이 없이 자선 행위에 비영리단체가 집중하고 있지만 대체로 미국과 비슷하다.

① 독일

독일에서 사조직은 민법에서 규정하고 공조직은 공법에서 규정하고 있어서, 공공의 목적에 봉사하는 사조직인 비영리단체는 그 형태와 기능이 각각 민법과 공법에 규정되어 있다. 민법에서 규정하고 있는 공공의 목적에 봉사하는 사조직에는 상업 목적이 아닌 조직 구성원의 집단 이익을 추구하는 이상적인 단체 연합, 공공의 사명을 지닌 유한 회사와 법인, 모금 단체가 있다. 독일은 세계에서 가장 큰 사회복지 조직인 자유연합이라는 단체를 가지고 있고, 종교 단체, 유치원, 탁아소가 전체 비영리 단체의 절반을 차지하고 있다(김정훈 외, 2018).

② 스웨덴

스웨덴은 복지 국가가 발달하여 정부의 역할이 크고, 소득 재분배에 뛰어난 구조를 가지고 있다. 따라서 비영리단체의 개념이 정립되지 않고 규정하는 법도 미흡한 상태이다.

③ 네덜란드

네덜란드는 유럽에서 독특하고 활발한 비영리단체가 있는 나라이다. 사회를 정부, 기업, NPO, 가계 네 부분으로 나누고 정부도 기업도 아니면서 가계에 속하지 않는 단체를 비영리 단체로 분류한다.

3) 한국 비영리 단체의 개념

한국 비영리 단체의 개념을 규정하기에 앞서 이 말에 내포되어 있는 의미를 확인하는 것이 필요하다. 첫째 비영리는 영리에 반대되는 말로 사용한다. 즉, 단체 구성원의 공동이익을 추구하는 단체도 비영리 단체에 포함된다. 둘째, 비영리 단체는 정부와 기업 어느 쪽에도 포함되지 않는 제3의 섹터를 말한다. 여기에서 비영리병원, 양로원, 사립학교, 연구기관, 직업훈련소, 탁아소, 복지관, 미술관, 오케스트라, 협동조합, 노동조합, 사교클럽, 환경보호단체, 여성 권리옹호 단체, 종교 단체, 장학 재단 등 다양한 단체를 포함한다(김정훈 외, 2018).

〈표 3-4〉는 단체의 주요 목적에 따라 한국 비영리단체를 분류한 것이다.

●● 표 3-4 단체의 목적에 따른 한국 비영리 단체의 분류

구분	주요단체	목적
공익단체	비영리병원, 교육기관, 복지관, 박물관, 환경보호단체, 모금단체	공공서비스 생산 및 전달
종교단체	각종 종교단체	종교적 목적 추구
공동이익 추구단체	전문가 단체, 노조, 상공회의소, 컨트리클럽, 동창회, 화수회	회원의 공동이익 추구

공익단체는 비영리 병원에 각종 시민단체에 이르기까지 다양한 영역을 포함한다. 따라서 비교를 쉽게 하기 위해 공익단체의 활동 영역을 좀 더 세분화하여 〈표 3-5〉와 같이 한국 비영리 단체를 활동 영역에 따라 7개 분야로 분류하였다.

●● 표 3-5 활동 영역에 따른 한국 비영리 단체의 분류

구분	주요단체
의료 및 보건단체	종합병원, 요양원
교육 및 연구단체	초등 · 중등 · 고등 사립학교, 직업학교, 연구소
복지 서비스 단체	양로원, 탁아소, 고아원, 직업훈련소, 복지관, 모자보호소, 청소년 수련원
예술·문화 단체	박물관, 미술관, 오케스트라, 레크리에이션 단체
시민단체	환경보호단체, 소비자권리 보호단체, 여성 권리옹호단체, 국제원조단체, 모금단체
종교단체	불교, 기독교, 천주교 등 각종 종교단체
직능 및 친목단체	노동조합, 상공회의소, 변호사 협회, 컨트리클럽, 동창회, 화수회

2. 한국 최초의 비영리조직

한국에서 가장 먼저 생긴 비영리조직은 교육 분야의 사립학교이다. 19세기 말과 20세기 초를 거치면서 요즘 우리가 흔히 시민단체라고 하는 여러 단체가 만들어졌는데 그 가운데 최초의 단체가 바로 1896년 설립된 독립협회이다. 이어서 의료분야 비영리조직인 비영리 병원, 사회복지 단체, 장학법인 등이 순차적으로 생겨났다(박태규 외, 2016).

3. 한국 비영리조직의 역사적 특징 7가지

한국 비영리조직의 역사를 고찰하면서 발견한 특징을 요약해 정리하면 다음과 같다. ① 근대화가 시작된 19세기 말 이전까지는 전통시대의 조직이나 단체가 지역사회를 중심으로 존재했으며 이들은 자선이나 복지 역할과 상호 보조적 성격의 조직으로 기능하였다. ② 시민사회단체·의료·사회복지·교육을 주요 활동으로 하는 민간의 비영리조직이 근대화와 더불어 생겨났고 이러한 조직들은 기독교 전래와 깊은 연관을 맺고 있다. ③ 해방 이후 산업화가 진행되면서 한국 사회에서도 서양의 '재단'과 유사한 비영리조직이 생겨났다. ④ 한국 비영리조직의 역사에서 나타나는 또 다른 특징은 시민 사회단체가 가장 강력하며 영향력이 큰 비영리조직의 하나가 되었다는 사실이다. ⑤ 사회복

지 부문은 시민사회단체와는 성격이 다르다는 점에서 특이한데, 사회복지 조직은 사회서비스를 전달함에 있어 정부 영역과 긴밀하게 연관되어 있다는 사실이다. ⑥ 한국 사회에서 의료 서비스의 공급은 외국인 선교사들에 의해 시작되어 의료 서비스 공급자로서 민간의 비영리조직들이 매우 중요한 역할을 수행한다. ⑦ 협동조합과 사회적기업은 실제로는 그 역사가 오래되었지만 여타 비영리 영역과는 다르게 영리기업과 유사한 면이 강하게 나타나면서 최근에는 공익성과 비영리성보다는 수익성을 더 강조하는 경향까지 보이고 있다(박태규 외, 2016).

4. 비영리 단체의 분류

1) 국제적 분류 방식

국제적 분류 방식은 두 가지로 요약된다. 첫째, 유엔의 국제 표준 산업 분류는 미국이 표준 산업 분류 체계에 근거하여 세계 각국의 일관적인 경제 통계를 개발하기 위해 만들어졌다.

●● 표 3-6 비영리단체의 국제표준 산업분류(isic)

주요 활동 그룹	하부 그룹
교육	초등 교육, 중등 교육, 고등 교육, 성인 교육 및 기타
건강 및 사회복지	건강, 수의 활동, 사회복지 활동
기타 커뮤니티·사회·개인서비스 활동	위생, 비즈니스 및 전문가 활동, 노조, 기타 회원 모임 (종교, 정치 포함), 오락, 뉴스, 도서관, 박물관, 문화, 스포츠 및 레크리에이션

둘째, 미국 비영리 단체의 전국 조직인 독립 섹터의 한 분과인 국가 자선 통계센터에 의해 개발된 국가 면세 조직분류 방식은 미국의 irs에 의한 분류를 단순화 시켜 놓은 것인데, 비영리 단체를 교육, 건강, 정신건강, 질병 및 장애 등 경제활동에 따라 26개 주요 그룹으로 분류해 놓았다(김정훈 외, 2018).

주요 활동 그룹	하부 그룹
문화 및 레크리에이션	문화예술, 레크리에이션, 서비스 클럽
교육 및 연구	초등, 중등 교육, 고등 교육, 기타 교육, 연구
건강	병원과 재활병원, 요양원, 정신건강과 위기처방, 기타 건강 서비스
사회서비스	사회서비스, 긴급 구제, 소득 보조
환경	환경보호, 동물보호
개발 및 주택	경제, 사회, 커뮤니티 개발, 주택, 고용 및 훈련
법률, 시민, 정치	시민조직, 법률 서비스, 정치조직
박애활동 중계 및 자원봉사 촉진	박애활동 중계(모금단체 포함)
국제교류 및 원조	국제교류 및 원조
종교	종교집회 및 연합
비즈니스, 직능단체, 노동조합	비즈니스, 직능단체, 노동조합
기타	기타

2) 미국의 분류 방식

●● 표 3-8 세금 혜택에 의한 미국 비영리단체의 분류

Ⅰ: 집단이익추구단체			
Ⅱ-Ⅳ: 자선단체	Ⅱ: 공익 추구 단체		
	Ⅲ-Ⅳ: 모금 단체	Ⅲ: 운영재단*	
		Ⅳ: 비운영재단*	

*여기서 재단은 비영리 단체에 모금 전달을 목적으로 하는 단체를 말한다.

●● 표 3-9 미국 비영리 단체의 면세, 증여공제, 재단보조금 자격 여부

구분	Ⅰ	Ⅱ	Ⅲ	Ⅳ
법인소득세면제	가능	가능	가능	가능
기부금의 소득세 공제	불가능*	가능	가능	가능
유증의 부동산 및 증여세 공제	불가능	가능	가능	가능
재단 보조금 수수	불가능	가능	가능	가능

* 향군단체, 비영리 묘지회사, 증여를 자선 목적으로 사용하는 우애 수혜자 조직은 예외

5. 비영리 법인

비영리 법인이란 영리법인에 대비되는 개념으로 영리가 아닌 사업을 목적으로 하는 사단법인과 재단법인을 말한다. 비영리 법인이 구성되기 위해서는 비영리성, 법인성, 사단·재단성 세 가지 요인이 갖추어져야 한다(김정훈 외, 2018).

●● 표 3-10 비영리 사단법인과 재단법인 비교

구분		사단법인	재단법인
정의		일정한 목적을 위하여 결합한 사람의 단체를 실체로 하는 법인	일정한 목적을 위하여 출연된 재산을 실체로 하는 법인
설립근거		민법 제32조 및 환경부 소관 비영리법인의 설립과 감독에 관한 규칙	
설립절차		요식행위인 합동행위	요식행위인 단독행위
		① 2명 이상의 설립자가 정관에 기재하고 기명날인	① 설립자가 일정한 재산을 출연하고 정관을 작성
		② 주무관청의 허가를 얻어서(자유재량)	
		③ 주된 사무소의 소재지에 설립등기	
필수기관	사원총회	최고의사 결정기관	해당 없음
	이사	법인을 대표하고 업무를 집행함	
임의기관	감사	이사의 사무집행 감독 등	
법인법률 효과		권리능력, 행위능력, 불법행위능력	
활동		<자율성>\n사원총회를 통해 단체의 의사를 결정하여 자율적으로 활동	<타율성·영속성>\n설립자의 의사에 구속되어 타율적으로 활동

사단 법인은 ① 실체적으로는 사람이 중심인 사람의 집단 형태를 띤다. ② 기본 요소로는 구성원 단체 의사와 목적에 따른 공동사업을 실시하여야 한다. ③ 운영은 총회에 의하여 자기 의사를 결정하고, 집행기관에 의해 대외적으로 집행하여야 한다(김정훈 외, 2018).

재단 법인은 ① 실체적으로는 재산의 집단이다. ② 기본 요소로는 설립자의 설립 의지와 기본재산이 필수 조건이다. ③ 운영에는 설립자의 의사에 의하여 구속된다(김정훈 외, 2018).

●● 표 3-11 비영리법인의 구분

구분	설립근거	법인성격
특수 법인	- 환경 관리 공단법과 같이 개별 법률에 의하여 설립된 법인	- 개별 법률에서 정하고 있는 목적사업 수행
법정 법인	- 환경 정책 기본법 등 개별 법률에 법인 존립 규정	- 개별 법률 및 정관에서 정하고 있는 목적 사업 수행
사단 법인	- 민법 제32조 및 환경부 소관 비영리 법인의 설립과 감독에 관한 규칙	- 회원을 기초로 하는 회원 단체로서 회원의 권익보호 및 자질 향상 등 도모 - 총회 및 이사회로 구성
재단 법인	- 민법 제32조 및 환경부 소관 비영리법인의 설립과 감독에 관한 규칙	- 출연자산을 기초로 하는 지원단체 성격이 강하며 주로 연구사업, 지원 사업 수행 - 이사회 구성

04 비영리단체 실태 현황

비영리단체란 시민 사회 역할 수행의 동력이라고 말할 수 있으며 대한민국의 경우 1980년대 후반부터 1990년 들어서면서부터 양적, 질적으로 비약적인 발전을 하고 있다. 비영리단체란 시민의 자율과 참여를 통하여 공공서비스를 제공하면서 개인의 주체성을 일깨우고 공공성을 인식시키는 중요한 역할을 한다(박상필, 1999).

비영리단체의 기원은 시장실패와 정부의 실패의 영역을 보완하는 제3영역에 기반을 두고 있으며, 국가와 시장의 활동이 미치지 못하는 사회봉사 활동, 사회운동, 기부와 자선활동을 통하여 성장해 왔다(이희태, 2002; Salamom, 1993).

대한민국 비영리 민간단체 중 상당수는 시민들의 자발적 참여에 기초를 두고 있다. 이들 조직들은 주민들 간에 인간성, 친근성을 갖게 하고, 주민의 자발적 참여와 노력을 통해 지역문제 해결에 크게 기여하고 있다는 점에서 지방화의 진전과 더불어 이들 비영리 민간단체의 규모나 역할 등도 더욱 증대될 것이라 여겨진다. 여기서는 비영리단체의 근거 법령과 현 상황을 살펴보고 이에 대한 개선점을 논해 보고자 한다.

비영리 민간단체란, 영리가 아닌 공익활동을 수행하는 것을 주된 목적으로 하는 민간단체로서 「비영리 민간단체 지원법」 제2조의 요건을 갖추고 같은 법 시행령 제2조의 절차에 따라 중앙행정기관의 장이나 특별시장, 광역시장, 특별자치시장, 도지사 또는 특별자치도지사(이하 "시·도지사")에게 등록한 비영리 민간단체[1]를 말한다.

비영리 민간단체 지원법은 일정한 요건을 갖춘 비영리 민간단체를 국가나 광역자치단체가 등록하여 지원하기 위한 법률로써, 2000년 1월 1일 제정되어, 4월 13일부터 시행되고 있다.

이 법이 정한 지원을 받고자 하는 비영리 민간단체는 그의 주된 공익활동을 주관하는 중앙행정기관의 장이나 특별시장·광역시장·특별자치시장·도지사 또는 특별자치도 지사(이하 "시·도지사"라 한다)에게 등록을 신청하여야 한다(제4조 제1항 전단).

민간의 자발적인 활동을 보장하여 건전한 민간단체로 민간에 대한 존중의 의미를 명시(법 제3호)하고 있다. 시민사회의 성장을 지원함으로써 공익활동을 증진하고 결국에는 민주사회의 발전에 기여할 수 있도록 필요한 지원을 하기 위해 제정된 법률(법 제1조)이다.

동 법 시행령 제2조의 요건을 보자면, 사업의 직접 수혜자가 불특정 다수일 것, 구성원 상호 간에 이익분배를 하지 아니할 것, 사실상 특정 정당 또는 선출직 후보를 지지, 지원할 것을 주된 목적으로 하거나 특정 종교의 교리전파를 주된 목적으로 하여 설립, 운영되지 아니할 것, 상시 구성원 수[2]가 100인 이상일 것, 최근 1년 이상 공익활동실적[3]이 있을 것, 법인이 아닌 단체의 경우에는 대표자 또는 관리인이 있을 것 등으로 규정하고 있다. 또한 등록 제외대상 단체로는 정당, 조합, 직능단체, 종교단체(교회·절 등), 다른 법률에 의하여 국가 또는 지방자치단체로부터 보조금을 받는 단체(법인), 친목 단체(향우회·동창회·종친회) 등으로 규정하고 있다.

비영리 민간단체 지원법에 의하면, 민간단체에 대한 존중의 의미라 함은

---

1) 비영리 민간 단체법(약칭: 비영리 단체법), [시행 2020. 6. 9.] [법률 제17374호, 2020. 6. 9. 일부개정] 제2조(정의) 이 법에 있어서 "비영리 민간단체"라 함은 영리가 아닌 공익활동을 수행하는 것을 주된 목적으로 하는 민간단체로서 다음 각 호의 요건을 갖춘 단체를 말한다. 〈개정 2016. 5. 29.〉

2) 상시 구성원수라 함은 단체회칙(정관 등)의 규정에 따라 회원명부에 등재되어 있고 총회에 참석하여 단체의 의사결정을 할 수 있는 실질적인 회원 숫자를 말한다.

3) 제출 자료는 총회 의결사항과 연계된 사업계획서, 예산서, 결산서, 활동관련 사진, 언론보도 자료, 기타 유인물 등 사업의 공익적 성격과 구체적인 사업실적을 확인할 수 있는 자료를 말한다.

개인(혹은 민간단체)의 고유한 활동영역을 존중하며, 민간단체가 창의성과 전문성을 발휘하여 공익활동에 참여할 수 있도록 적극 노력하고, 제정 지원과 관련하여 민간단체의 자율성을 보장해야 한다는 등의 내용을 포함한다(법 제3조).

비영리단체의 태동은 시장실패와 정부 실패를 거론 할 수 있다. 시장 실패 및 정부 실패 이론(민현정, 2004; Weisbrod, 1988)을 둘 수 있다.

시장과 정부를 보완 혹은 보충하여 사회적 서비스 수요에 대한 충족을 비영리단체가 채워가고 있음을 부인할 수 없다. 즉 정부나 시장체제의 한계와 다양한 인종 문화 그리고 소외 계층에 대한 수요나 서비스 질에 대한 개개인의 다양한 수요를 채우는데 비영리단체의 역할이 자리매김하고 있는 것이다.

그러나 비영리단체는 자생력이 부족하여 정부가 이 비영리단체들을 지원함으로써 기관들의 일을 어느 부분은 대행하게 함으로써 신속한 접근과 현장성을 더 반영하게 된다.

그래서 궁극적으로 정부와 민간단체 혹은 시민들과의 파트너십을 이루는 협력관계를 이루어 서로의 존재를 인정하고 현장의 소리를 반영하여 정책을 결정하는 데 중요한 역할을 하도록 하는 데 있다고 본다.

현재 대한민국의 비영리 민간단체 중 상당수는 시민들의 자발적 참여에 기초를 두고 있다고 본다. 이들 조직들은 주민들의 자발적 참여와 노력을 통해 지역사회의 문제 해결에 기여하고 있다. 그래서 지방정부의 비영리 민간단체에 대한 재정 지원도 계속 증가할 것으로 여겨지기 때문에 정부의 효과적인 재정 지원의 문제는 매우 중요한 정책 과제라고 본다.

1. 정부의 비영리단체에 대한 재정 지원 유형

비영리민간단체에 대한 정부의 지원은 다양하다. 직접적인 보조금 지급, 면세 및 감세, 정부 업무의 공식적 위탁,[4] 정보제공 등 다양하다.

이 중에 보조금은 비영리민간단체로 하여금 행정서비스를 보다 저렴한 가격과 양질의 조건으로 많은 주민들에게 공급할 수 있도록 정부가 비영리 민

---

4) 일자리 사업, 극저신용자들에 대한 저리 대출진행 등

간단체에게 재정적 지원이나 현물을 제공하는 것을 의미한다(민현정, 2007; ICMA, 1989). 이는 비영리단체의 활동을 촉진하게 하여 결과적으로 공공 서비스 공급을 확대하게 한다.

정부가 비영리민간단체를 지원하는 주요한 이유는 이들 단체들이 공익을 추구할 뿐 아니라 자발적 참여에 근거하여 각종 사회문제를 효과적으로 해결하는 사회적 장치로서 중요한 기능을 담당하고 있지만 재정적 문제로 이러한 기능을 수행하는 데 어려움을 겪고 있기 때문이다(민현정, 2004; 박상필, 2001).

여기서는 지방정부의 비영리민간단체 지원 사업 현황을 살펴보고 이를 기초로 바람직한 방안을 모색하여 보기로 한다. 행전안전부 자료를 인용하였음을 밝혀둔다.

2. 지침의 목적

「2020년 비영리민간단체 공익활동 지원 사업(이하 '지원 사업'이라 한다.)」추진 단계별 기준과 절차를 정하여 사업에 참여하는 비영리민간단체(이하 '민간단체'라 한다)가 수행하여야 할 사항을 안내함으로써, 공익사업의 효율성을 제고하고 민간단체의 업무 편의성을 향상하는 한편 부당집행에 따른 사업비(보조금) 반납 등의 불이익을 최소화하는 데 있다.

3. 지침의 순서

1) 비영리민간단체 공익사업 신청서 작성 및 제출 <민간단체>

중앙행정기관에 등록한 비영리민간단체로서 고유번호증(또는 사업자등록증)을 교부받은 단체만 사업 신청이 가능하며, 단체별 1개 사업만 신청이 가능하다.

사업 신청은 비영리민간단체 공익활동 지원사업 관리정보시스템(NPO Public Activity Support system: NPAS)에 회원가입(이용약관 동의, 단체 정보 입력 및 사용자 등록) 후 사업 신청 기간 중에 정해진 서식과 절차에 따라 NPAS를 통하여 사업 신청서를 작성 – 제출하여야 한다.

※ 방문, 우편, 택배, 이메일 등에 의한 제출은 책임성 등의 문제로 접수 불가

신청하는 사업의 내용은 「비영리민간단체 지원법」, 「비영리민간단체 공익활동 지원 사업 집행지침(이하 '집행지침'이라 한다)」 등 관련 법령과 지침에 부합하여야 하며, 지원 사업에 선정되어 사업 중인 경우라 하더라도 관련 법령과 지침에 대한 위반사항이 발생할 경우, 이에 대한 책임은 해당 민간단체에 있다.

일반적인 국제 교류 – 협력 분야에 대해 지원하므로 한국 국제협력단(KOICA)이 지원하는 개발원조, 국제구호 등의 사업은 신청을 지양한다.

2) 신청사업 심사 및 선정 <행정안전부>

사업의 심사 및 선정은 별도로 구성된 공익사업 선정위원회에서 정해진 기준에 의해 공정하게 진행된다.

지원 사업 선정은 사업내용, 단체 역량, 예산 내용, 이전 사업평가 결과 등을 종합적으로 고려하여 구체적 선정 기준(심사표)에 의해 심사하며 서류 심사와 필요시 인터뷰 및 현장 확인을 병행하여 실시할 수 있다.

사업유형별 배정금액은 사업연도에 제출된 신청사업 수와 신청사업 금액을 기준으로 결정하고, 개별적인 지원 사업 및 지원 금액은 사업유형별 배정금액, 심사점수, 단체의 전년도 예산 및 사업 수행능력 등을 고려하여 결정한다.

자부담 중 의무자 부담(지원 국고보조금의 5%)은 현금으로 출자하여야 하며, 그 이상 출자하는 부분에 대해서는 현금 또는 물품으로 자부담 출자할 수 있다.

※ 현물 출자 시 민간단체에서 그 물품의 가치를 입증할 수 있는 자료(관련 영수증, 기부 명세서 등)를 행정안전부에 제출하면 내용 검토 후 자부담 출자 비용으로 인정할 수 있다.

3) 사업실행계획서 작성 및 보조금 교부 신청 <민간단체>

민간단체는 지원 대상 사업 선정 결과 확인 후, 「비영리민간단체 지원법」 등 관련 법령과 「국고보조금 교부조건」, 「집행지침」 등을 숙지하고, 정해진

절차에 따라 NPAS를 통해 사업 실행계획서를 작성하고, 필요사항을 준비하여 보조금 교부를 신청한다.

이행 의무사항에 대하여 동의하는 경우에만 교부 신청을 하여야 하며, 동의하지 않거나 지원포기시 행정안전부에 정하는 기간 내에 서면으로 사업 포기 신청을 하여야 한다.

※ 교부 신청 전 정식 사업 포기 시 차년도 지원 배제 대상에 해당하지 않음

행정안전부의 교부 승인 후 의무사항을 이행할 의사가 없거나 불이행하는 때에는 지원을 중단할 수 있고 단체 귀책에 따른 중도 포기로 차년도 지원 배제한다.

교부 승인 후 단체 귀책에 따라 사업 수행을 중단하는 경우 중도포기로 차년도 지원 배제한다.

사업의 목적 달성 평가를 위해 사업의 성격, 특성에 맞게 구체적이고 합리적으로 측정할 수 있는 성과 지표를 개발하여 실행계획서에 포함하여 작성하여야 한다.

성과 지표 작성 시 사업의 특성에 맞게 성과평가 항목(사업 참여자 수, 참여자의 만족도, 수행 시 사회적 기여도, 욕구 충족도, 파급효과 등)을 3가지 이내로 선정해야 하며, 평가항목의 선정 사유, 사업목표 달성을 위한 목표 설정, 성과를 측정할 수 있는 측정 방법 및 산출 근거 등을 제시하고, 최종 평가 제출 시 제시한 성과 지표의 평가 결과 및 증빙자료를 첨부하여 제출하여야 한다.

4) 보조금 교부신청 검토, 사업 승인 및 보조금 교부 <행정안전부>

교부 신청 내용, 사업 실행계획이 기준에 맞지 않는 경우는 보완 요구하되, 보완 요구에 불응하거나 보완하지 않을 경우에는 사업 선정을 취소할 수 있으며, 보완은 2일 이내에 하는 것을 원칙으로 한다.

사업 실행계획이 기준에 부합하는 경우, 각종 제출 서류 확인 후 사업을 승인한다.

보조금 교부는 자부담 사업비가 통장에 입금된 후에 교부한다.

현물 출자의 경우 금액을 산정할 수 있는 관련 자료를 첨부하여 신청하며 행정안전부의 승인을 거쳐 사용한다.

행정안전부는 교부 신청 기간 전 사업 집행지침 안내 교육을 실시하며, 민간단체는 사업 추진 실무책임자, 회계 처리 실무책임자가 반드시 참석하여 교육을 받고, 사업 추진 시 사업 집행 기준을 준수할 수 있도록 하여야 한다.

민간단체에서 제출한 사업 실행계획서가 승인되어 보조금이 교부되었다 하더라도 사업 실행계획서의 승인 및 보조금 교부가 이 지침에 제시된 「국고보조금 예산편성 원칙」, 「국고보조금 예산편성 기준표」, 「국고보조금 회계 처리 기준」에 우선하지 아니한다.

중간－최종 사업평가 및 회계 평가 시 「국고 보조금 예산편성 원칙」 등을 우선 적용한다.

5) 사업집행 및 관리 <민간단체>

보조금을 수령한 민간단체는 「보조금 관리에 관한 법률」, 「보조금 관리에 관한 법률 시행령」, 「국고보조금 회계 처리 기준」을 숙지하여 기준에 따라 사업비를 집행하고 관련된 서류와 전자증빙자료를 첨부하여 지출 일로부터 15일 이내 집행 내역을 NPAS에 등록, 관리하여야 한다.

임의 사용 후 집행 등록하지 않은 경우 부적정 집행으로 평가되고 반납 처리한다.

사업 진행 중 사업 내용과 예산 배분의 변경 사유가 발생한 경우에는 반드시 NPAS를 통해 사전에 행정안전부 장관에게 변경 신청하여 승인을 얻어야 하며, 사전 승인 없이 변경 집행된 사업비는 부적정 집행으로 평가되어 반납하여야 한다.

자부담 사업비도 전체 사업비의 일부이며 자부담 예산을 전제로 국고보조금 지급이 결정되었으므로 보조금과 동일한 기준에 의하여 집행하여야 하며, 「국고보조금 통합 관리지침」에 따라 자부담금을 보조금에 우선하여 집행한다.

사업비 집행은 계좌이체 및 e나라도움 전용 체크카드 결제로만 가능하다.

2,000만 원 이상 인쇄비, 물품 구입, 홍보비 집행 시 의무적으로 조달청을 통한 공개경쟁입찰 방식을 적용하여야 한다.

사업비 사용 중 발생 이자 및 카드 할인 입금액 등은 전체 사업비 중 국고보조금(교부 결정액)의 비율에 따라 최종 평가 시 정산하여 반납하여야 한다.

6) 중간-최종 보고서 제출 <민간단체> 및 평가 <행정안전부>

행정안전부 장관은 공정성과 객관성을 갖춘 외부 전문평가 기관에 사업 평가를 의뢰할 수 있다.

평가 용역기관은 충분한 전문 인력을 확보하여 사업목적 달성 여부, 사업 추진 방법 및 회계 처리의 적정성 등을 조사하고, 중간－최종 보고서에 그 내용을 충실히 반영하여야 한다.

행정안전부와 평가 기관은 평가의 기준 및 목적, 방법, 현장점검 또는 중간평가 계획을 사전에 민간단체에 통보하여야 하며, 민간단체는 사업 추진사항 전반에 대한 수검 준비를 하고, 성실히 점검에 응해야 한다.

민간단체는 지원 사업의 중간 및 최종 보고서를 NPAS를 통해 정해진 기일 내에 제출하여야 한다.

민간단체는 최종 보고서를 제출할 때 교부 신청 시 실행계획서에 작성한 성과 지표의 평가 항목에 대한 실적 및 달성률을 기재하고 측정 방법 및 실적 산출 근거, 달성률을 확인할 수 있는 합리적이고 객관적인 증빙자료를 첨부하여 제출하여야 한다.

7) 사업비 정산 <민간단체 및 행정안전부>

행정안전부는 최종 평가를 통한 정산내역 및 반납할 내역(보조금 잔액, 보조금의 이자 및 카드 할인 입금액, 보조금의 부정적 집행 금액)을 민간단체에 통보하고 민간단체는 이를 정해진 절차와 방법에 의해 반납하여야 한다.

사업비 정산 시 의무적 자부담(보조금의 5%)을 집행하지 아니한 때에는 의무적 자부담액과 실제 집행('적정' 평가)한 자부담의 차액은 반납하여야 한다.

민간단체에서 정산금액을 특별한 사유 없이 정해진 기간 내에 반납하지 않을 경우, 행정안전부 장관은 계약이행보증보험 청구 및 법적 조치를 취할 수 있으며, 해당 민간단체는 이후 관련 사업 참여 제한 등 불이익을 받을 수 있다. 위 규정에 의거해서 2020년을 기준으로 등록된 민간단체에 대한 보조금 지원은 다음과 같다.

1유형(사회통합) 30개 사업 / 978백만 원 지원(단위 : 백만 원)

연번	단 체 명	대표자	사 업 명	지원
1	(사)새롭고 하나된 조국을 위한 모임	신미녀	찾아가는 시니어 탈북민의 커뮤니티 구축 사업	45
2	한국사회봉사연합회	이 진	원칙이 바로서는 사회	50
3	(사)월드휴먼브리지	김병삼	취약계층 임신부 출산장려 안정적 양육환경 지원	24
4	사단법인 지역발전정책연구원	주대규	상생과 화합의 건강한 공동체 만들기	50
5	통일을 실천하는 사람들	박종춘	공감 플러스 탈북민 정착 역량강화 캠프	50
6	(사)건강사회운동본부	이수구	사회통합 문예페스티벌 및 찾아가는 이동진료	37
7	(재)한국글로벌피스재단	서인택	중국동포와 함께 소통하는 역사교육 문화기행	50
8	사단법인 영토지킴이 독도사랑회	이운주	제7회 행정안전부와 함께하는 역사(독도)문화탐방	39
9	밝은 미래	허 명	다문화 자녀와의 아름다운 동행	35
10	(사)학부모정보감시단	권오주	디지털 ON! 생활 리터러시 프로젝트	30
11	(사)한국과수협회	강상조	시니어 일자리 창출 과수주산지 현장컨설팅	41
12	사단법인 국군문화진흥원	최병헌	열린도서관 운영을 통한 민군 통합 추진	26
13	(사)한국여성정치연맹	김방림	이웃간 분쟁해결을 위한 갈등조정자 교육	34
14	(사)선플달기국민운동본부	민병철	악플 혐오표현 추방 선플동아리활동지원사업	42
15	(사)가정을 건강하게 하는 시민의 모임	조희금	사회통합을 위한 공감플러스 프로젝트	22
16	원코리아	김희정	원코리아 in 아시아 국제포럼 및 청년트레이닝	40
17	(사)빅드림	주용학	다문화가정 아동청소년 멘토링 지원사업	34
18	우리아이지킴이	여영미	지역 계층 세대 갈등해소 위한 감사엽서 캠페인	19
19	좋은 학교 만들기 학부모모임	서인숙	사회통합을 위한 교육문화분야 복지지원	36
20	하모니운동중앙회	최성규	청소년과 함께하는 하모니 일자리창출사업	27
21	(사)한국시민교육연합	이상수	국민건강주권 확립을 위한 클린헬스케어 구축확산	21
22	한국청소년동아리연맹	류형선	청소년과 학부모의 동행멘토 파트2	17
23	한국다문화예술협회	정동주	건전한 여가문화조성과 다문화 한국생활적응 지원	35
24	대한민국월남전참전자회	정진호	베트남 결혼이주여성 생활적응 지원사업	19
25	전국귀농운동본부	차흥도	봇따리청년학교	19
26	민주화운동정신계승국민연대	이덕우	영상으로 보는 민주올레 가이드북 제작	24
27	사단법인 젊은 농촌살리기 운동본부	박흥서	충남지역농촌융복합육성산업사업계획	18
28	(사)색동어머니회	조영자	할머니, 뭐하고 놀았어? 놀이 그림책 프로젝트	30
29	사단법인 한국곰두리봉사회	김현덕	영호남 장애인과 자원봉사자 화합교류 축제한마당	34
30	사단법인 한국고령사회비전연합회	차흥봉	취약청소년비전정립및사회성향상훈련마중물	30

2유형(사회복지) 37개 사업 / 1,178백만 원 지원(단위: 백만 원)

연번	단 체 명	대표자	사 업 명	지원
1	재단법인 스마일	김건일	장애인구강건강 증진 및 나눔실천 활성화 사업	50
2	(재)청소년과사람사랑	신명철	장애청소년 사회문제 해결력 향상 여행프로젝트	50
3	성산장기려기념사업회	손봉호	장애아동 돌보미 사물놀이 공연 프로젝트	28
4	사단법인한국난임가족연합회	박춘선	1박 2일 힐링캠프 된다 된다 꼭 된다	19
5	사)선진복지사회연구회	이정숙	취약계층 중장년세대 Restart 한마당!	50
6	(사)무지개봉사단	황두복	함께하는 행복한 세상	50
7	사단법인 한국장애인문화협회	신동일	발달장애인 가족 통합예술치료 캠프 어울림	49
8	전국소년소녀가장돕기시민연합	이영훈	소년소녀가장들과 함께하는 사회복지증진 및 희망나눔	36
9	한국근육장애인협회	정태근	우리가족 튼튼한 마음근육 만들기	42
10	사)환경사랑나눔회	박창근	유 캔 기브 캠페인	22
11	지역아동센터전국연합회	고뢰자	취약계층 청소년 자립창업학교 희망start	48
12	사단법인 새빛	안요한	시각장애인 신체역량 강화 프로그램	10
13	한국여학사협회	오민화	어르신을 위한 행복한 장수사진 및 엔딩노트쓰기	9
14	한국청소년연맹	한기호	글로벌청년봉사단 바세코 희망 볼륨업 프로젝트	40
15	한국이주여성연합회	왕지연	이주여성 자신감 회복 프로그램-패션모델 슈퍼맘	41
16	다문화종합복지센터	손병호	다문화가정을 위한 상담사 양성 프로젝트	47
17	한국한부모연합	전영순	한부모자립역량강화 및 통합지원체계 구축사업	42
18	(사)세계평화청년학생연합	김동연	다문화학생 학업 및 진로를 위한 방중학습수련	21
19	(재)사랑의장기기증운동본부	박진탁	생명나눔 확산을 위한 장기기증 홍보 캠페인	35
20	한국자원봉사사회개발원	김용길	제2회 얼쑤 청소년 아리랑	40
21	(재)한국건강걷기연합회	김명진	장애우와 함께하는 거북이 걷기 올림픽	26
22	(사)한국잠수협회	유대수	장애인 체험복지 증진을 위한 바다속 체험활동	26
23	(사)한국장애인정보화협회	류종춘	2020 전국장애인정보화경진대회	31
24	사단법인 해피맘	조태임	바르게 먹고 행복하게 생활하기 교육 지원 사업	38
25	가족아카데미아	이동원	예술통합프로젝트 '나, 너, 우리'	35
26	사단법인 사랑의바이올린	최혜정	저소득 어린이 악기 무료 레슨 프로그램	25
27	청미르발레단	임정미	소외계층 아동들을 위한 '드림 of 스테이지'	33
28	필로스하모니	임인선	통일을 준비하는 여명학교에 전하는 희망의 날갯짓	30
29	사단법인 사랑나눔연대	서국현	소외계층과 지역사회가 함께하는 소통	32
30	사단법인 그린티처스	강창욱	(발달)장애인 직업자립 위한 고용유지 지원사업	26
31	(사)한국노동복지센터	황원래	기부문화 활성화를 위한 NPO 네트웍 구축	27
32	(사)한국저시력인협회	미영순	우주최강 자조모임, 가즈아~	18
33	(사)한국자원봉사센터협회	안승화	전국 자원봉사활동가 역량 강화 교육 및 워크숍	11
34	(사)한국부인회총본부	남인숙	미혼모에게 용기와 희망으로 한가족으로 안아주기	12
35	사단법인 한국소아당뇨인협회	김광훈	2020 당뇨병 극복과 희망세상	32
36	사단법인동행연우회	신광수	어린이 장애인식개선교육 아동극 내 친구랑 맞춰가요	22
37	주거복지문화운동본부	안현자	주거복지 자원봉사 우수사례발굴 및 확산운동	25

3유형(시민사회) 25개 사업 / 813백만 원 지원(단위: 백만 원)

연번	단 체 명	대표자	사 업 명	지원
1	(사)한국걸스카우트연맹	김종희	ABC프로젝트	50
2	행정개혁시민연합	서영복	열린정부 행정현장학교	42
3	(사)하나를 위한 음악재단	임미정	다문화 감수성 향상을 위한 문화세계시민교육	26
4	(사)한국예절문화원	남상민	THE 행복한 가정이래(儀의禮례)	49
5	행복공장	권용석	청소년 통과의례 프로젝트	45
6	좋은 학교 바른 교육학부모회	김선희	청소년시민교육은 미디어리터러시로!	37
7	(사)대한불교청년회	하재길	사찰문화해설사 양성교육 사업계획서	49
8	학교를 사랑하는 학부모모임	최미숙	성폭력 없는 세상 인식 교육 관심이 희망이다	39
9	(사)세계도덕재무장한국본부	차광선	청소년을 성숙한 미래 시민으로	30
10	(사)한국차문화협회	최소연	찻상머리 인성교육 '우리가 달라졌어요'	42
11	환경문화시민연대	김영대	2020 내일이면 늦으리 선진시민의식변화운동	23
12	국제절제협회 한국총본부	조원웅	흡연·음주예방 체험부스	45
13	사단법인한국아동국악교육협회	전송배	문화정체성 확립을 위한 놀이문화유산 보급사업	22
14	사단법인 징검다리교육공동체	곽노현	교육공동체구축을 위한 학부모 권역, 전국 워크숍	34
15	사단법인 새마음 새삶회	최영동	시스템 멘토링 활용 학습·인성 교실이데아 실현	22
16	여의도정책연구원	이서원	양성평등지원사업 삶의 가치관정립과 젠더갈등해소	33
17	상호존중과 배려 운동본부	박호군	여성 사회참여 확대와 존중과 배려의 문화 교육	40
18	사단법인 흥사단	류종열	아름다운 인성문화만들기 인성꽃피우다	22
19	(사)한국화랑청소년육성회	박계홍	대통령상 제30회 전국청소년화랑대회	27
20	(사)전국아파트입주자대표회의연합회	이재윤	우리 농산물 팔아주기&전통놀이 한마당행사	24
21	한국경제문화연구원	최세진	어려서부터 배우는 함께 살기 나와 다른 너	17
22	한국임상미술치료협회	김채연	청소년의 인성함양을 위한 찾아가는 예술인성교육	35
23	(사)민생경제정책연구소	김진홍	불법간판 근절 프로젝트 우리 동네 바른간판콘서트	18
24	불법광고를 근절하는 시민의 모임	이승국	불법옥외광고물 근절운동 및 개선 홍보사업	16
25	환경과 복지를 생각하는 시민의 모임	김갑재	독립문화유산 연계 문화관광 콘텐츠 개발	26

4유형(생태·환경) 27개 사업 / 857백만 원 지원(단위: 백만 원)

연번	단 체 명	대표자	사 업 명	지원
1	사단법인 카자(KAZA)	어경연	생물다양성 보전 시민 교육	33
2	한국청소년환경단	남성용	우리 자연이 만든 4가지 보석 만나기	39
3	(사)소비자공익네트워크	김연화	WITH EARTH 전국민 자원순환실천 캠페인	31
4	한국해양환경안전협회	김창원	드론이용 해양환경감시및 조사 생태교육	35
5	사단법인 녹색전국연합	임동영	자연생태보호 및 환경보전활동	44
6	(사)한국해양환경보호중앙회	김용모	해양환경보호 및 대민계몽활동	18
7	시민연대환경365중앙회	박성필	우리 모두 함께하는 우리 물 살리기	31
8	(사)환경정의	김일중	기후정의 컨퍼런스: 행동하는 시민들	32
9	사단법인한국산림보호협회	허태조	산림보호 자발적 실천문화 확산 캠페인	46
10	자연환경사랑운동본부	최명희	하천생태복원 에코운동 및 에너지절약 사회실현	30
11	녹색환경실천본부	이철구	글로벌 청소년 녹색환경 활동가	28
12	녹색교육진흥회	최희선	농촌관광 콘텐츠개발 및 농촌체험관광운영자 양성	44
13	(사)환경과사람들	최병환	기후변화에 따른 온실가스감축과 녹색환경문화운동	30
14	사단법인 도시농업포럼	류경오	친환경농산물을 통한 건강밥상 체험	40
15	(사)현장과 이론이 만나는 연구소 생태지평	김인경	멸종위기야생생물 시민모니터링 및 인식증진 사업	24
16	(사)녹색소비자연대 전국협의회	이덕승	자원순환의 길로 가는 대학생Green_UP운동	21
17	녹색운동연맹중앙회	지정환	생활속, 가정과직장에서 저탄소생활양식 실천사업	23
18	(사)한국기상전문인협회	오완탁	기후변화 대응환경 조성을 위한 서비스 제공	24
19	(사)한국로하스협회	장선엽	청년과 함께하는 일회용플라스틱 다이어트 챌린지	30
20	사단법인 백두대간진흥회	예정수	백두대간길 7개 권역 환경정화운동	33
21	사단법인 주암호보전협의회 (컨소시엄)	임승남	이론과 현장을 겸비한 지역 환경지도자 양성	41
22	녹색한국환경운동본부	유정복	강 하천 생태계 유지 등을 위한 자연정화운동	28
23	해양수산교육원	김 호	하천유입 해양쓰레기 플라스틱 등 현황조사	22
24	(사)한국국립공원협회	권혁균	국립공원 멸종위기 동식물 보호활동	36
25	(사)그린크로스 코리아	하연순	전국 초등학생 어머니환경강사 양성과 강사파견	33
26	사단법인 환경실천연합회	이경율	시니어와 주니어 함께하는 토이스토리	38
27	(사)그린환경운동본부	문희주	생활속 플라스틱 사용저감 교육과 환경정화 활동	23

5유형(평화증진 및 국가안보) 35개 사업 / 1,156백만 원 지원(단위: 백만 원)

연번	단 체 명	대표자	사 업 명	지원
1	(사)한국YWCA연합회	한영수	한민족여성, 백두대간에 올라 통일을 외치다!!	50
2	(사)통일교육개발연구원	박병건	백두에서 한라까지 하나되는 상상	50
3	(사)남북통일운동국민연합	송광석	DMZ평화지대실현위한 피스로드서울평양통일대장정	50
4	사단법인 성공적인 통일을 만들어 가는 사람들	김태훈	남북/세계청년들과 함께 만들어가는 평화통일	46
5	사단법인 통일맞이	이창복	한국전쟁 70주년 평화와 인권 청년캠프	36
6	통일드림	변준희	통일교육의 공교육 활성화를 위한 교구재개발	37
7	대한민국6.25참전유공자회	박희모	평화와 번영을 위한 6.25실증 교육	36
8	한국위기관리연구소	한광문	전국대학생 국토보전 및 나라사랑 안보활동	37
9	(사)우리역사바로알기	이성민	교실과 현장으로 찾아가는 나라사랑 역사여행	36
10	사단법인 국제푸른나무	곽수광	아이디어톤을 통한 평화통일 인식확산 사업	29
11	대한불교조계종 불교여성개발원	박 순	평화운동 여성리더 양성교육 및 체험 한마당	25
12	한반도평화행동	이원영	영상매체를 활용한 평화인문학 교육프로그램	36
13	사단법인 평화운동연합	장성호	4차산업혁명시대 대비 <통일DNA를 깨워라!>	33
14	밝은사회연구원	변상복	역사 문화 교육 및 탐방으로 애국심 고취	46
15	사단법인 충호안보연합	문두식	나라사랑 및 한반도 평화증진 공감대 확산	35
16	한국보훈복지정책연구원	이명호	한반도 평화와 나라사랑 보훈정책	40
17	사)한민족미래연구소	구동수	임진각평화 인간띠잇기 및 한국 중앙아평화교류	40
18	(사)북한개발연구소	김병욱	남북출신이 함께하는 북한 중소도시개발 아카데미	37
19	(사)평화문제연구소	신영석	소통과 협업을 통한 평화적 통일기반 구축	23
20	통일. 미래로	장 상	한반도 평화를 위한 나눔과 연대 프로젝트	46
21	통일교육문화원	이성구	DEAR FRIEND 평화파우치 나눔캠페인	30
22	(사)한미우호협회	황진하	한미우호증진 및 홍보활동	34
23	남북장애인치료지원협의체	김재균	남북 장애인치료·재활 협력 대응 독일 컨퍼런스	34
24	사단법인 북한민주화네트워크	한기홍	통일을 준비하는 제10회 북한인권국제영화제	35
25	(사)순국선열유족회	김시명	봉오동 청산리전투100주년기념역사전시 및 강연회	28
26	(사)국학원	성배경	청소년을 위한 통일기원 나라사랑교육	28
27	사단법인 물망초	박선영	통일로! 미래로! 2020통일발걸음	25
28	사단법인 무궁화총연합회	박성래	나라꽃무궁화국민대축제	29
29	(사)겨레하나되기운동연합	송낙환	민간차원 이산가족 교류 실적 정리 발간 사업	34
30	(사)코리아통합연구원	최민수	다문화 DMZ평화문화교육을 통한 통일기반조성	11
31	재단법인 나이스피플	박현석	만주에서 독립운동가 3인을 만나다	27
32	1365HY청소년멘토링센터	이정규	독도야 잘 있었니	17
33	(사)자연사랑	김기숙	나라꽃 무궁화와 하나되는 세상 만들기	31
34	(재)농촌, 청소년미래재단	조일래	통일을 위한 안보현장 견학 및 바른국가관 정립	9
35	사단법인 한국예술문화원	전우천	유관순열사 순국100주년 특별초대전	16

6유형(사회안전) 31개 사업 / 1,014백만 원(단위: 백만 원)

연번	단 체 명	대표자	사 업 명	지원
1	사단법인선한사마리아인운동본부	박천일	응급환자를 위한 민간구급대원 양성-택시운전자	42
2	(사)한국시각장애인연합회	홍순봉	시각장애인 위험상황인지 및 대처·대피 훈련	22
3	한국생명의전화	김종훈	lifeline whole a day	30
4	한국백혈병환우회	안기종	생명나눔실천! 헌혈자·수혈자 연대 조직사업	42
5	대한전문응급처치협회	강경순	재난안전 대비 국민응급구조 교육지원	50
6	(사)한국척수장애인협회	구근회	장애발생예방 및 인식개선교육	24
7	아름다운학교운동본부	장석민	아름본과 함께하는 전자파감시단활동과 안전캠페인	46
8	(사)프로라이프	최아란	체험형 성가치교육, 가치의 의미 찾기	50
9	사단법인한국환경기술인협회	권기태	대국민안전을 위한 화학물질관리·사고예방 캠페인	50
10	초등돌봄교사연합회	이근배	학교내 사고취약 위험요소 제보 및 개선사업	49
11	(사)패트롤맘	고나현	안전 같이에 가치를 더하다	42
12	어린이안전학교	전정화	VR활용 안전교육 전문강사 양성 및 활용사업	43
13	(사)한국위기관리재단	김록권	수련회 안전관리 문화 정착 캠페인	14
14	사단법인 사회정상화운동본부	김두진	화재예방 스프레이 소화기 보급사업	18
15	한국구명구급협회	석기영	UP TO 2020 실버 안심존 프로젝트	39
16	(사)밝은청소년	임정희	청소년생명지킴이 양성 생명을 지키는 허들링교육	42
17	한국해양소년단연맹	정호섭	섬 관광 활성화를 위한 S.F 해양안전체험교실	34
18	사단법인 자전거21	오수보	자전거안전문화를 위한 찾아가는 자전거 안전교육	23
19	사단법인대한인명구조협회	이원태	찾아가는 계절별 맞춤형 안전교육	24
20	사단법인 대한안전연합	정현민	수상 수중 재난안전 전문가양성과 안전사회 구축	40
21	국토종주자전거길 안전지킴이단연대	김우철	어린이노인 교통안전사고 반으로 줄이기 전국자전거 캠페인	31
22	한국응급처치교육원	노신규	취약계층을 위한 응급처치심폐소생술 교육	37
23	(사)한국실버경찰봉사대	임수복	2020 대한민국 실버안전페스티벌	28
24	한국시민단체네트워크	원인호	2020 우리아이 생활안전 OK!	26
25	새마을교통봉사대	유상학	더불어 안전하게 잘사는 국민안전지킴이	42
26	(사)국민재난안전교육단 중앙회	박수부	안전점검을 통한 맞춤형 생활안전교육 및 환경개선 사업	18
27	밝은둥지문화운동중앙회	이성태	1분 1초가 아까워요 찾아가는 심폐소생술	26
28	생명존중시민회의	박인주	생명정원 조성사업과 생명존중 교육사업	30
29	(사)안전생활실천시민연합	권도엽	2020 안전토크 콘서트 전국투어	21
30	대한구조협회	정성균	찾아가는 국민안전요원교육	13
31	전국어머니안전지도자중앙회	민병주	내가 안전의주인공입니다	18

7유형(국제교류협력) 38개 사업 / 1,212백만 원 지원(단위: 백만 원)

연번	단 체 명	대표자	사 업 명	지원
1	굿파머스	장경국	최빈국 농촌여성 양계 질병대응 역량강화 사업	20
2	사단법인 비전케어	김동해	의료소외지역 안보건 증진을 위한 국제의료협력	40
3	사단법인MGU	이교영	미얀마 해외의료봉사 및 환경개선 사업	19
4	대자연	이혜경	전세계 대학생과 함께하는 글로벌 그린아트캠퍼스	49
5	아프리카인사이트	허성용	한국-케냐 사회적경제 리더 역량강화 교류사업	23
6	(사)메디피스	강영석	필리핀 도서산간지역 공공병원 역량강화사업	50
7	(재)문화유산회복재단	이상근	국외소재 우리 문화유산돌봄이 양성 사업	35
8	사단법인 등대복지회	장창만	민족문화 소외지역 고려인 교육문화교류 사업	48
9	어린이어깨동무	이기범	동아시아 평화를 위한 청소년교류와 국제회의	47
10	(사)국제옥수수재단	김순권	캄보디아 농민의 역량강화를 통한 농촌지역개발	38
11	(사)내일을 여는 멋진 여성	허혜숙	국제장애여성연대를 위한 제4회 세계장애여성대회	49
12	사회복지법인 홀트아동복지회	홍현국	해외빈곤가정 아동 초청연수 한국은 처음이지	28
13	세계가나안농군운동본부	김범일	라오스 비엔티엔주 농목축업 시범마을조성사업	44
14	행동하는 의사회	채현욱	네팔 여성건강실태조사와 어린이 구강건강증진사업	14
15	사단법인 한국장애인직업재활시설협회	김행란	독일 사례를 통한 중증장애인 일자리 정책개발	32
16	국제교류문화진흥원	유정희	세계속에 대한민국 알리기 프로젝트	38
17	(사)푸른지구	김동흔	기후변화에 대응하는 생태복원 및 교류활동	43
18	나라[독도]살리기국민운동본부	문제익	제9회독도홍보연주120주년독도의날기념독도문화축	29
19	사단법인 평화디딤돌	정병호	한일 시민단체가 독일에서 배우는 역사청산	29
20	한국장애인단체총연합회	김광환	장애아동 완전통합교육 현장 연구조사	36
21	사단법인 샘복지재단	박세록	연해주 소외계층 카레이스키 노인의 건강증진사업	22
22	사단법인 열린의사회	고병석	(한-몽)의료보건 협력 및 국제교류 증진사업	38
23	프렌드아시아	박강운	강제이주 고려인 역사문화교류 <고려인을 듣다>	25
24	우리민족서로돕기운동	임학규	코리안 청소년 평화 이니셔티브	30
25	텐포원	한상훈	부룬디 어린이 합창단 지원을 통한 국제문화교류	21
26	(사)로터스월드	김만수	미얀마 저소득 청년층 고용을 위한 사회적기업	36
27	선한영향력	정성헌	라오스 의료 및 보건 전문 인력 양성 사업	36
28	선한의료포럼	박한성	필리핀 참전용사와 빈민 주민을 위한 의료지원	32
29	굿뉴스월드	전홍준	베트남 소수민족을 위한 구들 적정기술 교류협력	24
30	(사)파라미타청소년연합회	박상근	한 인도 미래 비전 교류활동	34
31	자유교육연합	이명희	2020년 세계청소년 창의융합인재양성 캠프	26
32	사단법인 평화삼천	곽동철	필리핀 산마태오시(市) 치과의료봉사	22
33	한국자원봉사포럼	남영찬	2020 동아시아 시민사회 자원봉사 국제포럼	26
34	사단법인 한국NPO공동회의	이일하	기부활성화 정책 발전을 위한 국제교류협력사업	33
35	사단법인 한국희망재단	최기식	아시아 청년농부들의 유기농업 발전을 위한 교류	27
36	사단법인 나섬공동체	유해근	탈북민과 함께하는 한몽국제평화캠프	26
37	사)환경운동실천협의회	김헌규	글로벌전염병제로 세상 만들기	30
38	한국서바스	허 종	네팔 사랑의 배달부와 K Science창의교육	13

위 1유형에서 7유형까지 합산한 금액은 7,208백만 원이다. 국가 예산에서 지급된 보조금이고 지자체 예산은 반영되지 않은 것으로 각 지자체 예산까지 더한다면 적지 않은 국가 예산이 비영리민간단체에 지급된다. 이외에도 조세 감편, 우편요금의 지원 등 각종 지원도 이루어지고 있다.

이렇게 많은 보조금이 지원되는 만큼, 지원된 보조금이 제대로 지원되는지 점검할 필요성이 있다고 본다. 매년 민간 자치단체에 지원되는 국가예산이지만 그 관리는 소홀하다. 물론 보조금을 부정한 방법으로 교부받은 자는 환수 및 형사 처분도 받는다[5]고 규정되어 있지만 실제적으로 반영되는 결과는 많지 않다.

시민단체 기능상 자치성을 존중해야 하기 때문에 강력한 규제는 어려울 것이라고 생각된다. 전적으로 그 단체에 도덕성에 의지해야 하는 현실적인 상황도 고려된다.

결론적으로 비영리민간단체는 시장실패와 정부 실패 등을 딛고 나온 틈새 운동이라고 생각된다. 정부와 민간단체의 파트너십을 이뤄 결국에는 성숙한 시민의식과 민주 사회를 이루는 데 이바지할 것이라 기대한다. 비록 몇몇 시민단체 구성원들의 도덕적 해이와 예산낭비(남용) 등에 대한 감시 기능은 계속 풀어 나가야 할 숙제라 여겨진다.

---

5) 비영리민간단체 지원법(약칭: 비영리단체법) 제13조 제1항

05 비영리조직: 사회적협동조합

제1절 협동조합

1. 협동조합의 정의 및 가치

협동조합의 정의를 살펴보면 협동조합기본법 제2조 제1호에서는 "협동조합"이란 재화 또는 용역의 구매·생산·판매·제공 등을 영위함으로써 조합원의 권익을 향상하고 지역사회에 공헌하고자 하는 사업조직으로 정의하고 있다. 또한 협동조합은 '서로 마음과 힘을 하나로 모으는 것'을 의미하며, 사회학적으로는 '뜻을 같이 하거나 같은 목적을 달성하기 위해 지혜와 힘을 합하여 함께 일하며 공동의 성과를 얻고자 하는 행위'를 의미한다. 국제협동조합연맹(ICA)에서는 공동으로 소유되고 민주적으로 운영되는 사업체를 통하여 공통의 경제적, 사회적, 문화적 필요와 욕구를 충족시키고자 하는 사람들이 자발적으로 결성한 자율적인 조직으로 정의하고 있다. 협동조합의 가치를 살펴보면 협동조합은 자조, 자기책임, 민주, 평등, 형평성 그리고 연대의 가치를 기반으로 하여, 조합원은 협동조합 선구자들의 전통에 따라 정직, 공개, 사회적 책임, 타인에 대한 배려 등의 윤리적 가치를 신조로 하고 있으며, 재화 또는 용역의 구매·생산·판매·제공 등을 협동으로 영위함으로써 조합원의 권익을 향상하고 지역 사회에 공헌하고자 하는 사업조직이다.

2. 협동조합의 구분 및 우리나라 협동조합 현황

협동조합의 구분과 우리나라 협동조합 현황을 보면 협동조합은 일반 협동조합과 지역주민들의 권익·복리 증진과 관련된 사업을 수행하거나 취약계층에게 사회서비스 또는 일자리를 제공하는 등 영리를 목적으로 하지 아니하는 사회적협동조합, 협동조합의 공동이익을 도모하기 위하여 셋 이상의 협동조합이 발기인이 되어 설립한 연합회인 협동조합연합회, 기본법 또는 개별법(생협, 신협 등)에 따른 협동조합이 공동이익을 도모하기 위하여 다섯 이상의 기본법 또는 개별법 협동조합이 발기인이 되어 설립한 연합회로 구성된 사회적협동조합연합회 4가지로 구분하고 있다. 전국(사회적) 협동조합 설립현황인 서울시 협동조합 2021년 1월 말 기준을 참조하면 다음과 같다. 일반협동조합 19,659개, 사회적협동조합 2,668개, 협동조합연합회 105개, 사회적협동조합연합회 21개로 나타났으며, 이는 전국 설립현황 데이터로 기획재정부 COOP 사이트 자료를 참고한 것이다.

3. 협동조합 설립 시 장점

그렇다면 협동조합을 설립하면 좋은 점은 무엇이 있는지를 살펴보았다. 경제주체별 효과, 경제·사회적 효과, 기타의 장점을 살펴보면 다음과 같다. 먼저 경제주체별 효과로는 소비자는 원하는 맞춤형 물품(유기농산물 등), 서비스(의료, 돌봄, 보육 등)를 저렴하고 안정적으로 구매하여 편익을 증가할 수 있다. 생산자는 소비자조합 등과 연계하여 직거래 및 사전계약재배 등을 통해 안정적이고 높은 수익 보장받을 수 있는 점이 있다. 근로자 직원으로 구성된 협동조합 설립을 통해 고용 불안정 문제 해결은 물론 임금수준 향상도 기대를 할 수 있는 점 등이다. 새로운 법인격 도입을 통해, 경제 활력을 제고하고 사회서비스 등 기존 복지체계에 민간 참여를 확대하게 된다. 경제·사회적 효과에서 경제적 효과로는 창업 활성화를 통한 일자리 확대, 유통 구조 개선을 통한 물가 안정, 경제 위기 시 경제 안정 효과를 기대할 수 있다. 사회적 효과로는 취약계층에게 일자리 및 사회서비스를 제공하여 '복지시스템'을 보완하고

'일을 통한 복지'에 기여하는 점이다. 기타 사항으로는 민주적 운영(1인 1표)에 따른 의사결정의 조합원 참여를 보장하여 구성원의 만족감, 주인의식 등 제고할 수 있다.

자유로운 협동조합 설립은 금융, 보험업을 제외하고 모든 분야에서 협동조합 설립이 가능하며, 5명만 모이면 누구나 협동조합 설립 가능하고 개인과 법인도 조합원으로 활동이 가능하다. 또한 정부의 통일적 정책 이 가능하게 되는데, 협동조합 재정 부처가 기획재정부로 통일이 되는 점, 협동조합 정책의 통일적 수행 가능한 점, 협동조합이 법인격으로 인정받을 수 있게 되는 점들 들 수 있다. 기존의 농업, 수산업, 신협, 소비자 생활, 중소기업, 산림, 의약품 물류, 엽연초생산협동조합만 가능했다. 협동조합은 법인이므로 등기를 하여야만 성립(등기는 법인의 성립요건)되었다. 사람은 실체가 있지만, 법인은 실체가 없으므로 다수인의 권리관계(실체관계)를 정확히 공시하는 것이 등기이다. 변경사항이 발생할 때는 3주 이내에 변경 등기를 해야 한다. 등기부가 만들어지면 사업자 등록이 되고 법인 통장을 만들면 된다.

4. 협동조합의 유형

한국사회적 기업 진흥원 자료를 참조하여 살펴본 협동조합의 유형으로는 소비자 협동조합은 소비자들이 소비생활을 협동함으로써 가계를 더 잘 영위하기 위해 설립하는 것이다. 사업자 협동조합은 작은 사업체를 경영하는 조합원들이 개별적으로는 운영하기 어려운 사업을 공동으로 위임해 사업성과를 높여 조합원들의 경영개선 혹은 안전성을 이루기 위해 설립한다. 직원 협동조합은 직원이 협동조합 활동을 통하여 안정적인 일자리를 늘려나가고, 국민경제의 균형 있는 발전에 기여함을 목적으로 하는 협동조합(시행령) 조합의 3분의 2 이상이 직원이고, 조합원인 직원이 전체 직원의 3분의 2 이상이 직원이고, 조합원인 직원이 전체 직원의 3분의 2 이상인 협동조합을 구성한다. 다중 이해관계자 협동조합은 상부상조의 협동정신을 바탕으로 둘 이상 유형의 조합원들이 모여 상호 배려하면서 자주·자립·자치적인 협동조합 활동을 통하여, 조합원의 경영개선 및 생활 향상에 이바지하고, 국민경제의 균형 있는 발전을 도

모힘을 목적으로 하는 협동조합이다. 사회적협동조합은 협동조합 중 지역주민들의 권익·복리 증진과 관련된 사업을 수행하거나, 취약 계층에게 사회서비스 또는 일자리를 제공하는 등 비영리를 목적으로 설립된 협동조합이다.

5. 협동조합 설립 현황

2012.12.1.~현재까지 협동조합 설립 현황은 다음과 같다. 협동조합 설립 현황 중 전체 20,183개, 일반 협동조합은 17,277개, 사회적협동조합은 2,800개, 일반 협동조합연합회 85개, 사회적협동조합연합회 20개, 이종 협동조합연합회가 1개로 나타났다. 지역별 일반 협동조합 설립현황을 보면 서울특별시 3,820개, 경기도가 3,034개, 전라북도 1,190개, 전라남도 999개, 강원도 979개, 광주광역시 885개, 부산광역시 868개, 경상북도 819개, 충청남도 798개, 경상남도 753개, 대구광역시 712개, 대전광역시 670개, 충청북도 546개, 인천광역시 467개, 울산광역시 309개, 제주특별자치도 280개, 세종특별자치시 148개 순으로 조사되었다. 또한 부처별 사회적협동조합 설립현황을 보면 보건복지부 977개, 교육부 453개, 고용노동부 311개, 문화체육관광부 212개, 국토교통부 149개, 기획재정부 121개, 농림축산식품부 104개, 행정안전부 93개, 산림청 86개, 산업통상자원부 71개, 환경부 69개, 여성가족부 67개, 중소기업벤처부 39개, 과학기술정보통신부 11개, 문화재청 8개, 해양수산부 6개, 금융위원회 5개, 새만금 개발청과 통일부가 각각 3개, 법무부와 소방청 그리고 외교부가 각각 2개, 경찰청, 국가보훈처, 국민권익위원회, 기상청, 통계청, 특허청이 각각 1개씩으로 조사되었다.

6. 협동조합 7대 원칙

국제협동조합연맹(ICA)에 의해 1937년에 제정되었으며, 현재의 7원칙은 1995년 국제협동조합연맹 맨체스터 총회에서 확정되었다. 1995년 창립 100주년 기념 총회에서 발표된 협동조합 7대 원칙을 보면 첫 번째는 자발적이고 개방적인 조합원 제도이다. 협동조합은 자발적이며, 모든 사람들에게 성(性)적·

사회적·인종적·정치적·종교적 차별 없이 열려있는 조직이다. 두 번째는 조합원에 의한 민주적인 관리이다. 조합들은 정책 수립과 의사결정에 활발하게 참여하고 선출된 임원들은 조합원에게 책임을 갖고 봉사를 한다. 조합원마다 동등한 투표권(1인 1표)을 가지며, 협동조합연합회도 민주적인 방식으로 조직·운영하는 것이다. 세 번째는 조합원의 경제적 참여이다. 협동조합의 자본은 공정하게 조성되고 민주적으로 통제하며, 자본금의 일부는 조합의 공동재산이며, 출자배당이 있는 경우에 조합원은 출자액에 따라 제한된 배당금을 받게된다. 잉여금은 조합원의 발전을 위해 일부는 배당하지 않고 유보금으로 적립하며, 사업 이용 실적에 비례한 편익을 제공하게 된다. 또한 여타 협동조합 활동 지원 등에 배분이 이루어진다. 네 번째는 자율과 독립이다. 협동조합이 다른 조직과 약정을 맺거나 외부에서 자본을 조달할 때, 조합원에 의한 민주적 관리가 보장되고, 협동조합의 자율성이 유지되어야 한다. 다섯 번째는 교육, 훈련 및 정보 제공이다. 조합원, 선출된 임원, 경영자, 직원들에게 교육과 훈련을 제공하며, 젊은 세대와 여론 지도층에게 협동의 본질과 장점에 대한 정보를 제공한다. 여섯 번째는 협동조합 간의 협동이다. 국내, 국외에서 공동으로 협력 사업을 전개함으로써 협동조합 운동의 힘을 강화시키고, 조합원에게 효과적으로 봉사를 한다. 일곱 번째는 지역사회에 대한 기여이다. 조합원의 동의를 토대로 조합이 속한 지역이나 지속 가능한 발전을 위해 노력해야 한다.

제2절 사회적협동조합

1. 사회적협동조합의 필요성

1) 협동조합 기본법의 필요성

지난 2011년 12월 29일 「협동조합기본법」이 국회를 통과하게 되었고, 2012년 1월 26일 제정 법률 1121호, 2012년 12월 1일 시행되었다. 국회를 통과하고 불과 2달 후 12월부터는 분야와 업종에 무관하게 관심과 뜻이 같은 5

명 이상이면 자유롭게 설립 가능하게 되었다. 2008년 협동조합이라는 사업모델은 새로운 경제 주체로 효용성을 주목받게 되었다. 협동조합은 소유주 측면에서 보면 사업자가 아닌 이용자 소유 기업으로서 단기 이익이 아닌 장기 이익을 추구한다. 위험을 회피하는 운영을 하게 되므로 안정적인 경영이 가능하다. 자본 투자보다는 인적 결합을 중심으로 운영되므로 일자리 확충과 고용안정에 기할 수 있다는 점이 특징이다. 2009년 UN총회는 2021년을 '세계협동조합의 해'를 지정하는 결의문을 채택하고 협동조합의 발전을 위한 법 제도 정비를 권장하고 있으며, 이런 시대적인 추세에 협동조합기본법을 제정하여 새로운 사회통합적인 경제모델을 구축하자는 사회적 운동에 큰 힘을 제공하게 되었다.

2) 한국의 협동조합 현황

한국에는 다양한 협동조합들이 있다. 그 종류로는 농협, 수협, 새마을금고, 소비자 생협, 산림조합 등 규정하는 8개의 개별 협동조합 법이 존재하는데, 지금까지 산업정책상 필요에 의해 특별법을 제정하는 입법 형식이었다. 협동조합의 법률적 체제가 지속된 이유는 기존의 협동조합이 민간의 필요에 의한 자율과 자발적인 결합체로 생겨난 상향식 조직이기보다 농어민 보호, 중소기업 육성 등과 같은 '국가의 지원이 필요한 정책적 영역으로 인식되어 하향식으로 되어 왔기 때문이다. 즉, 국가의 정책수단 또는 정책 수행의 보완적인 조직이나 기능으로 인식되어 활용되어 온 측면이 크다고 볼 수 있다. 이런 정책적 접근을 자율적, 자발적 협동조합 활성화에 많은 한계를 주기 시작하였다. 그 배경과 한계점을 살펴보면 산업구조의 중심 1,2차 산업이 3차 산업으로 재편향된 상황에서 다양한 영역과 분야에서 협동조합을 지향하고 구성원의 동등한 출자, 1인 1표에 의한 사업 운영, 구성원 간 균등한 배분 등 협동조합적 사업 운영을 희망하거나 법인격이 없어 어려움을 겪는 단체들이 발생하기 시작했다. 관련 단체들의 자료에 의하면 이미 자활 운동, 돌봄 노동 등 공익적인 역할을 수행 분야 4천여 단체 협동조합 지향하고 있으나, 법적 근거, 실태 파악, 정치적인 자원 부재 등 체계적인 관리와 육성에 있어 어려움을 겪는 상황이었다. 제1섹터인 정부와 제2섹터인 기업 이외에 민주적이고 자발적으로 운영되는 다양한 형태의 제3섹터를 통해 사회 양극화 확산, 빈곤계층의 증대, 새로운 일자리 창출의 동력 확보 등 우리 경제·사회의 시급한 과제에 대응할 필요가 있다. 그럼에도 개별적 체제를 취하고 있어 변화된 경제·사회의 시급한 과제 대응에 어려 및 토대가 부재했다. 또한 정부 정책 수요에 따른 개별법을 제정함에 따라 협동조합 전체를 관장하는 주무부처의 부재로 통일적 정책 수립이 어려운 상황이었다. 그리하여 협동조합의 법적 서역, 운영원칙, 주무부처 등을 규율하는 일반법 제정의 시급한 과제로 인식하게 되었다.

3) 일자리 창출과 복지 증대 효과 기대

협동조합기본법 제1조는 법 제정의 필요성을 간결하고 분명하게 제시하고 있다. 협동조합 활동을 촉진하고 사회통합과 국민경제 발전 모두가 우리 경제사회적 측면에서 가장 중요한 시대적 과제이다. 〈협동조합 기본법 제1조〉에서 이 법은 협동조합 설립·운영 등에 관한 기본적인 사항을 규정함으로써 자주적·자립적·자치적인 협동조합 활동을 촉진하고, 사회통합과 국민경제의 균형 있는 발전에 기여함을 목적으로 한다. 협동조합 기본법 제정의 효과를 하나씩 살펴보면, 첫째, 협동조합 기본법 제정은 다양한 분야에서 새로운 형태의 '협동조합' 설립을 촉진할 것이다. 외국의 경우 협동조합의 규모가 우리 대기업처럼 규모가 큰 곳도 있으나 대부분의 협동조합은 소액, 소규모의 서민형 협동조합이 많이 있다. 소규모의 기업 모델이 다수 등장하여 서민·지역 경제를 활성화하여 지역단위의 새로운 일자리 창출의 활력소가 될 것으로 기대하고 있다. 협동조합기본법 제정의 기대 효과로는 기본법이 제정되면 새로운 법인격 인정을 갖는 의미를 지닌다. 새로운 형태의 '협동조합'을 설립함으로써 소액·소규모 조합이 더 많아질 것으로 기대한다. 일자리 창출 및 지역경제 활성화로 인하여 서민·지역경제 활성화가 이뤄지고 나아가 국민경제 발전을 이뤄 서로 공생 발전하게 되는 계기를 마련할 것이다. 둘째, '협동조합'이라는 새로운 법인격의 등장은 '윤리경영'과 '상생번영'의 시대정신이 반영된 새로운 경제사회 발전의 대안 모델을 확산하는 효과가 기대되고 있다. 조합원이 필요로 하는 재화와 서비스를 최선의 질과 가격으로 제공함으로써 주식회사 등 기존 영리회사의 시장 지배력을 견제하고 경제를 촉진하고 열악한 비영리, 시민사회 활동을 활성화함은 물론 제3차 산업에서도 자유로운 협동조합 설립을 가능하게 하여 새로운 성장 동력인 서비스 산업 활성화에 기여할 수 있다. 즉, 당시 1차 산업인 농협·수협·엽연초·산림, 2차 산업인 중기협, 3차 산업인 신협·새마을 금고, 주로 1차 산업 중심에서 이루어졌으나, 법 제정을 한 후 전 사업에는 1차, 2차, 3차 산업에서 자유로운 협동조합 설립이 가능하여 협동조합 설립 범위 확대를 기대할 수 있다. 셋째로는 협동조합이 설립되고 확산될 수 있는 범위와 분야에 제한이 없어짐에 따라 다양한 경제주체 활동이 활성화될 것이다. 대형마트, 기업형 슈퍼마켓 등의 등장으로 어려움을 겪는 영세상인 및 소상공인들이 협동조합을 설립하여 원재료를 공동구매하고 공동으로 판매하며 공동 배송을 하며 이를 위한 공동주차장을 구축하고 경영 컨설팅 등의 협력 및 협업사업이 확대되게 될 것이다. 이로 인해 경쟁력 확보의 기반 마련 계기가 마련될 수 있게 된다. 또한 영리를 추구하는 대기업들에게 외면 받는 낙후지역 주민들이 모여 자신들의 필요에 맞게 구축할 수 있는 효과를 기대할 수 있는데 근린 서비스, 복지 서비스 마련 등 기존의 복지서비스를 자신들의 상황과 필요에 맞게 구축할 수 있는 효과를 기대할 수 있다.

협동조합 활성화가 복지정책에 미치는 효과를 살펴보면 첫째, 사회서비스 증대를 가져올 것이다. 자활단체, 돌봄 노동 등의 분야에 협동조합 설립과 기존의 자활사업 등 사회서비스 보완, 사회적협동조합을 통한 새로운 영역으로 사회서비스 확산을 가져오게 된다. 둘째, 서민 경제 활성화를 가져와 소액·소규모 창업을 용이하게 하여 신규 창업이 활성화가 되고 경제활동을 통한 자립적인 생산적 복지가 실현될 수 있다. 셋째, 복지 전달 체계를 개선할 수 있다. 일하는 복지를 구현하여 여러 정부부처(13개)로 분산되어 있는 다기화된 복지 전달 체계의 비효율성을 개선할 수 있다. 넷째, 복지사업 효율성 제고이다. 자율, 자발적 협동조합 설립으로 필요에 맞는 사업 전개와 공공 근로 등 기존 복지사업의 실효성 기대할 수 있다. 다섯째, 사각지대의 해소이다. 협동조합 활성화로 서민경제 및 지역 경제 활성화 기대와 기존 복지제도의 사각지대를 해소할 수 있다.

2. 사회적협동조합 설립

협동조합은 '이용자 소유 회사'로 '투자자 소유 회사'인 주식회사와 구별된다. 출자 규모와 무관하게 1인 1표의 독특한 의결권과 선거권을 가지고 있으며, 인적인 결합을 중시하는 새로운 회사 모델로 자본 간의 결합은 아니다.

1) 「협동조합기본법」에 의한 설립 방법

협동조합 설립에 관한 법 조항은 「협동조합기본법」 제15조~제19조, 제61조로 규정하고 있다. 기본법에 따른 협동조합 설립 절차는 크게 8단계로 구분한다. 협동조합 설립 절차 8단계를 살펴보면, 먼저 ① 발기인을 모집하여 ② 정관을 작성하고 ③창립총회 개최 및 의결을 거친 후 ④ 설립 신고를 시·도지사(사회적협동조합은 중앙행정기간의 장)에게 제출한다. 그런 다음 ⑤ 사무를 이사장에게 인계하고 ⑥ 출자금을 납입한 후 ⑦ 설립등기를 관할 등기소에 제출하는 단계를 거치면 ⑧ 협동조합이라는 법인격을 부여받게 된다. 기존의 8개 개별 협동조합의 경우, 모두 ④번의 설립 신고가 아닌, 설립인가라는 보다 복잡한 과정을 거쳐야 했으나 「협동조합기본법」제정으로 관할 시도지사에 설립 신고를 통해서 설립이 가능하게 되었다.

2) 사회적협동조합 정의 및 설립 조건

사회적협동조합은 지역주민들의 권익·복리 증진과 관련된 사업을 수행하거나, 취약 계층에게 사회서비스 또는 일자리를 제공하는 등 비영리를 목적으로 설립된 협동조합이다. 국가적인 지원 혜택이 많아 인가 절차가 까다롭고 복잡한 설립 인가 절차를 거쳐야 하기 때문에 일반 협동조합보다 설립이 어렵다. 설립 조건은 비영리를 목적으로 하는 기업이므로 운영을 위해서는 공익에 대한 사업이 40% 이상이 되어야 한다. 또한 제15조인 설립 신고 등에 의하면 협동조합에서는 협동조합을 설립하고자 할 때는 5인 이상의 조합원 자격을 가진 자가 발기인이 되어 정관을 작성하고, 창립총회의 의결을 거친 후 사무소 소재지를 관할하는 시·도지사에게 신고하여야 한다. 창립총회의 의사는 창립총회 전까지 발기인에게 설립 동의서를 제출한 자 과반수의 출석과 출석자 3

분의 2 이상의 찬성으로 의결한다. 이때 5명 이상의 동의자가 있어야 하며, 동의자는 일원 자격을 갖추고 있어야 한다. 시·도지사는 제1항에 따라 협동조합 설립 신고를 받은 때에는 즉시 기획재정부장관에게 그 사실을 통보하여야 한다.

3) 사회적협동조합 설립 절차

사회적협동조합 설립 절차와 방법은「협동조합기본법」제85조~제88조, 제106조로 규정하고 있다. 사회적협동조합 설립 절차를 살펴보면 제1단계는 발기인 모집이다. 발기인은 조합을 창립하고 등록을 위해 사업을 운영하는 사람들이다. 기존 개별 8개 협동조합법과 다른 점이 있는데, 이는 발기인에 대한 부분이다. 조합원의 자격을 갖추어야 하며, 협동조합을 만드는 것에 동의한 사람이다(「협동조합기본법 제15조」). 개인은 물론 법인격을 획득한 주식회사, 재단법인, 사단법인, 공익법인 등도 조합원의 참여가 가능하다. 제2단계는 정관 작성이다. 정관이란 본 협동조합이 조직 형태, 운영방법 및 사업 활동 등에 관해 기본적인 사항들을 규정한 자치법규. 정관을 작성할 땐 반드시 들어가야 하는 사항들을 말한다.「협동조합 기본법 86조 제1항」의 필수 기재 사항을 살펴보면, 목적, 명칭 및 주된 사무소 소재지, 조합원 및 대리인의 자격, 조합원의 가입·탈퇴 및 제명에 관한 사항, 출자 1계좌의 금액과 납입방법 및 시기, 조합원의 출자좌수 한도, 조합원의 권리와 의무에 관한 사항, 잉여금과 손실금의 처리에 관한 사항, 적립금의 적립방법 및 사용에 관한 사항, 사업의 범위 및 회계에 관한 사항, 기관 및 임원에 관한 사항, 공고의 방법에 관한 사항, 해산에 관한 사항, 출자금의 양도에 관한 사항, 그 밖에 총회·이사회 운영 등 그 외 필요한 사항이다. 제3단계는 창립(설립) 동의자 모집이다. 창립자는 총회를 열기 전까지 일원 자격을 가지고 있는 사람에게 동의서를 받아 5명 이상의 동의자를 모아야 한다. 동의자는 설립 동의자 조건이 충족된 자(발기인이 아닌 자)로 발기인에게 동의서를 제출한 사람으로 발기인 및 동의자 명수는 설립 신고서의 동의자 명수와 동일해야 하며, 창립총회의 구성원 수와도 동일해야 한다. 제4단계는 창립총회 개최이다. 공고일은 총회를 열기 전에 7일 이상 공고를 해야 하며, 공고의 방식은 조합원 홈페이지 공지나 포스터에 게재(조합원이 쉽게 알 수 있는 방안으로 공고)한다. 총회에서는 정관, 사업 계획, 예산안, 이사장 및 임원, 감사, 선임 등에 대한 의결이 이루어진다. 이때, 동의자 인원 중 과반수가 출석해야 하며, 총인원 중 2/3 이상이 찬성으로 협동조합 설립을 의결하게 된다. 이때, 의사록 작성 목록 즉, 반드시 의결해야 할 사항에는 정관, 사업 계획 및 예산, 임원의 선출과 이사장 선출, 주 사무소 세부 소재지를 포함하여 조합을 만드는 데 필요한 경비 등 조합의 등록에 필요한 사항을 반드시 기재한다. 제5단계는 설립 신고이다. 창립총회 이후에는 협동조합 '설립 신고서'(사회적협동조합은 설립 인가 신청서)를 각각 작성하여 시·도지사에게 설립을 마쳐야 한다. 신고를 받은 시·도지사는 '설립 신고증'을 중앙행정기관의 장은 '설립인가증'을 각각 배포하여야 한다.

설립 인가 접수를 받은 중앙부처 역할은 신고서를 접수한 때로부터 60일 이내(1회 연장 가능)에 인가증을 교부하여야 하며, 제출서류 미비 시 행정절차 법령에 따라 자료 보완을 요청할 수 있다. 이때 인가를 받을 시 구비서류로는 정관 사본, 창립총회 개최 공고문, 창립총회 의사록 사본, 임원 명부, 사업계획서, 수입 지출 예산서, 출자 1좌당 금액과 조합원별 인수하려는 출자 수를 적은 서류, 동의자 명부, 주 사업의 내용이 창립인가 기준을 충족함을 증명하는 서류, 합병 또는 분할을 의결한 총회 의사록이다. 제6단계는 발기인의 이사장에 대한 사무인계이다. 설립 신고증을 받은 발기인은 인가를 받았다면, 총회에서 선출된 이사장 등 운영진에게 사무를 인계해야 한다. 제7단계는 조합원의 출자금 등 납입이다. 관련 업무를 인계받은 이사장은 기일을 정해 조합원이 되려고 하는 자에게 출자금을 납입하도록 한다. 이때, 조합원은 이사장에게 출자금을 납입한다. 현물 출자인 경우에는 이사장이 정한 납입기일 안에 출자 목적인 재산을 인도하고 등기, 등록 그 밖의 권리의 이전에 필요한 서류를 갖춰 협동조합에 제출한다. 제18조 설립사무의 인계와 출자 납입을 살펴보면, 발기인은 제15조 1항에 따라 설립 신고를 하면 지체 없이 그 사무를 이사장에게 인계하여야 한다. 제1항에 따라 이사장이 그 사무를 인수하면 기일을 정하여 조합원이 되려는 자에게 출자금을 납입하도록 하여야 한다. 현물출자자는 제2항에 따른 납입기일 안에 출자 목적인 재산을 인도하고 등기·등록, 그 밖의 권리의 이전에 필요한 서류를 구비하여 협동조합에 제출하여야 한다. 제8

단계는 설립등기이다. 협동조합은 출자금의 납입이 끝난 날부터 14일 이내에 협동조합의 주된 사무소의 소재지에 있는 관할등기소에 설립 등기를 마쳐야 한다. 관할 법원 등기소에서 설립등기 신청 시에는 ① 설립등기신청서, ② 설립 신고증서, ③ 창립총회 의사록, ④ 정관 사본 등을 첨부하여야 한다. 제19조 협동조합의 설립에 의하면 협동조합은 사무소의 소재지에서 제61조에 따른 설립등기를 함으로써 성립한다. 협동조합의 설립 무효에 관하여는 「상법」 제328조를 준용한다. 제61조 설립 등기를 보면 협동조합은 출자금의 납입이 끝난 날부터 14일 이내에 주된 사무소의 소재지에서 설립등기를 하여야 한다. 설립등기신청서에는 다음 각 호의 사항을 적어야 한다. a. 제16조 1항 제1호와 제2호의 사항 b. 출자 총 좌수와 납입한 출자금의 총액 c. 설립 신고 연월일 d. 임원의 성명·주민등록번호 및 주소를 세부적으로 적게 되며, 설립 등기를 할 때에는 이사장이 신청인이 된다. 제2항의 설립등기신청서에는 설립 신고서, 창립총회 의사록 및 정관의 사본을 첨부하여야 한다로 명시되어 있다. 이런 단계를 거쳐 법인격 부여되는데, 설립 등기를 마친 협동조합은 법인인 '협동조합' 또는 비영리법인 '사회적협동조합'이라는 법인격을 갖게 된다. 소셜 미션(Social Mission)을 해결하는 사회적기업 설립의 기본 지침서 사회적기업은 일자리 제공, 사회서비스 제공, 지역사회 공헌 등의 사회적 목적을 실현하는 기업이다. 사회적기업은 대통령이 정하는 독립된 조직 형태를 갖추어야 하며, 민법상 법인 조합도 그중의 한 형태이다. 사회적협동조합 창업을 생각하는 사람들은 협동조합의 개념, 역사, 유형, 협동조합 기본법의 이해, 설립 절차 및 방법 등 전문지식을 잘 알고 실전 경험을 바탕으로 충분히 지속 가능한 기업 성장과 우리 사회의 소셜 미션(Social Mission)을 해결해 나갈 수 있을 것이다.

4) 최초의 협동조합인 영국의 협동조합

1844년에 설립된 영국의 '로치데일 공정 선구자조합'은 협동조합 역사상 최초의 성공적인 모델로 전해지고 있다. 이후 160여 년 동안 여러 가지 유형의 협동조합이 생겨나면서 협동조합에 대한 '정의'도 다양해졌다. 영국 가디언지와 영국 협동조합연합회(Co-operatives UK) 설립 방법 협동조합은 8단계를 거쳐 설립되어 법인격으로 부여받고 활동하게 된다. 하지만 새로 설립된 협동조합이 본격적으로 활동하며, 시장에서 경쟁하며 이익을 창출하기는 쉽지 않은 과제이다. 역사적으로 최초의 협동조합이 생겼고, 이미 코어그룹(The Co-operatives Group)의 거대 협동조합 기업집단이 활동을 하고 있는 영국에서도 협동조합의 설립은 공통의 관심사이기도 하다. 영국의 유력한 신문인 가디언지는 '사회적기업 네트워크(Social enterprise Network) 홈페이지를 개설하여 설립 절차를 단계별로 나누어 설명하고 있다. 영국의 협동조합 설립 3단계의 핵심 내용과 노하우를 다루었다. 1단계는 사업 아이디어(The Business Idea)이다. 협동조합은 경제활동을 하는 사업체로 실현 가능성이 있는 사업 구상의 마련되어야 한다. 협동조합의 관심과 재발견은 각자의 필요와 수요에 의해 발생하며, 지역 경제에 꼭 필요한 사업체가 매각되었을 때, 타 지역에서 잘 운영된 협동조합 활동의 관찰 시 자신이 속한 회사가 매각될 시 등 내적, 외적 요인에 의해 협동조합 설립에 관심을 갖는다. 중요한 것은 아이디어가 실제 비즈니스로 실현 가능한가의 여부이다. 관련 사업의 시장은 형성되어 있는가? 수익은 창출될 수 있는가? 등 사업성과 현실성이 있는 사업 아이디어인지 구분하는 것 필요하다. 소유구조(Governance)를 보면 협동조합은 소비자, 직원, 지역 사회등과 밀접한 관련, 이들이 조합원으로 참여하기 때문에 어떤 소유구조를 가질지 결정해야 한다. 소유권 측면에서 살필 수 있는 4가지 협동조합으로는 근로자에 의해 소유, 운영되는 형태인 노동자 소유, 소비자에 의해 소유, 운영되는 형태 소비자 소유, 다른 사업체에 의해 소유, 운영되는 형태인 사업체(기업) 소유, 다양한 이해관계자들로 구성, 운영되는 형태인 복합적인 소유이다. 설립 1단계에서 검토되어야 할 6대 과제는 '왜 설립되었는가? 무슨 일을 할 것인가? 1~3년 내 구체적인 목표는 무엇인가?'를 세워가는 협동조합 비전, '어떤 물건과 서비스를 판매할 것인가? 고객과 사용자는 누구인가?'에 대한 사업모델, '30~60초의 짧은 시간 내에 협동조합 사업을 설명할 수 있는가?'를 살피는 간결한 설명, '협동조합 조합원의 대상은? 조합원에 대하여, 유사한 활동을 하는 곳인가? 주변에서 도움을 받을 수 있는가?'의 주변 조사, '경영 자문이 필요한 경우 어디서, 누구에게 문의할 수 있는가?'인 경영 자문이다. 협동조합의 형태와 소유구조를 파악하였다면 조합원 각자의 목적과 가치를 파악하고 이들 소유자들의 기대 수준, 가입동기, 공동의 관심사항을 찾아 협동조합 운영이 원활하게 운영되도록 한다. 2단계는 의사소통, 장기 계획(Long-term plan)이다. 조합원 간의 협력적인 업무 관계 방식의 마련이 필요한데, 조합원 간 효과적이고 적절한 상호 소통 기회를 보장하고 모두가 공유하고 이해하는 의사결정 방안 마련이 중요하다. 의사소통(Communication)은 소규모로 시작하는 협동조합이지만 장기적이고 효과적인 운영을 위해 조합원 간 의사소통이 필요하며, 시작 단계에서의 효과적인 의사소통과 민주적인 의사결정 방식은 미래지향적이고 지속가능한 협동조합 운영에 기여한다. 중요한 의사결정으로는 공식 회의 소집, 개별 사안의 성격과 중요도에 따라 공식·비공식 회의 가능, 세부 안건은 소그룹별 협의 갖고 결과는 모두에게 공유한다. 최근엔 인터넷, 홈페이지, 페이스북, 트위터 등 소셜네트워크가 의사소통의 중요 창구로 활용된다. 장기 계획 마련(Planning ahead)은 협동조합의 성공적 운영을 위해 구체적인 사업 계획과 각자의 역할분담이 필요하다. '설립자 증후군(Founder syndrome)'은 설립 초기에는 설립 목적과 비전을 잘 인식하지만, 최초의 설립자가 떠나고 다른 조합원으로 채워지는 경우, 처음 설립 목적과 비전이 함께 사라진다는 것이다. 따라서 1명~2명의 전략가에 의해 결정되는 것이 아니라 모두가 이해하고 공유할 수 있는 장기적인 전략과 계획 마련이 필요하다. 3단계는 수익이다. 법인격 협동조합을 설립하기 위해 분명한 사업 아이디어와 지배 구조가 필요하다는 것을 인지한 후, 다음 단계로 새로운 기업모델로서의 협동조합의 재정(Finance)과 법인격 부여를 준비해야 한다. 수익(Profit)은 모든 사업조직은 자금 조달의 필요성을 알고 있으나 일부 협동조합에서는 '수익' 용어에 부정적 반응을 보이기도 한다. 지역사회에 기여하는 등 공익적인 기능을 수행하고 이윤추구를 하지 않는 사업조직 등은 '영리추구' 용어에 큰 반감을 갖기도 하지만 공익적인 기능과 역할수행을 위해 사업체의 지속적 유지를 위해 경제적 수익을 창출해야 한다. 장기적 수익 창출이 어려우면 협동조합의 존립이 어렵기 때문이다. 이런 면은 협동조합이 자선단체(charity)나 기부 조직과 다른 면으로 볼 수 있다. 협동조합을 가치 있는 조직 운영을 위해 발생되는 수익을 어떻게 사용하는가는 매우 중요한데, 수익 발생 시 그 수익의 활용방안(재투자, 기부, 배분 등)도 함께 마련되어야 한다. 법인격(Legal form)은 과거엔 농협, 수협, 소비자 생협 등 8개 분야를 제외하고 협동조합 설립이 제한되었기 때문에 협동조합을 설립하고자 하는 단체나 조직은 상법상 주식회사, 유한회사 등이나 민법상 사단법인, 또는 농업 분야이면 영농조합, 농업기업 등의 형태의 법인격을 갖고 활동해 왔다. 2012년 12부터 협동조합법 시행에 따른 독자적 협동조합 법인격을 보유할 수 있게 되었다. 협동조합 법은 두 개의 법인격을 부여하며 일반적인 기업과 유사한 협동조합인가? 비영리 성격이 높은 사회적협동조합인지를 섬세하게 살펴보고 조합원들과 협의해서 결정해야 한다. 설립 3단계에서 검토해야 할 6대 과제로는 협동조합 모델은 재정적으로 지속 가능한가에 대한 지속가능성, 예상되는 비용과 수익을 비교할 때 이윤추구가 가능한가?인 손익 분기, 가장 적합한 형태의 지배구조는 무엇인가?인 지배구조, 최초 설립 시 필요한 자금은 어떻게 조달할 것인가?인 초기 설립비용, 이후 지속적인 수익은 어떻게 창출할 것인가? 수익 창출, 수익이 발생할 경우, 어떻게 배부하고 활용할 것인가?의 수익 배분이다. 협동조합이 설립된 후, 성공적인 운영 조건은 체계적인 준비와 조사, 경영전략 마련, 협동조합 간 협력, 조합원 교육 등이 필요하다. ICA 7대 원칙을 보면 ① 종합적인 타당성 계획 수립, ② 법적인 조직 형태의 논의, ③ 경영 전략 수립, ④ 경영전략을 법인격체에 조합, ⑤ 상세한 재무계획 수립, ⑥ 초기 설립자금조달 방안, ⑦ 조직, 인력 계획 수립, ⑧ 마케팅 전략 수립, ⑨ 조합원 의사소통방안 마련이다.

3. 사회적협동조합의 운영

1) 우리나라 공익법인

공익법인[公益法人]은 비영리 법인으로 법률에서는 자체의 이익을 추구하지 아니하고 공익을 목적으로 사업을 하는 법인을 말한다. 사회복지, 종교, 교육, 장학, 의료 등 사회 일반의 이익을 목적으로 민법 또는 '공익법인의 설립·운영에 관한 법률'에 의해 설립된 비영리 법인을 말한다. 사회 일반의 이익을 목적으로 하기 때문에 이에 소요되는 재원을 개인이나 단체가 출연하는 것을 지원하기 위해서 공익법인에 출연한 자산에 대해서는 상속·증여세가 과세되지 않는다. 주무관청의 허가를 받아 설립되며, 임원의 취임·정관 변경·

재산 처분 등에 대해 주무관청의 감독을 받고 수익사업을 통해 소득이 발생하면 법인세가 과세된다.

협동조합은 공익적인 가치와 책임이 강조된 기업이다. 「협동조합기본법」의 특징 중 하나는 협동조합보다 '사회적협동조합'에 비영리 법인격을 부여해 공익성을 한층 더 강화를 한다. 우리나라 법체계는 지금까지 학교, 병원, 복지시설에만 비영리 법인격을 부여 하고 있다. 우리나라 고유 목적별 공익법인 현황을 살펴보면 〈표 5-1〉과 같다.

●● 표 5-1 고유 목적별 공익법인 현황(단위: 개)

종류 / 연도	교육	학술장학	사회복지	의료	문화	기타	합계
2014년	1,603	2.105	1,934	945	456	1,089	8,132
2015년	1,614	2,214	2,068	969	517	1,203	8,583
2020년	1,766	2,624	2,921	1,078	752	1,682	10,823

2020년 우리나라는 10,823개의 단체가 비영리법인으로 등록되어 있으며 그 예로는 종교단체, 종합병원, 사립병원, 사회복지시설, 보육원, 어린이집 등이다. 비영리법인은 다양한 법률에 근거하며, 공통점은 경제활동과는 거리가 먼 기관들이다. 사회적협동조합 관련 「협동조합기본법」제2조, 제93조 제2조(정의)에 따르면 "협동조합"이란 재화 또는 용역의 구매·생산·판매·제공 등을 협동으로 영위함으로써 조합원의 권익을 향상하고 지역사회에 공헌하고자 하는 사업조직을 말한다. "사회적협동조합"이란 제1호의 협동조합 중 주민들의 권익·복리 증진과 관련된 사업을 수행하거나 취약계층에게 사회서비스 또는 일자리를 제공하는 등 영리를 목적으로 하지 아니하는 협동조합을 말한다. 또 제93조(사회적협동조합의 사업)에서는 사회적협동조합은 다음 각 호의 사업 중 하나 이상을 주 사업으로 하여야 한다. 지역사회 재생, 지역 경제 활성화, 지역 주민들의 권리·복리 증진 및 그 밖에 지역사회가 당면한 문제 해결에 기여하는 사업, 취약계층에게 복비·의료·환경 등의 분야에서 사회서비스 또는 일자리를 제공하는 사업, 국가·지방자치단체로부터 위탁받은 사업, 그 밖에 공익증진에 이바지하는 사업이다. 제1항의 '주 사업'이란 목적 사업이 협동

조합 전체 사업량의 100분의 40 이상인 경우를 의미한다로 명시되어 있다. 민법은 종교단체, 사단법인, 사회복지사업 법은 사회복지 재단, 공익법인설립·운영에 관한 법은 각종 학술단체와 자산 단체, 기타로는 의료법, 초중등교육법, 사립학교법 등에 근거 규정을 두고 있다. 기존 '상법'에 따라 설립된 기업(주식회사 또는 유한회사)이 장애인·고령자·기초수급자 등 취약계층을 다수 고용하고 회사에서 발생하는 수익의 절반 이상을 사회에 환원하는 등 공익적으로 경영해도 기업이 비영리법인을 부여받지 못한다. 그 이유는 지금까지 법제는 설립 목적에 중점을 두어 실제적인 운영방식과 사회 환원 등의 결과를 살펴 비영리 법인격을 부여하지 않았으며, 2007년 '사회적기업법'이 마련돼 사회적기업으로 인정받는 것이 최대한 정책적 배려였기 때문이다.

2) 우리나라 비영리법인 유형별 설립 근거 및 관리주체

우리나라 비영리법인 유형별 설립근거 및 관리주체에 대한 사항은 〈표 5−2〉와 같다.

●● 표 5-2 비영리법인 유형별 설립근거 및 관리주체

유형	설립근거 법령	관리주체	유형	설립근거 법령	관리주체
종교	민법	문화부	사회복지	사회복지사업법	복지부
문화	민법	개별 (주무관청)	의교	의료법, 정신보건법	복지부
학술	공익법인 설립에 관한 법률	개별 (주무관청)	학교	초중등·고등교육법, 유아교육법, 사립학교법	교육부
장학	공익법인 설립에 관한 법률	교육부	기타	특별법	개별
자선	공익법인 설립에 관한 법률	복지부			

「협동조합기본법」시행에 따라 비영리 분야의 영역에 적지 않은 변화가 진행되고 있다. 「협동조합기본법」은 경제활동을 수행하는 사업조직인 협동조합도 공익적 사업을 40% 이상 수행하면 비영리 법인격을 지닌 경제조직인 사회적협동조합으로 설립이 가능하며, 「협동조합기본법」 제93조에 따라 지역 경제 활성화, 취약계층 일자리 제공, 정부 위탁사업 등을 협동조합 전체 사업량의 40% 이상을 수행하면 비영리 법인격을 지닌 경제조직인 사회적협동조합

설립 가능하다는 근거를 두고 있기 때문이다. 2012년 12월 1일부터 '금융·보험업'을 제외한 모든 분야에서 협동조합 설립이 가능하게 되었고, 사회적협동조합 요건을 충족하면 보육원, 양로원, 복지시설 외 비영리 법인격을 지닌 슈퍼마켓, 식당, 카페, 정비소, 세차장 등이 생겨나고 있다.

3) 협동조합과 사회적협동조합의 차이점과 공통점

협동조합과 사회적협동조합의 차이점을 살펴보면 협동조합의 목적은 조합원 실익제고 목적을 두고 있지만, 사회적협동조합은 조합원의 실익제고 목적 및 지역주민, 취약계층 복리증진 목적을 두고 있다. 협동조합은 이윤추구를 하는 영리법인으로의 법인격을 갖고 있지만 사회적협동조합은 사회적 기능, 공적인 가치와 목적이 강조된 즉, 공익활동을 주목적으로 하는 비영리법인으로의 법인격을 갖고 있다. 협동조합은 설립 시에 등록 신고 절차를 거치며, 등록 신청 서류를 작성해서, 시군 구청에 등록 신청을 하게 된다. 단, 특별시·광역시는 사무소 소재지 관할 각 구청에 신청을 하게 되며, 일반 시는 시청과 군 단위의 소재에서는 군청에 신청을 하면 된다. 사회적협동조합은 설립 시 관계 중앙행정기관의 장(관계 부처) 인가를 받아야 한다. 협동조합에서 조합원은 설립 동의자 자격의 자격이 주어지지만, 사회적협동조합에서는 조합원 및 이해관계자의 자격이 주어진다. 사업 운영 시에도 협동조합은 업종 및 분야에 제한이 없으며, 법 제45조 제1항 사업을 반드시 포함하도록 하고 있다. 단, 금융 및 보험업 제외 대상이 된다. 사회적협동조합은 사업 운영 시 공익사업 40% 이상 수행하여야 하며, 지역사회 재생·주민 권익 증진 등이나 취약계층 사회 서비스나 일자리 제공, 국가·지자체 위탁사업, 그 밖의 공익증진 사업에 대해 법 제45조 제1항 사업을 포함하고 있다. 협동조합은 경영 공시에 대해 의무사항 아니지만, 조합원 수 200인 이상 또는 자기자본이 30억 이상 게시 그 외는 자율적으로 운영된다. 사회적협동조합은 주요 경영공시자료를 결산일로부터 3개월 이내에 관계 중앙행정기관 홈페이지에 의무적으로 게재하도록 하고 있다. 잉여금의 법정적립금에 대해 협동조합은 잉여금의 10/100 이상 자기자본의 3배가 될 때까지 가능하며, 사회적협동조합은 잉여금의 30/100 이상 자기자본의 3배가 될 때까지 (30% 적립) 가능하다. 배당은 협동조합은 배당 가능(이

실적 및 출자액에 따른 배당)하며 사회적협동조합은 공익적 성격으로 인해 배당 금지하고 있다. 처리기간은 협동조합은 30일 이내 사회적협동조합은 60일 이내에 이루어진다. 설립 등기 신청은 협동조합은 출자금의 납입이 끝난 날로부터 14일 이내이고, 사회적협동조합은 설립 인가를 받은 날로부터 21일 이내에 이루어진다. 설립 후 운영상의 차이점은 협동조합은 운영의 공개, 서류 비치 열람, 주요 경영 등 공시자료를 3개월 이내 시도 홈페이지에 게시하도록 한다.

청산 시에는 협동조합은 정관에 따라 잔여재산 처리하지만 사회적협동조합은 잔여재산을 유사단체, 비영리법인·국고 등 귀속해야 하는 의무가 있다. 협동조합의 유형으로는 협동조합은 소비자 협동조합, 생산자(사업자) 협동조합, 직원협동조합, 다중 이해관계자협동조합이 있으며, 사회적협동조합에는 지역사업형, 취약계층 고용형, 취약계층 사회서비스 제공형, 위탁사업형, 기타 공익증진형으로 구분할 수 있다. 협동조합에서는 상법 등에서 준용하여 감독에 대한 관련 내용이 없지만, 사회적협동조합은 필요할 때 인가받은 행정기관의 감독의 대상이 되며, 기획재정부 장관(관계 부처), 업무 상황, 장부, 서류 등 검사를 받게 되고 인가요건에 대해 위반사항이 있을 시 인가가 취소된다. 공통점으로는 최소 설립 인원 5인인 것과 1인 1표의 민주적인 의결권을 갖는 것, 조합원자격요건, 가능한 사업, 회계, 등기 등이 대부분 동일하다. 운영과 절차, 방식에서의 일반 협동조합과 사회적협동조합의 차이는 크지 않다. 사회적협동조합의 장점이라고 하면 국세, 지방세, 부과금 상에서 기존 비영리법인들이 갖는 이점을 누릴 수 있는 점, 조세 이외에는 각종의 부과금 면제되는 점, 지정기부금 단체로 지정하는 점 등이다.

4) 사회적협동조합 VS 사회적기업

사회적협동조합과 사회적기업의 차이점이라고 한다면 사회적 목적과 가치를 추구하고 공익적인 기업이란 점이 약간 다르다. 사회적협동조합의 법인격은 새로운 형태의 비영리법인이지만, 사회적기업의 법인격은 기존의 영리법인 또는 비영리법인이 일정한 요건을 충족하여 고용노동부에 신청하면 '사회적기업'으로 인증받게 된다. 명칭 사용에 있어서 사회적기업은 기업이나 사단법인이 인증을 받으면 '사회적기업' 명칭이 사용 가능하다. 혜택에 있어서도 사회적기업은 경영 컨설팅, 공공기관 우선 구매, 인건비·시설비·사업개발비 지원, 모태펀드 제공 등의 혜택을 5년간 받을 수 있다. 사회적기업은 고용노동부의 인증을 받게 되며, 인증 사회적기업(680개), 예비사회적기업(1,000여 개)으로 구분할 수 있다. 사회적협동조합과 사회적기업의 비교를 살펴보면 회사인 주식·유한·합자·합명·유한책임, 일반 협동조합, 사회적협동조합, 사단법인으로 구분할 수 있다. 먼저 근거 법으로는 회사는 상법에 근거하며, 일반 협동조합과 사회적협동조합은 협동조합 기본법에 근거하고 사단법인은 민법에 근거하고 있다. 회사는 이윤 극대화를 사업목적으로 하며, 일반 협동조합과 사회적협동조합은 조합원 실익 증진과 공익을 목적으로 하며, 사단법인은 공익을 목적으로 한다. 의결권은 회사는 1주 1표(단, 합자회사 1인 1표)를 하고 있으며, 일반 협동조합·사회적협동조합·사단법인은 1인 1표로 하고 있다. 설립방식도 회사는 설립 신고를 하며, 일반 협동조합은 신고를 하며, 사회적협동조합과 사단법인은 인가를 받는다.

회사는 물적 결합의 성격을 갖는 반면, 일반 협동조합·사회적협동조합·사단법인은 인적결합의 성격을 갖는다. 회사와 일반 협동조합은 영리법인이지만 사회적협동조합과 사단법인은 비영리법인이다.

5) 사회적협동조합 감독

협동조합의 주요 원리와 원칙은 자주, 자율, 자립이다. 공동의 과제와 필요를 경제활동을 통해 해결하는 것이며, 기본법 제정 과정에서도 자율조직에 감독규정의 필요성에 대해 논의하였고 최종적으로 비영리 법인격을 지닌 사회적협동조합에 한해 감독규정을 두게 되었다. 먼저, 법 제정 시 취지는 자율적 협동조합 설립과 활동 촉진하여 서민과 지역 경제의 활성화를 하고 새로운 경제사회 발전의 모델을 확산하는 것이다. 협동조합의 활동에 대해 지나친 국가의 감독은 배제되어야 하는 부분이다. 유럽의 경우 가짜 협동조합 활동으로 피해와 어려움이 있었는데, 감독의 부재 시 따르는 부작용이기도 했다. 앞으로의 과제는 협동조합의 숫자가 천 개, 만 개 이상으로 협동조합의 증가하는 추세로 이에 따른 체계적이고 정기적인 감독의 어려움이 있다. 타 비영리법인은 주무관청의 감독을 받는 상황에서 사회적협동조합 감독의 사각지대로 비칠 가능성도 내재되어 있다. 협동조합을 총괄하는 기획재정부 장관은 사회적협동조합의 업무를 감독하고, 감독상 필요한 명령을 할 수 있다. 그럼에도 사회적협동조합의 자율성은 존중되어야 한다. 기획재정부 장관의 감독 권한 4가지를 살펴보면, 사회적협동조합 업무 및 재산, 장부, 서류 등에 대한 검사권, 법령, 정관 위반 사실에 대한 시정명령권, 조사·검사·확인을 위한 자료 제출 요구권, 설립인가 취소권이 있다. 사회적협동조합 감독「협동조합기본법」제111조) 제111조(감독)에는 기획재정부 장관은 사회적협동조합의 자율성은 존중되어야 하며, 이 법에서 정하는 바에 따라 그 업무를 감독하고 감독상 필요한 명령을 할 수 있다. 기획재정부 장관은 다음 각 호의 어느 하나에 해당하는 경우 사회적협동조합(설립 중인 경우를 포함한다. 이하 이 조에서 같다)에 대하여 그 업무 및 재산에 관한 사항을 보고하게 하거나 소속 공무원으로 하여금 해당 사회적협동조합의 업무상황·장부·서류, 그 밖에 필요한 사항을 검사하게 할 수 있다. 제85조에 따른 설립 인가 및 절차에 적합한지 확인할 필요가 있는 경우, 이 법, 이 법에 따른 명령 또는 정관을 위반하였는지 확인할 필요가 있는 경우, 사회적협동조합의 사업이 관계 법령을 위반하였는지 확인할 필요가 있는 경우, 제2항에 따른 검사를 하는 공무원은 그 권한을 표시하는 증표를 지니고 이를 관계인에게 내보여야 한다. 기획재정부 장관은 제1항에 따른 감독의 결과 사회적협동조합이 이 법에 따른 명령 또는 정관을 위반한 사실이 발견된 때에는 해당 사회적협동조합에 대하여 시정에 필요한 조치를 명할 수 있다. 기획재정부 장관은 이 법의 효율적인 시행과 사회적협동조합에 대한 정책을 수립하기 위하여 필요한 경우 관계 중앙행정기관의 장에게 사회적협동조합에 대한 조사·검사·확인 또는 자료의 제출을 요구하게 하거나 시정에 필요한 조치를 명하게 할 수 있다. 제1항부터 제6항까지의 기획재정부 장관의 권한은 사회적협동조합이 수행하는 구체적인 사업 내용, 성격 등을 고려해 대통령령으로 정하는 바에 따라 관계 중앙행정기관의 장 또는 시·도지사에게 위임할 수 있다. 업무 재산 등에 대한 검사 권한에는 설립 인가 및 절차 위반 여부, 법령·법에 따른 명령 및 정관 위반 여부, 사회적협동조합 사업 관련 법령 위반 여부 등이다.

설립 인가 취소는 제112조(설립 인가의 취소)에 명시하고 있으며 내용을 살펴보면, 기획재정부 장관은 사회적협동조합이 다음 각 호의 어느 하나에 해당하게 되면 설립 인가를 취소할 수 있다. 정당한 사유 없이 설립인가를 받은 날부터 1년 이내에 사업을 개시하지 아니하거나 1년 이상 계속하여 사업을 실시하지 아니한 경우, 2회 이상 제111조 5항에 따른 처분을 받고도 시정하지 아니한 경우, 제85조 제4조항에 따라 대통령령으로 정한 설립 인가 기준에 미달하게 된 경우, 거짓이나 그 밖의 부정한 방법으로 설립 인가를 받은 경우이다. 기획재정부장관은 제1항에 따라 사회적협동조합의 설립 인가를 취소하면 즉시 그 사실을 공고하여야 한다고 명시되어 있다. 설립 인가를 받고도 1년 동인 사업을 개시하지 않거나 1년 이상 사업을 하지 않은 사례, 2회 이상 시정명령 미이행 하는 사례, 설립 인가 기준을 충족하지 못하는 사례, 추후에 거짓이나 부정한 방법으로 설립 인가를 받은 것이 확인되는 사례, 그 외 설립 인가를 취소하고자 하는 경우이며, 기획재정부 장관은 청문을 실시하여 충분한 의견과 소명할 수 있는 기회를 제공하여야 한다.

6) 포스트 코로나(Post-Corona) 시대, 우리나라 협동조합이 나아가야 할 방향

– 한국사회적기업진흥원-장○찬 팀장 2020.7.28. 발췌 –

코로나 바이러스(Corona Virus)는 2020년을 살고 있는 우리에게 많은 변화를 가져왔다. 우리의 일상은 예전에는 경험하지 못한 새로운 방식으로 바뀌었다. '생활 방역', '사회적 거리 두기'와 같은 익숙하지 않은 개념을 듣고 실천해야 하며, 사회활동에서 '마스크 착용'은 필수가 되었다. 또한 국가 내 '활동 제한', '재택근무 증가'에 따라 비대면(Untact) 활동이 증가하는 등 우리에게 그동안 당연시 여겨졌던 일들이 제한되거나 금지되고 있다.

세계 각국에서는 코로나(COVID – 19) 백신과 치료제 개발에의 투자 경쟁뿐 아니라 자국 우선주의를 앞세운 백신 선점 시도가 일어나고 있다. 그러나 전염병 대응을 위한 이와 같은 방법들이 당장 눈앞에 보이는 질병 문제 해결에 효과적임은 분명한 사실이나, 근본적인 문제 해결 방안이 아니라는 점을 우리는 기억해야 한다. 코로나(COVID – 19)를 통해 인식된 기후변화, 세계적 유행병, 불평등과 같은 문제들의 근본 원인에 대하여 고민하고, 구체적인 대응

방안 구축 필요성에 대해서는 누구나 공감할 수 있을 것이다. 이와 같은 맥락에서 국제협동조합연맹(ICA)은 '2020년 국제 협동조합의 날'의 주제를 '협동조합의 기후변화 대응(기후행동, Climate Action)'으로 선정하였다, ICA는 21세기 우리가 직면한 가장 심각한 도전 중 하나인 '기후변화' 해결을 위한 협동조합의 역할과 기여를 소개하고 공유하는 캠페인(#Coops4 Climate Action)을 진행하였다. 또한 국제노동기구(ILO)는 협동조합과 관련한 주제별 웨비나(Webinar)를 진행하였고, 그중 '협동조합의 기후변화 대응에의 기여'가 포함되었다.

코로나19(COVID-19)는 우리에게 경제·사회적으로 가장 취약한 사람들에게 가장 가혹하다는 '보편적 불평등'과 환경 불균형으로 야기된 '기후변화'에 대한 대응(Climate Action)의 중요성을 상기시켜주었다. 이러한 상황에서 세계적 금융위기를 포함한 다양한 위기 상황을 고유의 방식으로 극복하고 발전해나간 '협동조합 모델'이 위기 극복의 대안으로 떠오르고 있다. 축척된 경험을 바탕으로 협동조합은 코로나(COVID-19)로 인한 경제·보건 위기상황에서 중요한 역할을 할 것으로 기대되고 있다. 우리나라는 코로나(COVID-19)대응에서 선진화된 의료체계 기반으로 성공적인 방역 국가로 평가되고 있다. 그 반대로 의료시스템의 작동이 원활하지 못했던 유럽이나 낙후된 의료시스템을 가지고 있는 인도 등의 일부 국가에서는 코로나19(COVID-19)를 계기로 지속 가능하고 근본적인 문제 해결을 위한 '협동조합 운동'이 요구되고 있다. 그리고 보건 의료협동조합의 전염병 대응에의 기여와 역할이 재평가되고 있다. 기존 의료체계의 사각지대를 보완한 '필요 의료 서비스 신속 제공', '지역사회 긴급 구호 활동' 및 재정적 위기에도 불구한 '노동자 고용유지' 등의 사례에서 볼 수 있듯이 협동조합 원칙에 따른 혁신적 운영은 이미 현실에서 이루어지고 있다.

코로나19(COVID-19)를 통해 기술발전과 무역비용 절감을 위한 국제적 분업체계 '글로벌 밸류체인(Value Chain)'의 한계와 숨겨진 문제들이 드러나는 계기가 되었다. 전 세계적 감염병으로 한순간에 세계적인 공급망이 쉽게 무너질 수 있다는 사실을 경험하였고, 대량생산을 통한 환경파괴 문제의 심각성을 모두가 공감하게 되었다. 코로나19(COVID-19)가 불러온 글로벌 밸류체인의 변화로 '보호무역 기조'가 심화되고, '내수 중심 경제구조'가 증가하고 있다. 이러한 변화 속에서 지역사회 중심 특히, 기후행동과 관련한 저탄소 산업 모델 등과 같은 새로운 협동조합형 모델 개발이 필요한 시점이다. 코로나19(COVID-19)는 범국가적 인류의 중요한 문제들이 개별 국가 단위의 노력으로 해결될 수 없다는 것을 우리에게 상기시키고 있다. ICA에서 기후행동을 위한 캠페인(#Coops4ClimateAction) 중 '대화형 맵; 기후변화 대응에의 협동조합 여정'은 세계지도 위 각 국가별 협동조합의 친환경 활동 내용을 공유하고 있다. 이와 같이 코로나19(COVID-19)를 계기로 기후변화 문제 해결에는 개별 국가들의 국제적 연대를 통한 사례 확산과 노력이 중요함을 깨닫는 계기가 되기를 희망한다. 정부는 '한국판 뉴딜정책'발표에서 그린 뉴딜을 중심으로 저탄소 경제로의 변환 의지를 강력하게 표명하였다. 또한 기존 탄소 배출이 많은 '제조업 중심'에서 '저탄소 산업'으로의 산업구조 전환과 나아가 '탈 탄소화(Zero 또는 De-Carbonization)'까지의 희망을 보이고 있다. 이러한 변혁 속에서 협동조합들의 기후변화 대응을 위한 강력하고 효과적인 대안들이 제시되기를 희망한다. 나아가 환경 에너지 분야의 협동조합의 성장과 지역사회 기반 이종 협동조합들 간의 연대로 혁신적이고 창의적인 협동조합 모델이 발굴되기를 희망한다. 또한, 지속 가능한 지역경제 개발에 대한 관심과 문제 해결 의지를 기반으로, 지역사회 주민이 직접 출자하고 참여하는 지역경제 성장 모형을 기대해 본다. 또한 지속 가능한 생산·소비를 위한 기후행동 협동조합 모델이 중요 정책 중 하나가 되기를 기대한다. 코로나 이후(Post-Corona) 변화된 세상의 긴 서막이 시작되었다. 앞으로의 변화된 세상에서는 찰나의 위대한 영웅보다는, 생활 속의 변화를 위해 노력하는 작은 영웅들이 인정받고 존경받는 세상이 되기를 꿈꾼다. 그리고 이들을 통해 느껴지는 감동은 순간적으로 자극적인 것이 아니라, 은은하면서 소소하게 지속적인 파동으로 느껴지기를 바란다. 그리고 우리의 변화된 사고방식과 행동으로 지구와 인류 모두가 행복한 세상이 되기를 희망한다.

7) 그 외의 글을 싣다

〈이런 협동조합이 성공한다〉- 일부 발췌 -

오는 7월 4일은 제93회 세계협동조합의 날이다. 한국에서 마음 맞는 사람 다섯이면 언제든 협동조합을 만들 수 있게 한 '협동조합 기본법'이 시행된 지도 만 3년을 향해가고 있다. 그동안 협동조합은 양극화와 불황에 허덕이는 한국 사회의 대안으로 떠올라 7,000개 이상 만들어졌고, 오늘도 새로운 조합이 탄생하고 있다. 많은 이들의 바람처럼 협동조합은 우리 사회를 약육강식과 각자도생이 아닌 '협력과 연대로 작동하는 경제 생태계'로 이끌 수 있을까? 우리도 몬드라곤이나 썬키스트 같은 세계적인 협동조합을 가질 수 있을까? 지난 3년간 이들 협동조합이 거둔 성적표에 대해 의견이 분분하다. '협동조합의 성공'과 주식회사의 성공, 어떻게 다를까? 기막힌 사업 아이템이 있다며 협동조합 파트너를 구하는 사람들이 있는데, 그 경우엔 그냥 주식회사를 만드는 편이 낫다. 협동조합은 '돈 버는 사업체인 동시에 특별한 목적을 공유한 결사체'이기 때문이다. 안전한 먹을거리를 모토로 승승장구했지만 수익의 단맛에 취해 대형마트 유기농 매장과 다를 바 없어진 생협이나, 공정보도를 내세워 출범했지만 이렇다 할 수익을 내지 못하고 조합원 출자금만 까먹는 언론 협동조합은 똑같이 실패한 협동조합이다. 또한 1인 1표 원칙에 따른 공동소유·민주적 의사결정구조는 협동조합의 또 다른 정체성이다. 사업체이자 결사체로서 공히 성공한 협동조합이라도 한두 사람의 리더십에 의존하거나 사유화되고 있다면 역시 성공한 협동조합이라 볼 수 없다. 이런 기준에 걸맞은 협동조합을 정해 그들로부터 7가지 공통된 성공 비결을 찾아본다. 먼저 '협동 거리'를 찾아야 한다. 협동조합의 성공비결 7가지 가운데 4가지는 '협동 거리'이다. 협동조합을 고민하거나 준비단계에 있는 사람이라면 이를 잣대로 지금 하려는 일이 협동조합에 적합한지, 놓치고 있는 것은 없는지 점검해 볼 수 있다. 첫 번째는 '공통의 필요와 열망을 조직하라'이다. 앞서 말했듯 '기막힌 아이템'만으론 잘나가는 기업은 몰라도 잘나가는 협동조합을 만들 순 없다. 사업 아이템 이상의 뭔가가 필요하다. 월세 걱정 좀 덜해도 될 집이 어디 없을까(청년 주거 협동조합 모두들), 내 아이를 마음 놓고 맡기고 싶다(서대문 부모협동조합), 안전하고 싱싱한 먹을거리를 식탁에 올리고 싶다(포항 생협), 차별하지 않고 사람답게 대우해주는 직장에서 일하고 싶다(연리지 협동조합) 등 협동조합은 절실히 필요한 것을 스스로 마련한다. 어떤 조직이든 위기를 겪기 마련이지만 '목마른 자들이 함께 우물을 파는' 협동조합은 그 어떤 조직보다 위기에 강한 면역력을 가진다. 두 번째는 시장이 무너진 곳에서 길은 시작된다. 독과점이나 정보

비대칭 따위가 불러온 시장실패는 역으로 협동조합에겐 블루오션이다. 양심적인 일처리로 신뢰받는 상조 협동조합(한겨레 두레)이나 의료사협(살림의료사협)의 탄생 배경에는 몇몇 대형 상조회사가 시장의 80%를 지배하는 시장구조, 의사와 환자 간의 압도적인 의료정보 격차가 있었다. 금융 서비스에서 소외된 청년들을 위한 공제조합(청년연대은행 토닥)도 마찬가지다. 시장이 무너진 곳일수록 신뢰에 기반을 둔 협동조합이 선전하는 경우가 많다. 세 번째는 지역에 길이 있다. 내가 사는 곳에 어떤 결핍이 있는지 아는 것이 중요하다. 춘천의 다섯 청년은 퇴락한 여관촌을 게스트하우스로 개조해 여행 명소로 부활시켰다(동네방네 협동조합). 동네가 잃어버린 활기를 되찾고픈 마음에서 단돈 500만 원으로 시작한 일이었다. 전남 순천의 한 언론 협동조합은 서울 소식으로 도배된 신문만 보는 대신 '내가 사는 곳의 이야기'를 나누고, 이를 통해 데면데면해진 지역공동체를 되살리고 싶다는 갈망에서 비롯됐다. 첫술에 몬드리안 같은 세계적 협동조합이 될 순 없다. 자기 지역의 필요와 열망을 살피는 것이 먼저다. 네 번째는 새로운 가치를 찾아야 한다. 에너지·식량 고갈, 환경파괴 등 전 지구적 문제는 얼핏 국가 차원에서도 불가항력이라는 편견을 갖기 마련이다. 그러나 로컬푸드 운동(완주 로컬푸드협동조합)이나 재생에너지(우리 동네 햇빛발전 협동조합), 적정기술 운동처럼 의외로 협동조합이 접근할 수 있고, 그 어느 대기업이나 국가보다 잘할 수 있는 분야가 곳곳에 산재해 있다. '대안 가치'는 협동조합의 또 다른 이름이나 마찬가지다. 시작은 반에 불과하다. 이기는 협동조합이 되어야 한다. 성공 비결 중 나머지 셋은 본격적으로 협동조합에 뛰어든 사람들을 위한 지침이 된다. 다섯 번째는 조합원에게 이익을 돌려줘야 한다. 협동조합은 기업처럼 이윤을 추구하지만 그 수익자는 기업과는 달리 조합원이어야 한다. 노동자 협동조합들(클린 광산 협동조합)이 잘 보여주듯 협동조합이라면 번 돈을 조합원의 이익과 복지에 투자해야 한다. 이런 '선(先) 조합원' 마인드는 위기를 맞아서도 구조조정 같은 일방적 수단보다 '협동조합 간 협동'이라는 역발상을 통해 해결책을 모색해야 한다. 여섯 번째, 조합원을 주인으로 만들어야 한다. 대부분의 은행은 협동조합에 대출을 내주길 꺼린다. 주인이 많은 회사란 곧 주인 없는 회사이다. 그저 조금 더 믿을 만하겠거니, 또는 시민단체에 기부하는 기분으로 가볍게 참여하는 '나그네 조합원'이 다수인 협동조합의 미래는 어둡다. 협동조합들은 하나같이 이 문제로 어려움을 겪었으며, 하나같이 조합원 교육에 힘쓰고 조합원들이 함께' 거리'를 찾아야 한다는 해답을 찾았다. 물론 그 과정과 구체적 양상은 제각기 다종다양하다. 일곱 번째는 외부 자원을 현명하게 활용해야 한다. 어떤 조직에게든 바깥의 지원은 달콤한 맹독이기 쉽다. 독립성과 자율성이 생명인 협동조합은 말할 필요도 없다. 전문가들 역시 정부 지원금에 매달리지 말라고 경고한다. 그러나 이미 '갑'들이 지배하는 시장에서 살아남으려면 때로는 '눈먼 돈'도 찾아먹을 줄 알아야 한다. 더욱이 교육, 의료, 복지 등 공익적 성격을 띠는 사회적협동조합이라면 정부나 지자체의 지원은 선택의 영역이 아니다. 성공하는 협동조합이 갖춰야 할 것은 바깥의 지원에 대한 배타심이 아니라 이를 선용하면서도 주체성을 잃지 않는 현명함이다.

'실패에서 배우기'보다 '성공에서 길을 찾자' 협동조합 기본법 이후 협동조합은 폭발적인 성장세를 뽐내고 있지만 한편에선 그 내실을 우려하는 목소리도 만만찮다. 통계상 7,000여 개의 협동조합이 있다지만 제대로 돌아가는 조합은 절반도 안 된다며 '거품론'을 제기하는 보도가 잇따랐다. 전문가들도 아마추어리즘과 준비 부족을 지적하며 섣부른 도전을 말리는 모양새다. 이 책은 그런 문제의식에 공감하면서도 숱한 실패를 복기하기보다는 그 가운데 건져 올린 귀중한 성공 비결에 주목한다. 길이 채 닦이지 않은 상황에서 돌부리가 많으니 몸조심하시오, 경고하는 것보다 돌부리를 걷어내며 새 길을 개척해 낸 자들의 흔적을 기록하고 알리는 편이 막 태동기를 벗어난 한국 협동조합사에 한결 이롭다고 보기 때문이다.

Chapter

06 비영리조직 과세: 법인

비영리법인 역시 소득이 있는 경우 소득에 대한 세금인 법인세를 국가에 세금으로 납부해야 하며, 증여를 받는 경우 증여세를 납부해야 한다. 건물이나 토지 등의 취득세 과세대상을 구입하는 경우 취득세, 재산세 대상을 보유할 경우 재산세를 포함하여, 비영리법인 역시 일반 영리법인과 마찬가지로 과세요건에 해당할 경우 세금을 납부할 의무가 있다. 그러나 비영리법인의 경우 수익사업에서 발생한 소득이 없는 경우 법인세를 내지 않아도 되며, 세금 감면 혜택에 따라 취득세나 재산세를 감면받을 수 있다. 또한 상속세 또는 증여세법상 공익법인에 해당되는 법인의 경우 증여받은 재산에 대해 증여세를 내지 않아도 되는 세법 혜택도 존재한다. 따라서 비영리법인은 납세의 의무를 가진 기관이지만, 동시에 현실적으로 세금에 대한 혜택이 영리법인보다 폭넓기 때문에 세금을 안 내는 경우가 많다.

제1절 법인세법상 비영리법인의 과세제도

1. 법인세법상 비영리법인의 정의와 범위

한국의 법인세법에 따르면 납세의무자인 법인을 내국법인과 외국법인으로 구분한다. 내국법인은 다시 영리 내국법인과 비영리 내국법인으로, 외국법인은 영리 외국법인과 비영리 외국법인으로 나누어 총 4가지로 분류하고 있다. 이 중 비영리내국법인과 비영리외국법인이 비영리법인에게 적용되는 과세 법률이다.

1) 비영리 내국법인

내국법인과 외국법인의 구분 방법은 법인의 주사무소나 법인의 실질적 관리 장소가 국내인지 외국인지에 따라 구분된다. 내국법인의 경우 법인의 주사무소나 법인의 실질적 관리 장소가 국내에 있는 법인을 의미한다. 아래 조건에 해당되는 법인은 비영리 내국법인으로 인정된다.

① 민법 제32조의 규정에 의하여 설립된 내국법인
② 사립학교법 및 기타 특별법에 의하여 설립된 법인으로서, 민법 제32조에 규정된 목적과 유사한 목적을 가진 법인(대통령령으로 정하는 조합법인1) 등이 아닌 법인으로서 그 주주(株主)·사원 또는 출자자(出資者)에게 이익을 배당할 수 있는 법인은 제외)
③ 국세기본법 제13조제4항의 규정에 의한 법인으로 보는 단체(법인세법 제2조, 제62조의2항 정의에 부합하는 법인)

2) 비영리외국법인

외국법인 중 외국의 정부·지방자치단체 및 영리를 목적으로 하지 아니하는 법인(법인으로 보는 단체를 포함한다)을 말한다.

---

1) 아래의 대통령령으로 정하는 조합법인들은 '법인세법 시행령 제2조'에 따라 비영리법인으로 본다.
  1. 「농업협동조합법」에 따라 설립된 조합(조합공동사업법인을 포함한다)과 그 중앙회
  2. 「소비자생활협동조합법」에 따라 설립된 조합과 그 연합회 및 전국연합회
  3. 「수산업협동조합법」에 따라 설립된 조합(어촌계 및 조합공동사업법인을 포함한다)과 그 중앙회
  4. 「산림조합법」에 따라 설립된 산림조합(산림계를 포함한다)과 그 중앙회
  5. 「엽연초생산협동조합법」에 따라 설립된 엽연초생산협동조합과 그 중앙회
  6. 「중소기업협동조합법」에 따라 설립된 조합과 그 연합회 및 중앙회
  7. 「신용협동조합법」에 따라 설립된 신용협동조합과 그 연합회 및 중앙회
  8. 「새마을금고법」에 따라 설립된 새마을금고와 그 연합회
  9. 「염업조합법」에 따라 설립된 대한염업조합

2. 비영리법인의 과세소득 범위

비영리법인은 국내 및 국외에서 실행하는 소득사업으로 인해 발생한 수익에 납세의무를 가진다. 즉 비영리법인의 특징상 수익사업을 목적으로 하지 않기 때문에, 법인세법에서 비영리법인의 과세소득으로 열거한 소득에 대해서만 과세할 수 있으며 과세대상으로 정의되지 않는 소득은 과세 제외 소득으로 정의된다. 법인세법 제4조에 의거하여 과세대상이 되는 비영리법인의 소득을 정리하자면 다음과 같다.

1) 각 사업연도의 소득

법인세법에 따라 사업연도는 1년 이내 범위 내에서 법인이 사업연도를 정관에 따라 자유롭게 정할 수 있도록 하고 있으나, 정관에 사업연도를 정하지 않았다면 1월 1일부터 12월 31일까지 1년을 하나의 사업연도로 보고 사업연도 소득에 대한 과세를 한다.

2) 토지 등의 양도소득

내국법인이 토지나 주택 등을 양도하는 경우, 양도차익은 각 사업연도 소득에 해당되어 법인세가 과세된다. 여기에 내국법인이 비사업용 토지나 주택을 양도하는 경우, 양도소득에 대해 법인세가 추가로 과세된다. 이를 양도소득에 대한 법인세라 지칭하는데, 양도소득이 발생한 경우 비영리법인 역시 법인세를 납부해야 한다. 모든 토지나 주택의 양도가 추가적인 법인세 과세대상은 아니며, 법인세법에서 정의된 비사업용 토지나 주택만 추가 과세대상에 포함된다.

3) 비영리법인의 수익사업 과세체계

비영리법인의 경우 영리법인과 달리 과세대상이 되는 각 사업연도의 소득을 법인세법에 제한적으로 열거하고 있다. 해당 법인세법에 열거된 사업에 해당되는 사업을 수익사업이라고 한다. 비영리법인은 수익사업에서 발생하는 소득에 대해 법인세를 신고하고 납세할 의무를 가진다.

① 제조업, 건설업, 도매 및 소매업 등 「통계법」 제22조에 따라 통계청장이 작성·고시하는 한국표준산업분류에 따른 사업으로서 대통령령으로 정하는 것

② 「소득세법」 제16조제1항에 따른 이자소득

③ 「소득세법」 제17조제1항에 따른 배당소득

④ 주식·신주인수권 또는 출자지분의 양도로 인한 수입

⑤ 유형 자산 및 무형자산의 처분으로 인한 수입
다만, 고유목적사업에 직접 사용하는 자산의 처분으로 인한 대통령령으로 정하는 수입은 제외됨

⑥ 「소득세법」 제94조제1항 제2호 및 제4호에 따른 자산의 양도로 인한 수입

⑦ 그 밖에 대가를 얻는 계속적 행위로 인한 수입으로서 대통령령으로 정하는 것

비영리 내국법인과 비영리외국법인이 위에 열거된 사업소득을 새롭게 시작할 경우, 사업 개시일로부터 2개월 이내에 사업 신고서와 수익사업 관련 재무상태표를 포함한 관련 서류를 납세지 관할 세무서장에게 신고할 의무를 가진다. 수익사업으로 인해 발생하는 소득의 종류는 다음과 같다.

(1) 사업소득

사업소득이란 각 사업에서 발생하는 수입을 의미한다. 법률적으로 통계청장이 고시하는 한국표준산업분류에 따른 사업에 해당되나, 법인세법 시행령 제3조에 따른 아래의 사업에서 발생하는 소득은 사업소득에서 제외된다.

① 축산업(축산관련 서비스업을 포함)·조경관리 및 유지 서비스업 외의 농업

② 연구개발업(계약 등에 의하여 그 대가를 받고 연구 및 개발 용역을 제공하는 사업을 제외함)

②-1 선급검사(船級檢査)[2] 용역을 공급하는 사업

---

2) 선박에 등급을 매겨 분류하기 위한 목적, 또는 분류상태가 적절한지 확인하기 위해 시행하는 검사.

③ 다음의 교육시설에서 해당 법률에 따른 교육과정에 따라 제공하는 교육서비스업

　가.「유아교육법」에 따른 유치원

　나.「초·중등교육법」 및 「고등교육법」에 따른 학교

　다.「경제자유구역 및 제주 국제자유도시의 외국교육기관 설립·운영에 관한 특별법」에 따라 설립된 외국교육기관(정관 등에 따라 잉여금을 국외 본교로 송금할 수 있거나 실제로 송금하는 경우는 제외한다)

　라.「제주특별자치도 설치 및 국제자유도시 조성을 위한 특별법」에 따라 설립된 비영리법인이 운영하는 국제 학교

　마.「평생교육법」 제31조제4항에 따른 전공 대학 형태의 평생교육시설 및 같은 법 제33조제3항에 따른 원격대학 형태의 평생교육시설

④ 보건업 및 사회복지 서비스업 중 다음 각 목의 어느 하나에 해당하는 사회복지시설에서 제공하는 사회복지사업

　가.「사회복지사업 법」 제34조에 따른 사회복지시설 중 사회복지관, 부랑인·노숙인 시설 및 결핵·한센인 시설

　나.「국민기초생활보장법」 제15조의 2 제1항 및 제16조제1항에 따른 중앙자활센터 및 지역자활센터

　다.「아동복지법」 제52조제1항에 따른 아동복지시설

　라.「노인복지법」 제31조에 따른 노인복지시설(노인전문병원은 제외한다)

　마.「노인장기요양보험법」 제2조제4호에 따른 장기요양기관

　바.「장애인복지법」 제58조제1항에 따른 장애인복지시설 및 같은 법 제63조제1항에 따른 장애인복지단체가 운영하는 「중증 장애인 생산품 우선구매 특별법」 제2조제2항에 따른 중증장애인생산품 생산시설

　사.「한 부모가족지원법」 제19조제1항에 따른 한 부모가족복지시설

　아.「영유아보육법」 제10조에 따른 어린이집

　자.「성매매 방지 및 피해자 보호 등에 관한 법률」 제9조제1항 및 제17조제1항에 따른 지원시설 및 성매매 피해 상담소

　차.「정신건강증진 및 정신질환자 복지 서비스 지원에 관한 법률」 제3

조제6호 및 제7호에 따른 정신요양 시설 및 정신재활시설

　카. 「성폭력방지 및 피해자 보호 등에 관한 법률」 제10조제2항 및 제
　　　12조제2항에 따른 성폭력 피해 상담소 및 성폭력 피해자 보호시설

　타. 「입양특례법」 제20조제1항에 따른 입양기관

　파. 「가정폭력 방지 및 피해자 보호 등에 관한 법률」 제5조제2항 및
　　　제7조제2항에 따른 가정폭력 관련 상담소 및 보호시설

　하. 「다문화 가족지원법」 제12조제1항에 따른 다문화 가족지원센터

　거. 「건강가정기본법」 제35조제1항에 따른 건강가정 지원센터

⑤ 연금 및 공제업 중 다음 각 목의 어느 하나에 해당하는 사업

　가. 「국민연금법」에 의한 국민연금 사업

　나. 특별법에 의하거나 정부로부터 인가 또는 허가를 받아 설립된 단
　　　체가 영위하는 사업(기금 조성 및 급여사업에 한한다)

　다. 「근로자퇴직급여보장법」에 따른 중소기업퇴직연금기금을 운용하
　　　는 사업

⑥ 사회보장 보험업 중 「국민건강보험법」에 의한 의료보험사업과 「산업
　　재해보상보험법」에 의한 산업재해보상보험사업

⑦ 주무관청에 등록된 종교단체(그 소속 단체를 포함한다)가 공급하는 용역
　　중 「부가가치세법」 제26조제1항 제18호에 따라 부가가치세가 면제되
　　는 용역을 공급하는 사업

⑧ 금융 및 보험 관련 서비스업 중 다음 각 목의 어느 하나에 해당하는
　　사업

　가. 「예금자보호법」에 의한 예금보험기금 및 예금보험기금 채권 상환
　　　기금을 통한 예금보험 및 이와 관련된 자금지원·채무정리 등 예
　　　금보험제도를 운용하는 사업

　나. 「농업협동조합의 구조 개선에 관한 법률」 및 「수산업협동조합법」
　　　에 의한 상호금융예금자보호기금을 통한 예금보험 및 자금지원
　　　등 예금보험제도를 운영하는 사업

　다. 「새마을금고법」에 의한 예금자보호준비금을 통한 예금보험 및 자
　　　금지원 등 예금보험제도를 운영하는 사업

라. 「금융회사부실자산 등의 효율적 처리 및 한국자산관리공사의 설립에 관한 법률」에 따른 구조조정기금을 통한 부실자산 등의 인수 및 정리와 관련한 사업

마. 「신용협동조합법」에 의한 신용협동조합예금자보호기금을 통한 예금보험 및 자금지원 등 예금보험제도를 운영하는 사업

바. 「산림조합법」에 의한 상호금융예금자보호기금을 통한 예금보험 및 자금지원 등 예금보험제도를 운영하는 사업

⑨ 「대한적십자사 조직법」에 의한 대한적십자사가 행하는 혈액사업

⑩ 「한국주택금융공사법」에 따른 주택담보노후연금보증계정을 통하여 주택담보노후연금보증제도를 운영하는 사업(보증사업과 주택담보노후연금을 지급하는 사업에 한한다)

⑪ 「국민기초생활 보장법」 제2조에 따른 수급권자·차상위계층 등 기획재정부령으로 정하는 자에게 창업비 등의 용도로 대출하는 사업으로서 기획재정부령으로 정하는 요건을 갖춘 사업

⑫ 비영리법인(사립학교의 신축·증축, 시설확충, 그 밖에 교육환경 개선을 목적으로 설립된 법인에 한한다)이 외국인학교의 운영자에게 학교시설을 제공하는 사업

⑬ 「국민체육진흥법」 제33조에 따른 대한체육회에 가맹한 경기단체 및 「태권도 진흥 및 태권도공원조성에 관한 법률」에 따른 국기원의 승단·승급·승품 심사사업

⑭ 「수도권매립지관리공사의 설립 및 운영 등에 관한 법률」에 따른 수도권매립지관리공사가 행하는 폐기물처리와 관련한 사업

⑮ 「한국장학재단 설립 등에 관한 법률」에 따른 한국장학재단이 같은 법 제24조의2에 따른 학자금대출계정을 통하여 운영하는 학자금 대출사업

⑯ 제1호, 제2호, 제2호의2, 제3호부터 제15호까지의 규정과 비슷한 사업으로서 기획재정부령으로 정하는 사업

(2) 이자소득

이자소득이란 아래의 소득세법상에 명시된 이자소득을 의미한다.

① 국가나 지방자치단체가 발행한 채권 또는 증권의 이자와 할인액

② 내국법인이 발행한 채권 또는 증권의 이자와 할인액

③ 국내에서 받는 예금(적금·부금·예탁금 및 우편대체를 포함한다. 이하 같다)의 이자

④ 「상호저축은행법」에 따른 신용계(信用契) 또는 신용부금으로 인한 이익

⑤ 외국법인의 국내지점 또는 국내영업소에서 발행한 채권 또는 증권의 이자와 할인액

⑥ 외국법인이 발행한 채권 또는 증권의 이자와 할인액

⑦ 국외에서 받는 예금의 이자

⑧ 대통령령으로 정하는 채권 또는 증권의 환매조건부 매매차익

⑨ 대통령령으로 정하는 저축성보험의 보험차익. 다만, 다음 각 목의 어느 하나에 해당하는 보험의 보험차익은 제외한다.

　가. 최초로 보험료를 납입한 날부터 만기일 또는 중도해지일까지의 기간이 10년 이상으로서 대통령령으로 정하는 요건을 갖춘 보험

　나. 대통령령으로 정하는 요건을 갖춘 종신형 연금보험

⑩ 대통령령으로 정하는 직장공제회 초과반환금

⑪ 비영업대금(非營業貸金)의 이익

⑫ 제1호부터 제11호까지의 소득과 유사한 소득으로서 금전 사용에 따른 대가로서의 성격이 있는 것

⑬ 제1호부터 제12호까지의 규정 중 어느 하나에 해당하는 소득을 발생시키는 거래 또는 행위와 「자본시장과 금융투자업에 관한 법률」 제5조에 따른 파생상품(이하 "파생상품"이라 한다)이 대통령령으로 정하는 바에 따라 결합된 경우 해당 파생상품의 거래 또는 행위로부터의 이익

(3) 배당소득

배당소득이란 법인의 주식에 투자하고 그 출자비율에 따라 분배받는 이익을 말한다. 소득세법상에 명시된 배당소득은 아래와 같다.

① 내국법인으로부터 받는 이익이나 잉여금의 배당 또는 분배금

② 법인으로 보는 단체로부터 받는 배당금 또는 분배금

②-1 「법인세법」 제5조제2항에 따라 내국법인으로 보는 신탁재산(이하 "법인과세 신탁재산"이라 한다)으로부터 받는 배당금 또는 분배금

③ 의제배당(擬制配當)[3]

④ 「법인세법」에 따라 배당으로 처분된 금액

⑤ 국내 또는 국외에서 받는 대통령령으로 정하는 집합투자기구로부터의 이익

⑤-1 국내 또는 국외에서 받는 대통령령으로 정하는 파생결합증권 또는 파생결합사채로부터의 이익

⑥ 외국법인으로부터 받는 이익이나 잉여금의 배당 또는 분배금

⑦ 「국제조세조정에 관한 법률」 제27조에 따라 배당받은 것으로 간주된 금액

⑧ 제43조에 따른 공동사업에서 발생한 소득금액 중 같은 조 제1항에 따른 출자공동사업자의 손익분배비율에 해당하는 금액

⑨ 제1호부터 제5호까지, 제5호의2, 제6호 및 제7호에 따른 소득과 유사한 소득으로서 수익분배의 성격이 있는 것

⑩ 제1호부터 제5호까지, 제5호의2 및 제6호부터 제9호까지의 규정 중 어느 하나에 해당하는 소득을 발생시키는 거래 또는 행위와 파생상품이 대통령령으로 정하는 바에 따라 결합된 경우 해당 파생상품의 거래 또는 행위로부터의 이익

(4) 주식, 신주인수권, 출자지분의 양도로 인한 수입

비영리법인이 주식 또는 출자지분을 양도하여 발생하는 수입과 신주인수권을 양도하고 발생하는 수입도 수입사업소득으로 취급되어 과세대상이 된다.

(5) 유형자산과 무형자산 처분수입

비영리법인이 유형자산이나 무형자산을 처분하면서 발생하는 수입은 수입사업소득으로 취급되어 과세대상이 된다. 단, 해당 유형/무형자산의 처분일

---

3) 재무회계상의 배당이 아닌 것이 법인세법상의 배당이 되는 것을 배당으로 간주하여 발생한 배당

기준으로, 3년 이상 중단 없이 계속하여 법령이나 정관에 규정된 수익사업이 아닌 고유목적사업에 직접 사용된 유형/무형자산의 처분으로 발생하는 수입은 수익소득사업에서 제외되어 과세대상이 되지 않는다.

(6) 자산 양도로 인하여 생기는 수입

부동산에 관한 관리나 부동산을 보유한 법인의 주식 등을 양도할 경우, 양도로 인해 발생하는 수입은 수입사업소득으로 취급되어 과세대상이 된다. 소득세법에 명시된 배당소득은 아래와 같다.

① 토지 또는 건물(건물에 부속된 시설물과 구축물을 포함한다)의 양도로 발생하는 소득

② 다음 각 목의 어느 하나에 해당하는 부동산에 관한 권리의 양도로 발생하는 소득

　가. 부동산을 취득할 수 있는 권리

　나. 지상권

　다. 전세권과 등기된 부동산임차권

③ 다음 각 목의 어느 하나에 해당하는 주식 등의 양도로 발생하는 소득

　가. 주권상장법인의 주식 등으로서 소유주식의 비율·시가총액 등을 고려하여 대통령령으로 정하는 주권상장법인의 대주주가 양도하는 주식, 또는 대주주에 해당하지 아니하는 자가 「자본시장과 금융투자업에 관한 법률」에 따른 증권시장(이하 "증권시장"이라 한다)에서의 거래에 의하지 아니하고 양도하는 주식 등. 다만, 「상법」 제360조의2 및 제360조의15에 따른 주식의 포괄적 교환·이전 또는 같은 법 제360조의5 및 제360조의22에 따른 주식의 포괄적 교환·이전에 대한 주식매수청구권 행사로 양도하는 주식 등은 제외함.

　나. 주권비상장법인의 주식 등.

　다. 외국법인이 발행하였거나 외국에 있는 시장에 상장된 주식 등으로서 대통령령으로 정하는 것

④ 다음 각 목의 어느 하나에 해당하는 자산(이하 "기타자산")의 양도로 발생하는 소득

가. 사업에 사용하는 제1호 및 제2호의 자산과 함께 양도하는 영업권 (영업권을 별도로 평가하지 아니하였으나 사회통념상 자산에 포함되어 함께 양도된 것으로 인정되는 영업권과 행정관청으로부터 인가·허가·면허 등을 받음으로써 얻는 경제적 이익을 포함한다)

나. 이용권·회원권, 그 밖에 그 명칭과 관계없이 시설물을 배타적으로 이용하거나 일반이용자보다 유리한 조건으로 이용할 수 있도록 약정한 단체의 구성원이 된 자에게 부여되는 시설물 이용권(법인의 주식 등을 소유하는 것만으로 시설물을 배타적으로 이용하거나 일반이용자보다 유리한 조건으로 시설물 이용권을 부여받게 되는 경우 그 주식 등을 포함한다)

다. 법인의 자산총액 중 다음의 합계액이 차지하는 비율이 100분의 50 이상인 법인의 과점주주(소유 주식 등의 비율을 고려하여 대통령령으로 정하는 주주를 말하며, 이하 이 장에서 "과점주주"라 한다)가 그 법인의 주식 등의 100분의 50 이상을 해당 과점주주 외의 자에게 양도하는 경우(과점주주가 다른 과점주주에게 양도한 후 양수한 과점주주가 과점주주 외의 자에게 다시 양도하는 경우로서 대통령령으로 정하는 경우를 포함한다)에 해당 주식, 제1호 및 제2호에 따른 자산(이하 이 조에서 "부동산등"이라 한다)의 가액, 또는 해당 법인이 직접 또는 간접으로 보유한 다른 법인의 주식가액에 그 다른 법인의 부동산등 보유비율을 곱하여 산출한 가액. 이 경우 다른 법인의 범위 및 부동산등 보유비율의 계산방법 등은 대통령령으로 지정

라. 대통령령으로 정하는 사업을 하는 법인으로서 자산총액 중 다목 1) 및 2)의 합계액이 차지하는 비율이 100분의 80 이상인 법인의 주식 등

마. 제1호의 자산과 함께 양도하는 「개발제한구역의 지정 및 관리에 관한 특별조치법」 제12조제1항 제2호 및 제3호의2에 따른 이축을 할 수 있는 권리(이하 "이축권"이라 한다). 다만, 해당 이축권 가액을 대통령령으로 정하는 방법에 따라 별도로 평가하여 신고하는 경우는 제외함.

⑤ 대통령령으로 정하는 파생상품 등의 거래 또는 행위로 발생하는 소득
(제16조제1항 제13호 및 제17조제1항 제10호에 따른 파생상품의 거래 또는 행위로부터의 이익은 제외한다)

⑥ 신탁의 이익을 받을 권리(「자본시장과 금융투자업에 관한 법률」 제110조에 따른 수익증권 및 같은 법 제189조에 따른 투자신탁의 수익권 등 대통령령으로 정하는 수익권은 제외하며, 이하 "신탁 수익권"이라 한다)의 양도로 발생하는 소득. 다만, 신탁 수익권의 양도를 통하여 신탁재산에 대한 지배·통제권이 사실상 이전되는 경우는 신탁재산 자체의 양도로 본다.

(7) 기타 대가를 얻은 계속적 행위로 인하여 발생하는 수입

이자가 발생하는 채권 등을 매도함에 따라 발생하는 매매차익 등은 수입사업소득으로 취급되어 과세대상이 된다.

4) 고유목적사업과 고유목적사업준비금

고유목적사업이란, 비영리법인(내국법인)의 법령 또는 정관에 규정된 설립목적을 직접 수행하는 사업이자 수익사업 이외의 사업으로서, 해당 법인의 존재이유라 할 수 있다. 비영리법인은 법인세법에 의거하여 고유목적사업을 수행하기 위해 수익사업소득을 준비금으로 계상하여 인정해주는 것을 고유목적사업준비금이라 칭하며, 고유목적사업준비금으로 계상된 수익사업소득은 수입사업소득의 비용으로 인정된다.

법인세법상 법인으로 등기된 비영리내국법인은 고유목적사업준비금을 설정할 수 있으며, 그 밖에도 「국세기본법」에 따른 법인으로 보는 단체 중 일부 법정단체는 고유목적사업준비금을 설정할 수 있다. 따라서 법인으로 등기되지 않은 단체인 경우 고유목적사업준비금을 설정할 수 있는 단체에 해당하는지 여부를 검토해야 한다.

(1) 고유목적사업준비금 설정한도

비영리법인의 경우 이자소득, 배당소득에 대해서는 100% 한도로 고유목적사업준비금으로 인정되며, 그 외의 소득에 대해서는 50%를 한도로 인정해

준다. 단「공익법인의 설립·운영에 관한 법률」에 따라 설립된 법인으로 고유목적사업 지출액 중 50% 이상 금액을 장학금으로 지출하는 법인의 경우 80%까지 한도가 증가된다.

또한 조세특례제한법 제74조에 해당되는 법인의 경위, 2022년 12월 31일까지 수익사업에서 발생하는 소득의 100%를 고유목적사업준비금으로 설정할 수 있다.

고유목적사업준비금 설정은 강제되는 것이 아니므로, 반드시 최대한도만큼 준비금을 설정할 필요는 없으며, 각 비영리법인의 필요와 사업계획에 따라 한도 내에서 운영할 수 있다.

(2) 고유목적사업준비금 손금산입법

고유목적사업준비금을 손금으로 인정받으려면 해당 비영리법인이 고유목적사업준비금을 결산서에 반영해야 하며, 결산서에 반영되지 않을 경우 세법상 손금으로 인정받을 수 없다. 이는 비영리법인 운영성과표와 재무상태표에서 고유목적사업준비금을 비용과 부채로 계상함을 의미한다.

(3) 고유목적사업준비금 사용

고유목적사업준비금은 설정한 사업연도 종료일로부터 5년이 되는 날까지 지출되어야 하며, 실행하는 고유목적사업의 경우 법인세법 시행령에 의거하여 다음과 같은 조건에 해당되어야 한다.

① 비영리내국법인이 해당 고유목적사업의 수행에 직접 소요되는 유형자산 및 무형자산 취득비용(제31조제2항에 따른 자본적 지출을 포함한다) 및 인건비 등 필요경비로 사용하는 금액

② 특별법에 따라 설립된 법인(해당 법인에 설치되어 운영되는 기금 중「국세기본법」제13조에 따라 법인으로 보는 단체를 포함한다)으로서 건강보험·연금관리·공제사업 및 제3조제1항 제8호에 따른 사업을 영위하는 비영리내국법인이 손금으로 계상한 고유목적사업준비금을 법령에 의하여 기금 또는 준비금으로 적립한 금액

③ 의료법인이 지출하는 다음 각 목의 어느 하나에 해당하는 금액

　　가. 의료기기 등 기획재정부령으로 정하는 자산을 취득하기 위하여 지

출하는 금액

나. 「의료 해외진출 및 외국인환자 유치 지원에 관한 법률」 제2조제1
호에 따른 의료 해외진출을 위하여 기획재정부령으로 정하는 용
도로 지출하는 금액

다. 기획재정부령으로 정하는 연구개발사업을 위하여 지출하는 금액

④ 「농업협동조합법」에 따른 농업협동조합중앙회가 법 제29조제2항에 따
라 계상한 고유목적사업준비금을 회원에게 무상으로 대여하는 금액

⑤ 「농업협동조합법」에 의한 농업협동조합중앙회가 「농업협동조합의 구
조개선에 관한 법률」에 의한 상호금융예금자보호기금에 출연하는 금액

⑥ 「수산업협동조합법」에 의한 수산업협동조합중앙회가 「수산업협동조
합의 부실예방 및 구조개선에 관한 법률」에 의한 상호금융예금자보호
기금에 출연하는 금액

⑦ 「신용협동조합법」에 의한 신용협동조합중앙회가 동법에 의한 신용협
동조합예금자보호기금에 출연하는 금액

⑧ 「새마을금고법」에 의한 새마을금고연합회가 동법에 의한 예금자보호
준비금에 출연하는 금액

⑨ 「산림조합법」에 의한 산림조합중앙회가 동법에 의한 상호금융예금자
보호기금에 출연하는 금액

⑩ 「제주특별자치도 설치 및 국제자유도시 조성을 위한 특별법」 제166조
에 따라 설립된 제주국제자유도시 개발센터가 같은 법 제170조제1항
제1호, 같은 항 제2호라목·마목(관련 토지의 취득·비축을 포함한다) 및
같은 항 제3호의 업무에 지출하는 금액

(4) 구분경리

비영리법인이 법인세법상 수익사업을 실행하는 경우, 해당 수익사업부분
은 각 사업연도 소득에 대한 법인세 과세대상이 된다. 따라서 비영리법인이
수익사업을 실행할 때는 법인세법에 의거하여 반드시 수익사업과 관련된 모든
회계처리를 기존의 사업과 다른 별도의 회계로 구분하여 처리되어야 한다.

5) 기부금

기부금이란, 특수 관계가 없는 대상에게 사업과 직접적으로 관계없이 무상으로 지출하는 재산적 증여 가액을 의미한다. 법인세법상의 기부금은 법정기부금, 지정기부금, 비지정기부금으로 구분할 수 있으며, 소득세법상의 기부금은 정치자금기부금, 법정기부금, 우리사주조합기부금, 지정기부금, 비지정기부금으로 구분된다. 법인이 기부하는 기부금의 경우 법인세법을 적용하고 개인이 기부를 하는 기부금의 경우 소득세법을 적용한다.

비지정기부금을 제외한 기부금에 대해서는 기부자가 기부를 하는 경우 세액공제와 같은 세제혜택을 받을 수 있으나, 비지정기부금에 대해서는 세제혜택을 받을 수 없다.

(1) 법정기부금

법정기부금이란, 주로 국가 및 지방자치단체에 무상으로 기증하는 금액, 국방헌금과 국군장병 위문금품의 가액, 천재지변으로 생기는 이재민을 위한 구호금품의 가액, 특정기관에 시설비·교육비·연구비·장학금으로 지출하는 기부금 등을 의미한다. 법정기부금은 법인의 경우 소득금액의 50%까지 세액공제 혜택을 받을 수 있으며, 개인은 100% 세액공제 혜택을 받을 수 있다.

(2) 지정기부금

지정기부금이란, 주로 사회복지, 문화, 예술, 교육, 종교, 자선, 학술 등의 공익성을 고려하여 지정기부금단체 등에 기증하는 기부금 등을 의미하는 것으로, 법인세법 시행령 재39조에서 개별적으로 열거된다. 또한, 법인으로 보는 단체 중 지정기부금대상단체를 제외한 단체의 수익사업에서 발생한 소득을 고유목적사업비로 지출하는 금액 역시 지정기부금으로 취급된다.

지정기부금은 법인의 경우 소득금액의 10%까지 세액공제 혜택을 받을 수 있으며, 개인은 30%까지 세액공제 혜택을 받을 수 있다.

(3) 비지정기부금

비지정기부금은 앞서 서술한 법정기부금과 지정기부금을 제외한, 법인세법에서 규정하고 있지 않은 모든 기부금을 의미한다. 비지정기부금은 조세특례제한법에 규정되어 있지 않을 경우 전부 과세대상에 해당되어 세제혜택을 받을 수 없다.

제2절 타국가의 비영리법인 과세제도

1. 일본의 비영리법인 과세제도

1) 일본 비영리법인의 특징

일본에서의 비영리법인이란, 법인에 속한 구성원간의 소득분배를 목적으로 하지 않는 법인을 의미한다. 일본의 비영리법인은 공공부문과 민간부문으로 구분된다. 공공부문의 비영리법인에는 국가, 지방공공단체, 독립행정법인, 지방독립행정법인이 있으며, 민간부문의 비영리법인은 공익을 목적으로 하는 '공익법인'과 반드시 공익을 목적으로 할 필요는 없는 '중간적인 단체'로 구분한다.

공익법인은 다시 공익사단 재단법인, 특정비영리활동법인(NPO법인), 학교법인, 사회복지법인, 종교법인, 의료법인 등이 있으며, 각 법인은 관련 법률에 따른 과세혜택을 가진다. 중간적인 단체에는 노동조합, 신용금고, 협동조합, 공제조합이 있다.

(1) 법인설립과 공익성 심사 분리

일본은 2008년부터 주무관청 허가제를 폐지하고 공익법인제도에 따른 법인의 설립 부분과 법인의 공익성을 인정하는 부분을 분리하였다. 즉 과거에는 법인설립과 동시에 공익성이 인정되었으나, 현재에는 공익법인과 사단법인으로 개편되어 각각의 설립근거법이 따로 제정되어 있다. 이에 법인격 자체는 일반법인의 경우 잉여금 분배가 목적이 아닌 한 간편하게 취득할 수 있으나, 일반법인이 공익성을 인정받기 위해서는 법인의 민간 전문가로 구성된 제3자 위원회의 공익성 심사를 거쳐 행정청에서 공익인증을 받으나, 공익성 심사를 통과하기 위해서는 공익목적사업의 실시가 법인의 주된 목적이어야만 한다. 공익성 심사에 통과된 법인은 공익법인으로 세제상의 혜택을 받을 수 있다.

(2) 인정NPO법인

2001년 10월부터 NPO법인에 세제혜택이 주어지는 법인제도가 시작되었다. 그 밖에 NPO 법인 중 많은 시민의 지원을 받는 등의 일정한 자격요건을 만족할 경우, 관할기관에서 인증을 받아 '인정NPO법인'으로서 세제혜택을 받을 수 있다.

NPO법인을 설립하려 할 경우 일본의 「NPO법」에 의해 관할청에 법인 설립인증을 신청하고, 해당되는 신청서류의 심사를 거쳐 인증 후 등기함으로써 법인이 설립되며, 설립 시 「NPO법」에 따른 규제를 순수하여야 한다.

'인정NPO법인'이란 법인의 운영조직 및 사업 활동이 공익증진 및 일본의 「NPO법」과 「법인세법」에 따른 기준에 부합하다고 관할청의 인정을 받은 법인을 의미한다. 인정NPO법인이 될 경우 기부금공제의 대상이 된다.

2) 일본 비영리법인의 과세제도

(1) 수입사업에 대한 과세

일본의 법인세법 상 과세범위는 법인세법에서 규정하는 법인 유형에 따라 차이를 두고 있다. 일반법인 중 행정청으로부터 공익인정을 받은 공익법인과, 인정을 받지 않았지만 비영리성이 인정되고 공익활동을 목적으로 하는 경우 비영리형 법인으로 구분한다. 공익법인과 비영리 법인의 경우 법인세법에 따라 수익사업에 한하여 과세를 실시하는 것이 원칙이다.

일반법인 중 중 상기 외의 법인은 법인세법에 따라 보통법인에 해당되며, 보통법인은 모든 소득에 대하여 과세를 실시한다. 인정NPO법인 역시 일반 NPO법인과 마찬가지로 수익사업에 한하여 법인세 납세의무가 있으나, 추가로 기부자에 대한 세제혜택이 부여된다.

세제혜택과 과세의 비율은 일본의 「법인세법」을 따르며, 각 법인의 유형에 따른 과세소득 범위에 차이가 존재한다.

●● 표 6-1 법인 유형별 과세소득 범위

법인유형	공익법인 (공익사단/재단법인)		비영리법인 (비영리형 일반 사단/재단법인)		일반법인 (비영리형 외 일반 사단/재단법인)	
구분	대상	과세여부	대상	과세여부	대상	과세여부
공익목적사업	비수익사업	비과세	비수익사업	비과세	모든 소득 대상	과세
상기 외 사업	수익사업	과세	수익사업	과세		
	비수익사업	비과세	비수익사업	비과세		

출처: 김학수 외 3인, 2017, "주요국의 비영리법인 과세체계 비교연구", 한국조세재정연구원

공익법인과 인정NPO법인의 경우 이자 및 배당 등으로 얻는 수익은 비과세 대상이 되나, 일반 비영리법인 및 NPO법인의 경우 이자와 배당 등으로 얻는 수익에 대해서는 과세대상으로 취급한다.

(2) 간주기부금 처리

본디 공익법인 및 인정NPO법인과 같이 비영리법인의 목적인 수익이 아닌 공익사업 수행을 위해 존재하므로, 수익사업 역시 공익사업에 사용할 목적으로 수입을 창출하게 된다. 이에 비영리법인이 시행하는 수익사업으로 벌어들인 수입을 공익목적사업을 위해 지출했다면, 이를 사업목적으로 지출한 것이 아닌 공익목적을 위한 기부금으로 본다는 취지에서 간주기부금으로 처리한다.

일본의 간주기부금 손금산입한도는 법인 유형별로 차이가 있으며, 사업연도 소득금액을 기준으로 계산한다. 공익법인은 해당 사업연도 소득금액의 50%까지, 인정NPO법인은 해당 사업연도 소득금액의 50%까지와 연 200만엔 중 큰 금액을 기준으로 한다.

이 외의 기타 공익법인 등의 경우 해당 사업연도 소득금액의 20%까지 간주기부금으로 처리할 수 있다.

일반 비영리법인, 일반 NPO법인의 경우 간주기부금 제도가 없다.

(3) 구분경리

일본의 비영리법인 역시 한국과 마찬가지로 법인세법에 따른 일반 수익사업과 수익사업 이외의 사업은 회계를 완전히 구분하도록 규정되어 있다. 이는 수익사업에서 발생하는 소득에 대해서만 법인세가 과세되므로, 각 재무회

계를 구분하여 과세표준 산출을 원활하게 하기 위해서이다. 때문에 사업에 직접적으로 사용되는 금액 이외에도 부채를 포함한 각 사업과 관련된 모든 자산을 구분경리 하도록 법인세법에 규정하였다.

특정 자산을 수익사업과 이외의 사업 모두 공동으로 사용하였으나 각 사업에 사용된 자산이 명확하지 않아 구분하기 어려운 경우, 법인세법에 따라 사용된 자산을 무리하게 구분경리하지 않는 대신 당해 자산에서 발생한 모든 비용을 합리적 기준을 지정하여 수익사업과 이외의 사업에 적당히 배분할 수 있다.

(4) 자산의 무상이전에 대한 과세

자산이전의 경우 자산을 이전받는 수증자와 자산을 증여하는 증여자에 대한 과세차이가 존재한다. 법인이 자산을 이전받을 경우 영리법인의 자산수증이익은 과세대상이 되지만, 공익법인과 같이 타인으로부터 증여받은 수익에 한하여 법인세 과세대상에서 제외된다.

자산을 증여하는 입장일 경우, 일본의 「조세특별조치법」에 따른 조건을 만족하는 경우에 한하여 양도소득세를 과세하지 않는다.

(5) 기부금에 대한 과세

기부금에 대한 과세는 한국과 마찬가지로 개인기부금과 법인기부금으로 나누어서 구분한다. 개인이 공익법인이나 인정NPO법인 등에 기부한 기부금은 소득공제나 세액공제 중 유리한 쪽을 선택하여 적용할 수 있도록 규정되어 있다. 그러나 해당 법인 이외의 일반 NPO법인과 같은 단체에 기부했을 경우 소득공제만 가능하다. 공제가 적용되는 기부금액은 원칙적으로 소득금액의 40%를 한도로 하나, 인정NPO법인에 대한 세액공제액 및 공익법인 등에 대한 세액공제액의 합계액은 당해 연도 소득세액의 25%를 한도로 한다.

법인의 경우, 국가 및 지방공공단체에 대한 기부금은 100% 전액이 손금산입 처리되나, 그 외의 기부금은 해당 법인의 총 자본금 및 소득금액을 기준으로 손금한도가 지정된다.

2. 미국의 비영리법인 과세제도

1) 미국 비영리법인의 특징

미국의 경우 각 주마다 자유롭게 주법을 만들 수 있는 권리에 따라 비영리법인 및 단체의 규정과 법인격 취득 역시 각 주의 입법사항에 따르며, 따라서 미연방 전체에 적용되는 법률은 존재하지 않는다. 다만, 비영리단체의 공익성 검증 등은 연방세법(Internal Revenue Code: IRC)에 규정되어 있다.

비영리단체(NPO)는 각 주의 법에 따라 여러 형태로 조직될 수 있으나, 기업의 파트너십 개념으로는 비영리단체가 될 수 없다. 미국의 비영리단체는 과세목적으로 인해 법인으로 간주한다.

연방세법(IRC)에서 총 29개의 연방소득세가 면제되는 면세단체가 기록되어 있으며, 해당 법률에 열거된 대표적인 면세단체는 미 의회법(Act of Congress)에 의하여 설립된 단체, 자선단체, 시민단체, 원예조합, 상호공제회의 5가지 종류가 있다.

(1) 자선단체(charity organization)

자선단체는 "종교, 자선, 과학, 공공안전 점검, 문학, 교육, 국내 또는 국제아마추어 스포츠 진흥, 아동 및 동물의 확대 방지와 같은 고유목적사업을 가진 공동모금(community chest)/기금(fund)/재단(foundation)이다. 자선단체의 경우 순수익이 주주나 개인에게 귀속되지 않으며, 정치적 로비나 입법 활동이 불가능하다.

자선단체는 미국 국세청(Internal Revenue Service: IRS)에 신청서를 제출하여 공익성 테스트를 통과해야만 자선단체로 인정된다. 자선단체는 공공자선단체와 민간자선단체의 2가지로 구분된다. 공공자선단체의 경우 보통 공공기관 및 정부기관으로부터 재정지원을 받아 운영된다. 공공자선단체의 자격을 충족하지 않을 경우 만간자선단체가 된다. 민간자선단체는 공공자선단체와 비교해 보다 소규모 집단으로 운영되는 경우가 많으며, 세부적인 분류가 보다 많다.

(2) 공익성 검증

비영리단체가 연방세법(IRS)에 규정하는 자선단체로 인정받기 위해서는 미국 국세청의 검증과 승인을 받아야 하는데, 이를 공익성 검증이라고 한다. 해당 테스트는 신청한 단체가 비영리적인 목적만을 위하여 조직되고 운영되고 있는지를 확인하기 위해 수행하는 조직테스트(Organization Test)와 운영테스트(Operation Test)로 구성된다.

조직테스트란 해당 비영리기관이 규정한 정관이 오직 비영리 목적만을 규정하고 그 외의 활동을 제한하고 있는지를 검토하는 것이며, 운영 테스트는 해당 단체의 활동이 면세목적을 위한 것인지, 영리의 추구 및 기타 정치적이거나 공공정책을 위반하는 활동은 아닌지 확인하는 테스트이다.

2) 미국 비영리법인의 과세체계

(1) 수입사업에 대한 과세

미국의 경우 비영리단체라 할지라도 순자산증가설에 의해 영리법인처럼 법인세를 과세하는 것이 원칙이다. 그러나 연방세법(IRC)에 의해 면세단체로 분류된 비영리단체의 경우 법인세 면제대상이 된다. 그러나 이자, 배당 등의 투자수익은 비영리단체의 경우 원칙적으로 비과세 대상이다.

면세단체라 할지라도 본래의 단체 목적과 관련이 없는 사업을 통해 얻은 소득이 1,000달러 이상인 경우, 영리법인에 적용되는 세율에 따라 고유목적무관사업 소득세(Unrelated Business Income Tax: UBIT)라고 불리는 세금이 부과된다. 단, 지속성이 없이 일시적으로 얻은 소득의 경우는 과세대상에서 제외된다.

(2) 자산의 무상이전에 대한 과세

자산이전의 경우 자산을 이전받는 수증자와 자산을 증여하는 증여자에 대한 과세차이가 존재한다. 자산을 이전받는 수증자의 경우 연방세법(IRC)에서 규정하는 면세단체에 해당하는 경우와 개인 및 법인으로부터 기부를 받는 경우에 한하여 해당 자산수증이익에 대해서 법인세 과세대상이 되지 않는다.

면세단체를 제외한 비영리단체의 경우, 자산을 수증하는 시점에서는 과세하지 않지만 수증 받은 자산을 처분할 때 가치 상승분에 대해서는 과세대상이 된다. 단, 비영리단체에 유증이나 증여로 인해 자산이 무상으로 이전되는 경우, 해당 비영리단체는 유산세 또는 증여세의 납세의무가 없다.

증여자의 경우, 개인이나 법인이 연방세법(IRC)에서 규정하는 자선단체 등에 기부하는 것은 자선기부금으로 취급되어 소득공제대상이 된다. 그러나 연방세법(IRC)에서 규정한 기관이 아닌 비영리단체에 대한 기부금은 원칙적으로 세제혜택을 받을 수 없다.

증여하는 자산이 현물자산의 경우 증여세 면제대상이 아니기에, 증여하는 자산의 공정가액을 과세표준액으로 규정하여 증여자가 증여세를 납부하도록 규정되어 있다.

(3) 기부금에 대한 과세

개인이 자선단체에 기부하는 경우, 기부대상인 단체에 대한 세법상의 분류와 기부하는 자산의 성질에 따라 공제한도금액이 다르며, 상황에 따라 50%, 30%, 20% 이내로 공제한도를 분류하여 소득공제한다.

법인이 기부할 경우, 기부금에서 산정한 과세소득의 10%를 한도로 기부금 공제를 허용하나, 10% 한도를 초과한 기부금액은 해당 자산을 기부한 연도 이후 5년간 이월하여 공제된다.

3. 영국의 비영리법인 과세제도

1) 영국 비영리법인의 특징

비영리 부문은 제3부문(voluntary sector)에 해당되며, 이를 대표하는 것이 비영리단체로 보고 있다. 영국에서의 비영리단체는 단체의 경영자나 회원 또는 주주를 위한 사적인 이익을 추구하지 않는 모든 독립조직을 일컫는 광범위한 용어로서 사용된다.

영국의 비영리단체 형태는 크게 신탁, 유한보증회사, 영국 왕실허가장에 의해 설립된 단체, 산업공제조합, 공익법인, 법인격 없는 사단 등으로 구성된다. 영국의 공익법인은 크게 제외비영리단체와 면제비영리단체의 2가지로 나

넌다.

제외비영리단체는 단체수입이 연간 5천 파운드 이하에 영속적인 기본자산 및 토지를 보유하지 않는 단체를 의미하며, 등록된 종교단체나 보이/걸스카우트 단체가 대표적이다. 면제비영리단체의 경우 영국 공익위원회의 등록제도 범위에 벗어난 영리단체를 의미하며, 대표적으로 대학, 박물관, 미술관 등이 있다.

2) 자선단체 인정 요건

비영리단체가 세제혜택을 받기 위해서는 공익위원회의 승인을 얻어 자선단체로 등록되어야 한다. 자선단체는 자선목적을 위해 설립된 사단이나 공익신탁 단체를 의미한다.

자선목적을 충족하기 위해서는 공익요건은 물론 관련법에서 열거하는 특정 조건을 전부 충족해야만 인정된다.

공익요건은 크게 사업의 혜택과 사업의 공공성 2가지 측면으로 구분된다. 혜택의 경우 해당 단체의 사업목적은 유익함을 사적 견해에 근거하지 않은, 식별 및 입증 가능성에 관련된다. 공공성의 경우 단체의 사업이 일반 국민들에게 충분한 이익을 주는 동시에 개인적인 부수적 이익은 발생시키지 않는 여부와 관련된다.

그 밖에도 법인세 면제혜택을 적용받기 위해서는 법률상 EU회원국이나 유럽국가(아이슬란드, 리히텐슈타인, 노르웨이)의 법원에 의해 통제되어야 하며, 영국 자선법(Charities Act 1993)이나 다른 국가의 유사법률에 따라 등록된 일반 사무관리 및 행정이 통제 가능한 단체여야만 한다. 이 밖에도 법인세가 아닌 소득세 면제혜택을 받으려면 영국 국세청의 승인을 추가로 받아야 한다.

3) 영국 비영리법인의 과세체계

(1) 수입사업에 대한 과세

자선단체를 제외한 영리법인이나 비영리법인은 모두 소득원천설에 따라 소득세가 부과된다. 자선단체의 경우에도 해당 단체의 고유목적사업 및 부수적 사업에서 발생한 수익은 법인세 과세대상이 아니지만, 고유목적사업 이외에 발생한 수익에 대해서는 법인세 과세대상으로 지정되어 있다. 단, 금융/부동산 수익이나 사업활동수익 등은 고유목적사업에 사용하거나 영국 법률이 지정하는 부가적 사업 활동에 해당되는 경우와 같이 일정 조건을 충족할 경우에는 과세대상에 포함되지 않는다.

자선단체의 고유목적사업이 아닐지라도, 5천 파운드 이하와 같이 영국 법률에 규정하는 소액사업의 조건에 해당될 경우 과세대상에 포함되지 않는다.

(2) 자산의 무상이전 및 기부금에 대한 과세

자산을 증여할 시, 자선단체에 대한 유산기부 시는 공제혜택을 받을 수 있으나, 자선단체가 수령한 재산의 지분이 공유지분 및 기간이 제한된 지분의 경우 또는 자선단체가 수령한 재산의 일부분을 자선목적이 아닌 목적으로 사용된 경우 등은 공제혜택을 받을 수 없다. 또한 자선단체 이외의 비영리단체에 현물을 기부할 경우, 증여자에게 자본이득세라고 하여 과세가 부가될 수 있다. 법인의 경우, 자선단체에 대한 기부금은 전액이 손금산입 된다.

자선단체 등이 수령하는 기부금의 경우 원칙적으로는 소득세 과세대상에 포함되지만, 해당 기부금 수익을 자선적 목적으로 지출하고 이를 증빙할 수 있다면 해당 지출된 기부금은 소득세 과세대상에서 제외된다. 자선목적을 위해 지출되는 것으로 인정되는 항목에는 해당 자선단체의 운영비, 유지비 및 자선단체에서 지원하는 각종 보조금과 지원금도 해당된다.

또한, 자선단체가 수령하는 자산이 1만 파운드를 넘지 않을 경우에도 과세대상에서 제외된다.

4. 독일의 비영리법인 과세제도

1) 독일 비영리법인의 특징

독일의 비영리단체는 조직의 형태에 관계없이 공익활동의 수행이 가능한 비영리단체로 인정받을 수 있다는 특징이 있으며, 비영리단체 자체가 법인격을 요구하지 않기 때문에 다양한 형태와 목적으로 설립될 수 있다. 그러나 세법상 혜택을 받기 위해서는 독일 연방법에 따른 일정 조건을 충족시켜야만 하며, 파트너십이나 개인의 비영리 활동에 대해서는 세법 상 특례를 부여하지 않는다.

비영리단체는 보통 협회나 재단으로 운영되지만, 드물게 유한책임회사로도 운영된다.

협회는 독일 연방민법의 규율이 적용되며, 이사회와 회원총회로 운영되는 조직 형태를 의미한다. 재단의 경우 이사회로 운영되나, 자체 정관으로 내부기관을 다양하게 지정 가능하다. 유한책임회사는 관련 비영리단체 규정이 별도로 존재하지 않음에 따라 회사의 소유 및 통제의 제한이 없다는 특징이 있다.

비영리단체의 세법상 특례를 적용받으려면 독일의 법률에 따른 요구조건을 충족시켜야 하며, 해당 요구조건은 자산의 영역과 이에 적용되는 법률에 따라 차이를 두고 있다. 기본적으로 공익성이 인정되는 단체의 경우 세제혜택을 받을 수 있으며, 보편적으로 관할 세무서에서 확인 후 결정한다.

2) 독일 비영리법인의 과세

(1) 수입사업에 대한 과세

독일의 비영리단체는 고유목적활동에 필요한 자산을 마련할 목적으로 경제적 수익활동이 가능하다. 그러나 경제적 수익활동이 3,500유로를 초과하는 경우에는 통상적인 세율로 법인세 과세대상이 되어 납세의무가 부과된다.

수익활동으로 마련한 자산은 반드시 해당 법인의 정관에 규정된 비영리단체의 고유한 목적을 위해서만 사용되어야 한다. 또한 3,500유로를 초과하지 않더라도, 해당 비영리단체의 목적사업을 영위하는 범위까지만 세제혜택이 부여된다.

단, 해당 비영리단체의 정관에 규정된 고유목적을 이루기 위해 필요하다 인정되는 경제적 활동의 경우, 다른 영리단체와 경쟁을 하지 않는 조건하에 과세대상에서 제외될 수 있다.

(2) 자산의 무상이전 및 기부금에 대한 과세

비영리단체 역시 원칙적으로는 독일법률에 의거하여 납세의무자에 해당하지만, 비영리활동을 수행하는 법인이나 재단 등이 수령하는 재산의 경우 상속증여세가 면제된다.

단, 기부목적의 자산을 10년 이내에 해당 비영리단체의 정관에 규정된 고유목적사업 이외에 사용하는 등의 법률에 정의된 조세특례 소멸사유가 되는 행동을 했을 경우는 증여세가 정상적으로 부과된다.

원칙적으로 자산을 수증한 비영리단체는, 해당 자산을 이전받은 단체의 목적 등을 증여자에게 통지할 의무를 가진다. 이는 독일의 법률상 자산을 이전받은 단체가 어떤 목적을 추구하느냐에 따라 기부금 공제혜택이 달라지기 때문이다.

개인 또는 법인이 비영리법인에 기부하는 경우는 과세소득의 최대 20% 한도까지 공제가 가능하나, 법인의 경우 연간 매출과 급여 합계액의 0.4%까지 기부금 공제한도로 적용할 수도 있다. 공제한도를 초과하거나 당해 연도에 공제하지 못한 경우에는 다음 회계연도까지 이월하여 공제받을 수 있다.

07 비영리조직 회계

1. 비영리조직(NPO) 회계의 목적

비영리조직은 비영리적인 목적으로 설립되고 운영되는 조직이므로, 영리조직에 적용되는 기업회계기준과 다른 회계기준이 비영리조직에 적용될 필요가 있다. 그러나 한국의 비영리조직 중 사학기관을 제외하고는 회계처리 기준이 정립되어 있지 못한 상태이다.

2. 비영리조직(NPO) 회계의 필요성

1) 비영리조직체는 의도적 및 계획적 이윤동기를 가지고 활동을 전개하는 조직이 아니며, 이익이 발생되어도 이를 배당하거나 자원제공자의 제공자원액에 비례하여 경제적 편익을 제공하는 조직체가 아니다. 또한 청산할 때도 잔여재산이 자원 제공자에게 배분되는 것이 아니라 국가나 그와 같은 성격의 다른 비영리조직체에 속한다. 또한 일반 영리기업으로서는 제공할 수 없는 삶의 질에 관한 재화나 서비스를 사회에 제공하는 조직체이다.

2) 재무회계개념보고서(FASB No.93, 1987)에서 규정한 비영리조직회계의 필요성은 다음과 같다.
(1) 자원배분 의사결정에 유용한 정보를 제공한다.

(2) 경영자의 수탁책임 및 업적 측량에 유용한 정보를 제공한다.

(3) 서비스나 서비스 제공능력의 평가에 유용한 정보를 제공한다.

(4) 경제적 자원, 채무, 순자산 및 그들의 변화에 관한 정보를 제공한다.

(5) 청산할 때도 잔여재산이 자원제공자에게 배분되는 것이 아니라 국가 또는 같은 성격의 다른 비영리조직체에 속한다.

3. 비영리조직(NPO) 회계의 해외 현황: 미국

1) 미국은 NPO의 유형별로 회계 지침을 정하지 않고, NPO 전반에 대한 회계기준서를 모든 NPO에 적용하고 있다.

2) 미국의 비영리조직은 조직의 특이한 성격에 따라 대학, 병원, 사회복지법인 및 기타 비영리조직의 세 그룹으로 구분되어 있으며 이들 그룹에 대해 서로 상이한 회계기준이 적용되고 있다.

3) 민간형 비영리조직의 회계기준은 재무회계 기준위원회(Financial Accounting Standards Board: FASB)에 의해서, 정부형 비영리조직의 회계기준은 정부회계기준 위원회(Governmental Accounting Standards Board: GASB)에 의해 제정되고 있기 때문에, 동일한 비영리조직 그룹에 속해도 민간형 혹은 정부형 비영리조직에 따라 적용되는 회계기준이 상이하다.

4. 비영리조직(NPO) 회계의 해외 현황: 일본

1) 일본은 단식부기회계를 적용해 오던 비영리법인 중에서 공적 보조를 받는 학교법인에 대하여 회계감사제도가 도입되면서 1971년 4월에 학교법인 회계기준이 제정되고, 이와는 별도로 1971년 11월 일본 공인회계사 협회(종교법인 회계전문위원회 소관)에서 종교법인 회계 기준안을 발표했고, 그 후 공익법인의 지도감독업무를 담당하는 행정관리청의 권고를 받아 공익법인 감독 사무연락 협의회가 1978년 4월 공익법인 회계기준을 제정과 발표하여 NPO별로 서로 다른 회계기준을 제정하고 있으며, 의료기관에 관한 회계기준도 별도로 제정하여 사용하고 있다.

2) 일본은 미국이나 유럽에 비해 NPO가 활성화 되지 않았을 뿐만 아니라 독립성도 약하며 정부지원에 의한 정부통제를 받고 있는 것이 대부분이어서 대체로 미국의 개념을 원용하여 자선단체, 시회복지법인, 사립학교법인, 종교법인, 의료법인, 기타 공익법인, 자선기금, 생활협동조합 등을 포함하고 있다.

5. 비영리조직(NPO) 회계의 당면한 현황

1) 환경변화에 효과적으로 대처하기 위해 비영리조직들은 성과를 강조하는 조직문화로 바뀌고 있다.

2) 다양한 단체(자원봉사단체, 시민단체 등)들이 사회복지 분야에 진입하고 있어, 과거 시장 독점적 지위에서 벗어나서 양질의 공공 서비스를 제공하지 못하면 경쟁에서 도태될 수밖에 없는 상황이다.

3) 정부의 관련 예산이 급격히 증가하고 있어, 미국의 경우처럼 우리나라도 공공자금에 대한 책무성 확보를 요구받고 있다.

6. 비영리조직(NPO) 회계 규칙의 현황

1) 문화예술단체의 회계기준 관련규칙은 현재는 존재하지 않는다.

2) 의료기관(의료법)의 회계기준 관련규칙은 의료기관 회계 기준규칙을 적용한다.

3) 장학재단(장학법인)의 회계기준 관련규칙은 없으며 기업회계 준용 원칙만 제시하고 있다.

4) 사회복지기관(사회복지사업법)의 회계기준 관련규칙은 사회복지법인이나 사회복지시설의 재무 및 회계규칙을 적용한다.

5) NGO, NPO의 회계기준 관련규칙은 비영리법인의 설립 및 감독에 관한 규칙과 비영리 민간단체지원법 시행규칙을 적용하고 있다.

6) 국가기관(중앙정부)의 회계기준 관련규칙은 국가회계 기준에 관한 규칙, 지방자치단체(지방정부)의 회계기준 관련규칙은 지방자치단체의 회계기준에 관한 규칙을 적용한다.

7) 사립학교 및 학교법인(사립학교법)의 회계기준 관련규칙은 사학기관의 재무 및 회계규칙(고등학교 이하)과 사학기관의 재무 및 회계 규칙에 대한 특례규칙(사립전문대학, 사립 대학교)이 있다.

8) 종교단체의 회계기준 관련규칙은 교회회계 기준(대한예수교 장로회 총회 제정)과 불교는 사찰 예산 회계법 및 동법시행령을 제정하여 시행하고 있고, 천주교는 자체 재정관리 규정을 적용하고 있다.

7. 비영리조직(NPO) 회계의 문제에 대한 개선방안

1) 회계기준 측면에서 개선방안
   (1) 감사위원회 운영
   (2) 내부통제제도의 확립
   (3) 통일된 회계기준의 제정
   (4) 회계정보의 공시대상 및 공시범위의 정립
2) 외부감사 측면에서 개선방안
   (1) 외부감사 대상의 정립
   (2) 외부감사의 성격 명확화
   (3) 외부감사인 등의 선임방법 개선
   (4) 회계감사기준 등 인증기준의 체계화
   (5) 외부감사의 품질관리제도 도입을 추진
3) 회계정보 작성자 측면에서 개선방안
   (1) 회계 관련 교육 강화
   (2) 외부지배구조 개선(외부감독기능 강화)
   (3) 내부지배구조 개선(건전한 의사 결정구조와 상호견제)
4) 회계정보 이용자 측면에서의 개선방안
   (1) 공시정보의 접근성 개선
   (2) 재무관련 정보의 공시 강화
   (3) 회계 투명성에 대한 사회적인 인식확대

5) 회계제도 측면에서 개선방안

    (1) 맞춤형 회계시스템 도입

    (2) 법률 측면에서 회계에 관한 법률을 제정

    (3) 관할기구 측면에서 정부기구가 총괄기구 역할을 수행

8. 비영리조직(NPO) 회계 규칙의 당면한 현황

1) 다양한 단체(자원봉사단체, 시민단체 등)들이 사회복지 분야에 진입하고 있어, 과거 시장 독점적 지위에서 벗어나서 양질의 공공 서비스를 제공하지 못하면 경쟁에서 도태될 수밖에 없는 상황이다.

2) 정부의 관련 예산이 급격히 증가하고 있어, 미국의 경우처럼 우리나라도 공공자금에 대한 책무성 확보를 요구받고 있다.

3) 환경변화에 효과적으로 대처하기 위해 비영리조직들은 성과를 강조하는 조직문화로 바뀌고 있다.

9. 비영리조직(NPO) 회계 규칙 종류

1) 의료기관 회계 기준규칙(의료법, 보건복지부 소관)

2) 사학기관의 재무 및 회계 규칙(사립학교법, 교육부 소관)

3) 영리법인, 사립학교법인, 사회복지법인의 재무제표 비교분석

4) 사학기관의 재무 및 회계규칙에 대한 특례규칙(사립학교법, 교육부 소관)

5) 사회복지법인이나 사회복지시설의 재무 및 회계 규칙(사회복지사업법, 보건복지부 소관)

10. 비영리조직(NPO) 회계 제도상 문제점

1) 회계상 문제점

    (1) 획일화된 회계관계 지침이 없다.

    (2) 획일화된 결산서의 작성지침이 없다.

(3) 획일화된 세입과 세출 예산 편성지침이 없다.

(4) 비영리조직(NPO)에서 적용할 재무 및 회계운영의 기본원칙이 없다.

2) 세제상 문제점

(1) 법인세의 납세의무

(2) 수증 받은 경우의 납세 의무

3) 내부통제상 문제점

내부통제제도는 조직의 목적을 달성하기 위해 채택한 모든 정책과 절차를 말하며 내부통제의 목적은 관리적 통제와 회계적통제로 나누어진다.

관리적 통제는 부정이나 오류가 없이 신속하고 효율적으로 업무를 처리하는 경영능률의 증진과 모든 거래가 정당하게 이루어지도록 하는 경영방침 및 규정의 준수 촉진을 목적으로 하는 통제이다.

(1) 관리적 통제의 문제점

① 업무의 분장을 통하지 아니하고 업무를 처리하는 사례

② 문서화 및 표준화하지 아니하고 복잡하게 처리하는 사례

③ 내부감사와 같은 내부검증 절차 없이 하나의 검토가 이루어지는 사례

④ 권한과 책임을 명확하게 하지 아니하고 적절한 승인절차 없이 처리하는 사례가 있다.

(2) 회계적 통계적 문제점

① 조직이 설정한 승인절차를 준수하지 않는 사례

② 회계제도를 구비하지 않고 계정분류 등의 절차 없이 처리하는 사례

③ 자산과 서류의 안전한 보호 없이 물리적 접근을 통제하지 않은 사례

④ 거래금액의 정확한 평가 없이 기록을 하지 않고 대조확인 등 내부검증절차를 생략한 사례

11. 비영리조직(NPO) 회계 제도상 문제점에 대한 개선방안

1) 내부통제제도의 상설화 운영
2) 비영리법인의 세법상 범위확대
3) 내적인 투명성과 회계투명성 확보를 위한 요인 조성
4) 비영리조직(NPO) 직원을 위한 정기적인 회계교육실시
5) 비영리조직(NPO)에 적용할 수 있는 통일된 회계규정 제정
6) 상속세 및 증여세법상의 공익법인(종교법인 포함)에 대한 회계감사 실시

12. 비영리조직(NPO) 회계정보 공시상 문제점에 대한 개선방안

1) 회계정보의 공시대상을 확대해야 한다.
2) 불성실공시 비영리조직과 성실공시 비영리조직을 공시해야 한다.
3) 비영리조직에 대한 공시시스템의 이용 편의성을 제고하여야 한다.

13. 비영리조직(NPO)의 회계 규칙 현황 및 종류

1) 일반적인 비영리법인의 회계처리를 지원할 목적으로 한국회계 기준원은 2003년에 『비영리조직의 재무제표 작성과 표시지침서』를 작성했는데 이 지침서는 지침을 제시하는 데 목적이 있는 것이라 의무적으로 적용해야 하는 것은 아니다.

2) 한국회계 기준원은 2013년에 일반기업 회계기준의 일반으로 『비영리조직의 회계기준』의 공개초안을 발표했고 그 이후 의견을 접수하는 과정을 거쳤으나 아직까지 의견을 수렴하여 회계기준으로 공표하지 못하고 있다.

3) 현재 한국에서는 사학기관, 의료기관, 산학협력단에는 각각의 특수성을 고려한 별도의 회계준칙이 제정되어 있는데 이러한 회계준칙은 감독기관인 주무관청에 의하여 제정된 것으로 관계법령의 위임규정에 제정된 것이라 일정 요건을 충족하는 비영리법인은 이를 의무적으로 적용해야 한다.

14. 비영리조직(NPO)의 회계 투명성을 위한 개선방안

1) 외부감사의 체계화

   (1) 외부감사 대상의 정립

   (2) 외부감사의 성격 명확화

   (3) 외부감사인 등의 선임방법 개선

   (4) 회계감사기준 등 인증기준의 체계화

   (5) 외부감사의 품질관리제도 도입을 추진

2) 회계기준의 체계화

   (1) 감사위원회 운영

   (2) 내부통제 제도의 확립

   (3) 통일된 회계기준 제정

   (4) 회계정보의 공시대상 및 공시범위의 정립

3) 회계정보 이용자 측면의 개선

   (1) 공시정보의 접근성 개선

   (2) 재무관련 정보의 공시 강화

   (3) 회계투명성에 대한 사회적인 인식확대

4) 회계투명성 제고를 위한 총괄기구 구축

   (1) 맞춤형 회계시스템을 도입

   (2) 법률 측면에서 회계에 관한 법률을 제정

   (3) 관할기구 측면에서 정부기구가 총괄기구 역할을 수행

5) 회계정보 작성자 측면의 개선

   (1) 회계 관련 교육 강화

   (2) 외부지배 구조개선(외부 감독 기능 강화)

   (3) 내부지배 구조개선(건전한 의사결정 구조와 상호견제)

15. 비영리조직(NPO)의 회계 제도 문제점

1) 회계제도의 문제점
2) 비영리기관의 회계기준 문제점
3) 비영리기관의 외부감가 문제점
4) 회계정보 작성자 측면의 문제점
5) 회계정보 이용자 측면의 문제점

16. 사학기관 회계의 규칙 현황 및 종류

사학기관의 회계기준을 규정하는 법률과 행정규칙에 사립학교법, 사학기관의 재무 및 회계 규칙, 사학기관의 재무 및 회계 규칙에 대한 특례규칙이 있다.

1) 사립학교법

『사립학교법』 제29조에서는 학교법인의 회계는 그가 설치 및 경영하는 학교에 속하는 회계와 법인의 업무에 속하는 회계로 구분하도록 규정하고 있다. 교비회계는 등록금회계와 비등록금 회계로 구분한다. 학교에 속하는 회계는 교비회계와 부속병원회계(부속병원이 있는 경우만)로 구분한다.

2) 사학기관의 재무 및 회계 규칙

『사립학교법』 제32조, 제33조, 제51조에서는 학교법인, 공공단체, 이외의 법인, 이들이 설치와 경영하는 학교, 사인이 설치와 경영하는 학교의 재무와 회계의 운영에 관한 기본원칙을 제시해서 이 기준의 적용대상은 사립대학, 사인이 설치와 경영하는 초등 중등 고등학교에 적용된다.

17. 산학협력단의 회계 규칙 목적 및 현황

산학협력단은 『산업교육 진흥 및 산학연협력 촉진에 관한 법률』에 근거하여 설립되어 이 법의 근본적인 입법취지는 산업교육을 진흥하고 산학연협력을 촉진하여 교육과 연구의 연구를 통한 지역사회와 국가의 발전에 이바지하는 것이다.

18. 사회복지법인의 회계 규칙 현황 및 목적

『사회복지사업법』제23조 제4항, 제34조 제3항, 제45조 제2항에 따라서 사회복지법인과 사회복지 시설의 재무, 회계, 후원금 관리에 관한 사항을 규정하여 사회복인과 사회복지 시설의 재무, 회계, 후원금 관리의 명확성, 공정성, 투명성을 기여함으로써 사회복지법인과 사회복지시설의 합리적인 운영에 기여하는 것을 목적으로 『사회복지법인과 사회복지 시설의 재무 및 회계 규칙』을 제정하고 있다.

19. 종교단체의 회계 규칙 현황

한국의 3대 종교단체인 불교, 기독교, 천주교의 회계는 각 종단이 정하는 회계원칙에 따라 회계처리하고 있는데 이러한 회계처리 방법은 통일화된 회계처리 기준이 아니며, 각 종단별로 회계 처리방법도 상당히 다르다. 예를 들어 불교는 단식부기이지만 천주교는 자체적인 회계 프로그램에 의하여 복식부기를 도입한다.

20. 공공기관의 구분 회계 기준

공공기관의 기관장은 각 공기업이나 준정부기관의 설립에 관한 법률, 그 밖의 법령에서 회계단위를 구분하도록 정한 경우는 재원의 원천이나 목적 사업별 등으로 구분하여 회계처리하고, 구분회계 사이의 내부거래나 미실현 손익을 제거하고 이를 통합한 결산서를 작성해야 한다.

21. 공기업의 구분 회계 종류

1) 손실보전을 위한 구분회계
2) 부채 관리를 위한 구분회계
3) 규제 서비스에 대한 구분회계

22. 사회복지기관의 회계 제도 문제점

1) 재무회계규칙의 미흡
2) 회계감사제도의 미흡
3) 품목별 예산의 문제점

23. 사회복지기관의 회계 제도 문제점에 대한 개선방안

1) 회계정보의 공시
2) 회계감사제도의 강화
3) 회계프로그램의 통일 및 사용자 교육
4) 품목별 예산에서 사업별 예산으로 변경
5) 재무회계 규칙의 개정
- 재무제표의 통일성
- 단식부기를 복식부기로 전환
- 자산 재평가와 감가상각제도의 도입

24. 사회복지법인의 회계 환경

1) 사회복지법인의 회계공시
2) 사회복지법인 회계의 특수성
3) 사회복지법인의 회계 실무상 특징

25. 사회복지법인의 회계 특징

1) 다른 비영리기관과의 차이점

(1) 사회복지사업과 관련된 사회복지기관의 의사결정을 위하여 유용한 정보를 제공하는 회계이다.

(2) 노인, 아동, 부녀자, 심신장애자 등 사회적 취약계층과 사회 경제적인 소외계층을 대상으로 부양, 양육, 교육, 의료재활, 직업 보도, 고충상담의 사업을 벌여 그들의 복지를 증진하는 사회복지기관을 회계 실체로 하여 설립되는 회계이다.

(3) 개인, 사회단체, 정부로부터 경제적 자원의 사용과 권리를 위탁받은 사회복지 경영자가 그 자원을 위탁한 개인, 사회단체, 정부에 대하여 책임 수행의 보고를 하는 회계이다.

2) 다른 비영리기관과의 공통점

(1) 사회복지기관의 회계는 비영리회계로서, 사적 소유에 속하는 지분이 있을 수 없어 복지기관의 자산, 부채, 기금은 모두 당해 기관의 실체에 귀속한다.

(2) 사회복지기관의 회계는 공공성과 사회성에 기초하여 일방적으로 소비, 지출하는 비영리회계이다.

(3) 사회복지기관의 회계는 당해 사회복지 사업을 영속적으로 수행할 수 있도록 회계 시스템을 통하여 당해 복지사업을 촉진하게 하고 유용한 회계정보의 생산과 제공으로 사회적 및 공공적인 효과를 달성하게 하는 비영리 회계이다.

(4) 사적 소유에 속하는 지분이 없으므로 지분의 매매, 교환, 상속 등이 이루어질 수 없고 또한 잔여재산의 분배나 기타 재산상의 편익을 어느 누구도 기대할 수 없다.

26. 사회복지법인의 회계처리 문제점에 대한 개선방안

1) 복식부기 채택
2) 원가회계 도입
3) 감가상각의 실시
4) 감사제도의 개선방안
5) 현금주의에서 발생주의로 전환

27. 사회복지법인의 회계처리 문제점에 대한 전반적인 개선방안

1) 현금주의에서 발생주의로 전환
2) 단식부기에서 복식부기로 도입 전환
3) 감사제도 측면에서는 일정규모 이상의 법인에게 구체적인 감사 제도를 도입하여 회계정보의 신뢰성을 확보
4) 보다 정확한 서비스의 원가산정을 위해 일정 규모나 일정 서비스에 대해서는 원가 계산을 도입해야 하며, 이에 따라 고정자산에 대해서는 감가상각을 실시

28. 사복지법인의 회계 특징

사회복지법인은 영리기업과는 조직의 존재목적, 재무보고목적, 정보이용자의 욕구가 상이함으로 인해 근본적인 회계절차에도 여러 가지 차이가 있다. 사회복지법인이 적용하고 있는 회계는 비영리 회계의 한 부분으로 다음과 같은 특징이 있다.

1) 예산회계

- 사회복지기관은 합리적 사업계획을 세워 예산을 편성하고 그 예산에 따라 사회복지사업을 수행해야 한다.
- 예산의 편성은 사회복지사업을 수행하는 담당부문에서 책임과 권한을

가지고 그 범위 내에서 명료하게 편성해야 한다.

- 사회복지기관은 자산을 보호와 관리해야 하고 수익사업의 영역확대로 당해 고유목적 사업수행에 필요한 자원을 조달 받을 때에는 그 수익사업회계는 구분과 경리를 한다.

- 사회복지기관은 매 회계연도의 소비와 지출을 계속적으로 균형 있게 집행할 수 있도록 재무자원을 조달하여야 하며, 그 예산을 준수하여 관리와 운영을 해야 한다.

2) 기금회계

- 특정사업의 수행을 목적으로 하여 조성된 출연이나 정부의 보조금은 당해 사업목적에만 사용해야 하기 때문에 특별회계 또는 특정기금으로 하여 독립된 재무 또는 회계실체를 이룬다.

- 수탁자의 회계보고는 위탁자로부터 당해 사업목적의 이행과 그 효과를 평가받기 위하여 사업목적별로 또는 특정기금으로 분리나 독립된 재무 또는 회계실체를 이룬다.

- 출연자와 보조자가 요구하는 사업목적별로 특별회계 또는 기금회계에 자원을 사용해야 계속 출연이나 보조를 받을 수 있기 때문에 각기 기금단위 또는 특별회계 단위로 분리나 독립된 재무 또는 회계실체를 이룬다.

- 수탁자와 사회복지사업의 운영자는 출연자와 보조자의 요구에 따라 당해 사업목적에 맞게 그 자원을 사용, 지출해야 그 책임을 다할 수 있는 것이라 사업목적별로 또는 특정기금으로 독립된 재무 또는 회계실체를 이룬다.

3) 현금주의 회계
4) 고정자산 회계(감가상각)

29. 사회복지법인의 회계 의의

사회복지법인 회계는 사회복지법인의 이해관계자들인 정보이용자들이 합리적인 의사결정을 할 수 있도록 재무적 정보를 식별, 측정하여 전달하는 정보이다.

30. 사회복지법인의 회계 목적

FASB의 SFAC NO.4(1980년)에서 제시한 비영리조직의 재무보고 목적을 통해 다음과 같다.
  1) 자원배분결정에 유용한 정보제공
  2) 경영자의 수탁책임 및 성과측정에 유용한 정보제공
  3) 서비스 및 서비스제공능력의 평가에 유용한 정보제공
  4) 경제적 자원, 채무, 순자원, 그들의 변화에 관한 정보제공

31. 사회복지법인의 재무 및 회계 규칙의 내용

예산과 결산, 회계처리 기준과 방법, 계약, 물품의 관리로 크게 나뉜다.
  1) 사회복지법인의 법인회계와 수익사업 회계는 복식부기를 적용하고, 시설회계는 단식부기에 의해서 하고 있다(재무 및 회계 규칙 제23조).
  2) 회복지법인과 그 시설의 지출은 상용의 경비 또는 소액의 경비를 제외하고는 금융기관의 수표로서 하거나 예금 통장에 의해서 하게 함으로써 자금관리를 철저히 하도록 하고 있다(재무 및 회계규칙 제29조).
  3) 사회복지법인의 회계는 시설에 관한 당해 법인의 업무전반에 관한 법인회계와 당해 법인이 설치 운영하는 시설에 관한 회계 및 법인이 수행하는 수익사업에 관한 수익사업회계로 구분한다(재무 및 회계 규칙 제6조).

32. 사회복지기관의 회계제도 문제점

1) 예산과 결산 보고서의 문제

2) 회계규칙의 문제

- 감사의 문제
- 예산 및 결산 공시의 문제
- 규칙의 미정비 및 기본원칙의 미비

3) 회계처리 문제

- 재산평가의 문제
- 단식부기제도의 문제
- 고정자산 감가상각의 문제
- 현금주의에 의한 수익과 비용 인식의 문제

4) 단식부기제도의 문제

- 단식부기는 손익의 계정과 동산이나 부동산에 대해서의 적절한 기록
  이 없어 복잡한 법인 회계에는 적합하지 않다.
- 단식부기는 현금의 잔액도 현금예금의 잔액을 의미해, 기간계산은 생
  각할 수 없어 채무와 채권의 파악이 불가능하다.
- 단식부기는 현금지출에 의하여 자산을 취득 했는데도 불구하고 지출
  의 기록으로 처리되어 취득한 자산이 부외로 관리된다.
- 단식부기는 비용과 수익의 계상이 없어 법인의 수익총액과 비용총액
  을 알 수 없고 법인의 순익 손익 발생 원인을 명백히 알 수 없다.
- 단식부기는 현금의 수입과 지출의 기록에만 의하는 것으로 단식부기의
  수지계산은 현금주의에 기초하고 있어 발생주의와 큰 차이가 있다.
- 단식부기는 복식부기가 갖는 거래의 이중성에 기초한 대차평형의 원
  리에 기초한 자동검증 기능이 없어서 오류가 있어도 이를 자체적으로

검증하는 시스템이 없어 오류나 부정 적발이 어렵고 부정과 오류의
예방이 어렵다.

33. 사회복지기관의 회계제도 문제점에 대한 개선방안

1) 회계규칙

- 감사
- 계정과목 체계
- 예산, 결산 공시
- 용어 및 기본원칙

2) 예산 및 결산 보고서

- 운영계산서
- 자금계산서
- 대차대조표

3) 회계처리

- 자산의 평가
- 복식부기 채택
- 발생주의 채택
- 고정자산의 감가상각

08 비영리조직의 마케팅

1. 비영리조직에서의 시장 지향성 의미

1) 시장 지향성의 일반적 의미

(1) Kotler와 Levy의 정의

시장 지향성은 마케팅 활동에 대한 논의에서 출발하여 발전되어 왔으며, 이러한 이유로 조직활동에 있어서 구체적인 마케팅 기술의 활용과 같은 의미로 이해되기도 한다(Liao al, 2001). 마케팅은 기업이 생산하는 생산품을 소비자가 구매하도록 개발하고, 가격을 책정하고, 유통시키며, 소비자의 의견을 수렴하는 활동으로 이해된다(Kotler & Levy, 1996).

(2) Kohli와 Jaworski의 정의

시장 지향성은 소비자의 욕구와 관련하여 시장에 대한 정보를 수집하며, 수집된 정보를 조직 전체가 공유하며, 궁극적으로 이를 기반으로 한 조직 전체의 반응성을 보여 주는 구체적인 조직활동이라 정의한다(Kohli & Jaworski, 1990).

(3) Narver와 Slater의 정의

이에 비해 Narver와 Slater(1990)는 조직의 구체적인 활동보다는 조직문화로서 시장 지향성을 정의한다. 이들은 구매자를 위한 조직이 가장 효과적, 효율적인 방식으로 우월한 가치를 창출하고, 전체 산업 내에서 지속적으로 수월성 확보를 가능하게 하는 조직문화라는 측면에서 시장 지향성을 정의한다. 이들에 의하면 Kohli와 Jawors(1990)가 강조하는 시장 관련 정보의 수집과 같은 구체적인 활동은 시장 지향성 그 자체라고 보기보다는 오히려 시장 지향성의 산물이라고 지적한다. 그러나 시장 지향성은 Narver와 S1ater(1990)가 제시하는 것처럼 조직의 문화로서 이해하는 것보다 구체적인 형태로 이해하는 것이 조직활동에 대한 보상을 받을 수 있는 기반이 된다고 지적되기도 한다(Gonzalez et al., 2002).

2) 비영리조직의 시장 지향성에 대한 논의

비영리조직의 시장 지향성은 Kotler와 Levy(1969)가 영리조직이 아닌 비영리조직과 같은 조직에 마케팅 기술을 적용할 수 있는지와 관련하여 논의로 되기 시작되었다. 이들은 공공조직 또는 비영리조직에서의 마케팅이란 조직이 '인간의 욕구에 민감하게 인식하고 이를 충족시키는 것'이라고 하였다. 마케팅에 초점을 둔 이러한 초기의 논의는 점차 마케팅 개념이나 활동 그 자체가 아니라 조직관리라는 측면에서 마케팅 개념의 구체적인 실현을 의미하는 시장 지향성에 대한 논의로 바뀌었으며, 비영리조직의 관리에서도 이를 적용할 수 있다고 지적된다(Liao et al, 2001).

마케팅은 소비자의 고민, 불편함을 찾아 해결해 주는 것이다. 물건 한 개를 더 파는 얄팍한 스킬이 아니라, 행복을 전해주는 방법이다. 이제 고객은 가치를 가진 기업의 목소리에 귀를 기울인다. IT가 발달하고 소셜미디어 시대에 개인이 개입되면서 고객의 권력이 강해졌다. 이제는 설명서대로 움직일 수는 없다. 고객 속으로 들어가서 이들이 무엇을 원하는지 발견해야만 한다. 고객이 어떤 점을 불편해하는 것인지 찾아내려면 진정성을 요구하며, 이를 참신하게 해결해야 경쟁력이 있다. 21세기는 비영리가 가진 가치가 주목받는 시대다. 영리 분야의 마케팅 개념이 바뀌고 있다는 바로 이 시점에서 비영리의 강점이 적용될 수 있다.

(1) 서비스 대상자

우선 비영리조직의 서비스 대상자는 영리조직의 소비자와는 다소 다른 특징을 지닌다. 즉 비영리조직이 제공하는 서비스의 대상자는 때로는 서비스 자체에 대해 그리고 서비스의 선택에 대해 무관심하기 때문에, 비영리조직이 서비스 대상자인 클라이언트의 욕구에 대해 체계적으로 접근하고, 이들의 욕구에 맞는 서비스를 기획하고 제공하는 것이 어렵다. 따라서 영리조직이 소비자에 대한 지향성을 강조하는 것만큼 비영리조직이 클라이언트에 대한 지향성을 강조하는 것은 제한적일 수밖에 없다(Vazquez et al., 2002).

(2) 서비스 비용

비영리조직의 경우 서비스 비용은 실제 소비자인 서비스 대상자가 지불하지 않거나 극히 일부만을 지급하고, 나머지는 기부자가 제공하게 된다. 이로 인해 재정자원을 획득하기 위한 비영리조직 간의 경쟁은 다른 어떤 영역보다도 심화되었다. 기부자와 관련된 시장 지향성은 조직의 미션을 달성하는 데 있어서 그 자체가 목적이 되지는 않지만 중요한 수단이 된다(김정훈 외, 2018).

비영리 사회복지조직의 시장 지향성은 서비스 대상자로서 소비자뿐만 아니라, 개별기부자, 기업, 민간단체, 이사회, 조직구성원, 자원봉사자, 정부 그리고 전체 사회까지도 조직의 활동에 영향을 미치는 다양한 이해관계자로 구성된 모든 구성원이 이를 공유하며, 이러한 정보를 기반으로 반응적인 전략을 수립하려는 조직의 체계적인 노력이라고 볼 수 있다(Bennet, 2005; Lafferty & Hult, 2002).

2. 시장 지향성의 구성요소

1) 시장 관련 정보의 수집

조직의 모든 구성원이 경쟁조직의 활동과 이들의 활동이 소비자의 선호도에 어떤 영향을 미칠 수 있는지 모니터링하는 것과 정부, 부처 간의 규제, 기술 또는 환경적 관련 요인과 같은 외적 내용이 고객의 선호도에 영향을 주

느지를 분석하는 것을 포함한다. 비영리조직의 사업성이 비록 이윤적이기는 하나 그 수익이 분배되지 않고 비영리 활동을 위한 재원으로 재투자되기 때문에 소비자로서는 같은 영리기업의 제품보다 더 신뢰하게 되므로 소비자의 선호도 분석은 중요하다(김정훈 외, 2018).

2) 정보보급 및 공유

조직이 국내외 시장 관련 정보를 수집하고, 조직이 어떤 점을 먼저 다룰 것인지를 결정하는 능력은 단지 관련 업무를 수행하는 일부 부서에만 의존하는 것이 아니라, 조직 내 모든 구성원이 시장에 대한 정보를 보급하고 공유하는지에 의해 영향을 받는다(Uao et al., 2001).

3. 시장 지향성에 영향을 미치는 요인

1) 삶의 방식

삶의 방식은 인간이 환경과 상호작용해 살아가는 나름대로 생활방식을 의미한다. 조금 더 구체적으로 사람들이 자신의 시간을 어떻게 소비하나, 주위 환경에서 특별히 중요하게 고려하는 것은 무엇이며, 자신 주위세계에 대해 생각은 무엇인가? 라고 표현할 수 있다. 삶의 방식은 개인마다 독특한 삶의 양식이며 소비 행동에 영향을 미치며 또한 이에 대해 영향을 받는다.

2) 개성

사람들은 각자 자신의 구매 활동에 영향을 주는 독특한 개성을 가지고 있다. 개성이란 개인이 다양한 주위 환경에 대해 비교적 일관성 있으며, 지속적인 반응을 가져오는 개인의 독특한 심리적 특성이라 정의된다. 개성은 보통 사교성, 사회성, 적극성, 과시성 등 여러 속성에 의해 설명된다.

1. 비영리조직 마케팅 의사소통

1) 비영리조직 마케팅 의사소통 특징

급변하는 시장환경은 마케팅을 과거의 상품 중심적 마케팅(product centered)에서 고객 중심적 마케팅(customer centered)으로 변화시켰다(김정훈 외, 2018).

① 고객 지향성은 고객의 니즈를 최우선 과제로 두는 것이다.

② 관계 지향성은 타 업체가 모방할 수 없는 고객의 경험을 바탕으로 개개인의 고객과 진실한 관계를 만드는 것을 목표로 하고 있다.

③ 사회 지향성은 소비자의 니즈뿐만이 아니라 사회 전체의 장기적 이익이 중심인 시대를 추구하는 것이며, 마케팅을 소비자의 필요(needs)와 욕구(wants)를 만족시켜 주기 위한 상호 교환활동(exchange)이라고 하며, 고객중심의 마인드, 고객리서치의 중요성, 상호 교환을 위한 의사소통의 중요성에 대해 강조하였다(Koder, 2007).

또 다른 특징으로는

첫째, 비영리조직의 마케팅은 최소한 다른 두 종류의 주요한 대중(서비스 수혜자와 후원자)과 상호작용을 해야 한다. 서비스 수혜자와 관련되어서는 자원배분의 문제가 제기되고, 후원자에 대해서는 자원동원의 문제가 제기되며, 이두 집단 외에도 다른 수많은 이해관계자들(스테프, 후원자, 정보, 회원, 자원봉사자, 클라이언트, 기업, 지역사회 등)이 관련되어 있다(이주희, 2004).

둘째, 비영리조직들이 다루는 문제들이 에너지 문제, 지구온난화, 에이즈, 기근 등 복잡한 문제들을 다루기 때문에 더 많은 마케팅 비용이 소요된다.

셋째, 비영리조직의 마케팅 비용은 경제적 비용뿐만 아니라 예산의 많은 부분이 급여와 인적자원 개발 부분에 사용되는 등 훨씬 복잡하다.

넷째, 다중의 대중을 대상으로 한 마케팅 목표 역시 다중성을 지녀야 한다. 회사들은 그들의 최우선의 목적으로 장기간 이익을 창출하고 있는 데 반해 비영리 단체들은 다양한 대중들에게 봉사해야 하므로 다양한 목적을 갖는 다(정익준, 1999).

2) 일반적인 마케팅 의사소통 과정

비영리조직 혹은 기업은 대부분 고객에 대한 커뮤니케이션 프로세스를 가지고 있는데 기업과 고객 그리고 미디어와 함께 그 프로세스를 형성하고 있 다(김정훈 외, 2018).

●● 그림 8-1 일반적 커뮤니케이션 프로세스

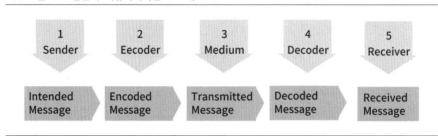

출처: 비영리조직 운영관리론

첫 번째 역할자는 Sender(송신자)인데, 이것은 메시지를 전달하려는 기업 이나 기관, 조직을 의미한다. 커뮤니케이션 전달의 시작점인 Sender는 기업체 나 조직이 전달하려고 시도하는 메시지를 'Intended Message'라고 한다.

두 번째 역할자는 Encoder(암호가)인데 이것은 Sender가 전달하는 메시지 를 받아서 그것을 다시 Medium(매체)에 적합하게 만들어 표현(Encoding)함으 로써 Encoded Message로 만드는 역할을 한다(김정훈 외, 2018).

세 번째 역할자는 Medium(매체)인데 이것은 메시지를 전달하는 역할자 (Sender, Encoder)와 그 메시지를 전달받는 역할자(Decoder, Receiver)가 같이 공 유하는 것으로 이들을 통해 전달되는 메시지가 Transmitted Message이다(김정 훈 외, 2018).

네 번째 역할자는 Decoder(해독자)인데, 이것은 Receiver와 동일인인 경 우가 많으며 Medium으로부터 전달되는 Transmitted Message를 이해하고 해 독하는 역할을 한다(김정훈 외, 2018).

마지막 역할 자는 Receiver(수신자)인데 최종적으로 메시지를 전달받는 대상을 말하며, Decoder를 통해 만들어진 Decoded Message를 자신의 경험이나 지식 등을 통해 변환하여 최종적으로 Received Message로 이해한다(김정훈 외, 2018).

예를 들자면 영리조직은 광고 대행사에게 제품이나 서비스에 관한 광고를 제작하게 하여 이를 TV, 광고 등의 미디어를 통하여 카피 문구 같은 세세한 부분까지 고객들에게 전달하고 있다.

이를 마케팅 커뮤니케이션 프로세스 관점에서 본다면 영리조직은 Sender가 되고, 잠재고객은 Receiver가 되며 광고대행사는 Decoder, 영리조직이 전달하고자 하는 내용은 Intended Message, 광고대행사가 제작한 광고는 Encoded Message, 미디어를 통하여 실제로 전달되는 내용은 Transmitted Message가 된다(김정훈 외, 2018).

3) 일반적인 마케팅 의사소통 저해요인

인간의 판단 기준이 정확한 의사소통을 저해하며 인간이 가지고 있는 지식, 경험, 가치관, 선입견 등이 그 예가 될 수 있으며, 이것을 '부호화 과정(encoding) 저해요인'이라 한다.

송신자가 의도한 메시지를 전달 매체에 맞게 변형할 때 발생하는 저해요인으로 주로 부호 자의 말(단어, 억양, 발음)과 행동(태도, 바디 랭귀지)에서 전달매체 등의 부적절성에서 발생한다.

2. 비영리조직 마케팅

1) 비영리조직에 있어서 경쟁력 확보의 의미

현재 비영리조직은 정부 지원금의 감소뿐 아니라 기업과 다른 비영리조직에 대하여 경쟁적인 환경에 직면해 있다. 또한, 비영리조직들은 정부로부터 특별 세제 혜택의 자격을 받으며, 지배, 요건의 보고, 정치적 참여를 포함한 특별한 법적 규정이 있어 조직 구조도 기능식 조직, 사업부조직, 매트릭스조직 등의 유형에서 목적 적합한 형태를 선택하여야 한다(Smith & Lipsky, 1993; Anthony, 2000).

●● 그림 8-2 경쟁력 확보의 3가지 전략

내적 효율성	사회의 요구를 충족하기 위한 상품을 만들기 위해 투입되는 인적자원 물적자원, 재무자원, 정보자원의 효율적인 결합을 통해 산출을 극대화
외적 효율성	인적자원관리, 마케팅, 전략경영 등의 내적 효율성뿐 아니라 조직을 둘러싼 외부환경과의 관계를 효율적으로 관리
시장 지향성	세부적으로는 고객지향, 경쟁자 지향, 부서 간 협동을 의미

2) 비영리조직 마케팅의 필요성

(1) 책임성 측면

정부의 보조금이나 기타 단체의 기부금으로 운영되기 때문에 서비스 제공에 있어서 효율성과 효과성을 달성할 책임을 가지고 있다. 이러한 책임성의 요구에 부응하려면 비영리조직의 운영도 전략적인 마케팅의 도입이 절실하다(박현수, 2008).

(2) 대상자 관리 측면

클라이언트, 기관의 이용자, 기부자. 지역사회를 고객의 욕구를 세분화하고 관리에 있어 궁극적으로 고객 만족을 끌어내는 마케팅 접근이 필요하다.

(3) 서비스 개발 측면

비영리조직의 특성상 외부환경의 강한 영향을 받게 되는데 급변하는 정치적·사회적·법적·문화적 환경을 세분화하고 분석하여 서비스의 개발에 있어 상품의 가치를 높여야 한다.

(4) 재정확보 측면

모금 효과를 극대화하는 데 필요한 재정자원의 계획과 동원, 배분, 효율적인 사용과 책임성 있는 관리는 필수적이다.

3) 비영리조직과 마케팅전략

마케팅의 실행이 성공을 거두기 위해서는 조직 구조, 의사결정 및 보상 시스템, 인적자원 및 물적 자원, 조직문화 등의 다양한 조직 내·외 요소들이 적절히 조화되고, 새로운 환경에서 목표를 달성하기 위해 마케팅전략을 개발하고 실행하면서 정보·기획·통제·평가 등의 시스템 구축 또한 병행되어야 한다(김정훈 외, 2018).

(1) 시장조사

비영리조직의 마케팅에 있어서 제일 먼저 해야 할 일은 시장을 조사하는 일이다.

첫째, 상품이나 서비스에 대한 욕구,

둘째, 욕구를 지닌 사람들의 상품이나 서비스에 관한 관심이나 잠재적 욕구,

셋째, 잠재적 고객의 기부를 위한 지불 능력,

넷째, 충분한 지불 능력을 지닌 자들이 원하는 상품이나 서비스를 위해 기꺼이 지불하고자 하는 의지의 확인이다.

(2) 고객의 욕구 분석

시장을 개척하기 위한 시장의 세분화는 고객의 욕구를 분석함으로써 그에 대한 서비스 아이템을 결정할 수 있다. 고객의 욕구는 다음의 세 가지로 구분할 수 있다(김정훈 외, 2018).

첫째, 기본적인 욕구(need)는 인간이 생활하는 데 가장 기초적인 욕구로서 식량, 안전, 소속감, 사랑, 자기표현 등의 요소이다.

둘째, 이차적 욕구(wants)로서 개개인의 특성과 사회 문화적 요소에 의해 형성된 상황에 따른 각 사람들의 욕구이다.

셋째, 수요(demand)의 개념은 인간의 욕구에 있어서 자신이 가진 자원을 고려하여 가장 만족을 줄 수 있는 상품을 선택하게 된다.

(3) 마케팅 환경분석

마케팅 활동에 영향을 미치는 요인은 외부적 환경과 내부적 환경으로 구분된다.

내부적 환경에는 기관구조분석, 경쟁분석, 기관의 내부 환경 등이 있다. 외부적 환경분석으로는 소구 대상의 명확화, 고객에 대한 분석, 경쟁조직 분석, 기타 외부요인에 대한 분석이 있다.

SWOT 분석은 조직의 경쟁력 분석을 하는 데 도움이 된다. 조직의 강점(strength)과 약점(weakness)을 분석하며 조직이 처한 환경을 기회(opportunity)와 위협(threat)으로 구분하여 마케팅 환경을 평가하는 것이다(김정훈 외, 2018).

(4) 투명성

비영리단체의 투명성은 매우 중요하다. 많은 기부자가 기부할 비영리단체를 찾을 때 기관의 투명성과 신뢰성을 주요한 기부 이유로 꼽는다.

비영리단체는 민간의 선의에 의한 기부금을 받고 국가로부터 특별한 면세 혜택을 받기 때문에 그 운영과 자금 집행을 투명하게 공개해야 하며, 투명성을 확보하지 못하면 언론에 부정적인 기사가 실리고 이는 대중의 신뢰도에 안 좋은 영향을 미치게 된다. 기관이 지향하는 목표를 수행해 내는 것을 대중들에게 투명하게 알리는 것이 중요하며, 이것이 가능하기 위해서는 기부자, 수혜자, 정부, 언론의 비영리 현장에 대한 적극적인 이해와 소통이 필요하다.

(5) 차별화된 스토리텔링

기업과 마찬가지로 비영리단체는 차별화된 스토리텔링을 통해 소비자에게 먼저 기억되는 브랜드를 만들 필요가 있다. 차별화 전략은 정보의 홍수 속에서 우리 브랜드가 소비자에게 더 잘 기억되게 하는 것이다. 여러 단체 사이에서 뚜렷하게 차이를 보일수록 소비자들에게 더 잘 기억된다.

(6) 일관된 메시지

대중의 인지도를 높이기 위해서는 강력하고 일관된 메시지가 필요하다. 비영리단체는 지역에서 사회적 가치를 창출하는 것을 목표로 메시지를 정의해야 한다. 메시지는 육하원칙에 따라 정하는 것이 좋다. 그리고 이 메시지는 이 메시지는 모든 홍보 채널에서 공통으로 사용하되 특정 홍보 채널에 맞춰 변형해야 한다. 메시지는 웹사이트, 보도자료, 세미나, 교육, 행사에서 일관되게 전달해야 한다.

(7) 홍보 전문가 선정 및 교육

홍보 전문가를 선정하는 것이 좋다. 비영리단체의 홍보 전문가는 대표가 될 수도 있고, 구성원 중 한 명이 될 수도 있다. 홍보의 범위가 넓은 만큼 홍보 전문가가 하는 일도 다양하다. 언론의 호의적인 보도를 끌어내고, 언론 보도 및 여론을 분석해 대응책을 모색한다. 이벤트나 캠페인, 홍보 문구 등에 관한 PR 전략을 세워 실행하는 일도 PR 전문가의 몫이다. 구성원들과 의견 교환을 통해 수시로 뉴스거리가 될 만한 것이 있는지 파악하고, 중요한 이슈가 생기면 보도자료를 만들어 다양한 언론사에 알리며 정부 부처 또는 협회 등의 정책 변화를 파악하고 접촉해 정책이 조직에 유리하게 형성될 수 있도록 노력하기도 한다.

(8) 홍보 목표 설정과 계획

홍보 마케팅에 있어서 실행만큼이나 중요한 것은 목표 설정이다. 목표를 잘 설정해 놓으면 목표 대비 얼마나 실행되었으며 현재의 목표에서 얼마나 벗어났는지, 목표 대비 성과는 어떤지 등을 확인할 수 있다. 목표를 세울 때 기업, 기관에서 유용하게 사용하는 'SMART 목표 설정 기법'은 조직의 강점 (strength)과 약점(weakness)을 분석하며 조직이 처한 환경을 기회(opportuni)와 위협(threat)으로 구분하여 마케팅 환경을 평가하는 것이다.

S(spedfic): 목표는 구체적이어야 하며,
M(measurable): 목표는 측정 가능한 것이어야 하며,
A(attainable): 목표는 달성 가능한 것이어야 하며,
R(relevant): 목표는 관련성을 가지고 있어야 하며,
T(time-bounded): 목표는 시간성을 명시해야 한다.

목표 선정에 있어서 유용한 도구로서 엔소프 매트릭스를 통해 더욱 전략적인 목표를 세울 수 있다.

●● 그림 8-3 엔소프 매트릭스

시장침투를 통한 기존 시장에 기존 상품을 판매할 것인지	**기존 시장에** 신규 제품을 개발할 것인지
시장확장으로 신규 시장에 기존의 제품을 유통할 것인지	**다각화** 신규 시장에 신규 제품을 개발할 것인지

(9) 소셜미디어 홍보

소셜미디어 홍보 중요성이 점점 더 커지면서 소셜미디어 홍보를 진행하는 비영리단체가 늘어나고 있다. 소셜미디어는 상표 가치를 가장 잘 전달할 수 있는 채널이자 되려 그 가치가 흐려질 수도 있는 채널이기도 하다. 다양한 채널과 콘텐츠에 상표 가치를 일관되게 녹여낸다는 게 쉽지 않기 때문이다. 상표 정체성을 명확히 정의하고, 이를 바탕으로 내 기업만의 일관된 인상을 주어야 한다. 소셜미디어 채널에서의 브랜딩 요소는 콘텐츠뿐 아니라, 프로필 이미지, 말투, 아이콘, 배너 등 다양하다.

4) 시장 세분화

경쟁적 시장을 통해 더욱 우위를 차지하기 위해서는 차별화할 수 있는 길을 찾아야 한다. 그 답은 시장 세분화(market segment)에 있다. 시장 세분화의 목적은 조직이 가장 중요한 사업에 선택과 집중을 할 수 있도록 하는 데 있다.

시장은 고객의 욕구와 인구통계학적 통계, 지리적 위치, 구매 태도 등에 따라 세분화되며, 이들 고객집단의 변수를 파악함으로써 시장을 개척하는 작업을 통해 마케팅 대상선정 및 실행전략을 계획하게 된다(김정훈 외, 2018).

3. 마케팅 믹스(marketing mix)

마케팅 믹스(Marketing Mix)는 일정한 환경적 조건과 일정한 시점 내에서 여러 가지 형태의 마케팅 수단들을 경영자가 적절하게 결합이나 조화해서 사용하는 전략을 의미하며, 그것은 어떠한 제품에 사용된 모든 마케팅전략의 집합체를 조정, 구성하는 일이다. 마케팅 믹스라는 용어는 미국 미시간 주립대학의 교수인 E. 제롬 맥카시[1] 교수에 의해서 1960년 처음 소개되었다. E. 제롬 맥카시 교수는 회사가 그들의 표적 고객층을 만족시키기 위해서 제품(Product), 가격(Pricing), 장소(Place), 촉진(Promotion)의 크게 4가지로 나뉘는 마케팅전략을 적절하게 섞어서 사용한다고 주장하였다.

미국의 중산층으로의 진입은 대규모로 늘어났고, 소비자들의 구매력은 충분해졌다. 그 결과 사람들은 더 나은 집과 가전제품, 자동차를 그들의 충분한 구매력을 이용해서 선택하게 되었고, 전통적인 제조업 회사들은 이러한 고객의 니즈를 만족시켜야 더 높은 입지와 성공이 보장되었다. 그렇기 때문에 경쟁은 치열해졌고, 고객을 제품의 구매에 이르게 하는 마케팅의 개념은 어느 때보다 중요해졌다. 그렇기 때문에 다양한 마케팅전략을 전체적으로 조정, 구성하는 것을 연구하는 전략인 마케팅 믹스는 1960년대, 특히 그 시점에 고객의 욕구를 만족시키는 것을 간절히 찾던 기업들에게 반드시 참고, 연구해야 할 핵심 전략이었다. 그 당시부터 50여 년이 지난 현재까지도 마케팅 믹스는 마케팅 관련 분야에 중요하게 다루어져야 할 핵심 개념으로 자리 잡고 있으며 수많은 관련 도서와 실무에서 많은 연구와 활용이 시도되고 있다.[2]

1) 상품 전략(Product)

고객의 요구에 충족하는 제품인가?

---

1) Edmund Jerome McCarthy (February 20, 1928 - December 3, 2015) was an American marketing professor and author. He proposed the concept of the 4 Ps marketing mix in his 1960 book Basic Marketing

2) 미국 마케팅계에서 뛰어난 명성을 쌓은 제리 맥카시(Jerry McCarthy), 프랭크 배스(Frank Bas), 에드가 페시미어(Edgar Pessemier), 로버트 버젤(Robert Buzzell), 빌 레이저(Bill Lazer)와 같은 교수들과 함께 한 필립 코틀러의 마케팅 관리론

비영리조직의 상품은 프로그램과 서비스라고 할 수 있는데 영리조직의 브랜드와 같은 상품의 구성요소를 강조함으로써 마케팅을 더욱 효과적으로 할 수 있다.

예를 들어 미술관과 박물관의 상품은 전시나 교육프로그램, 작품, 문화행사 등이 될 수 있으며 고객의 수준과 요구를 파악하여 고객들에게 원하는 것을 제공할 수 있고, 작품에 있어 중요한 것은 작품의 질로써 작품의 질은 예술적 성취도를 말하는 것으로 별도의 마케팅이 필요 없을 정도이며, 루브르와 대영박물관은 초만원의 관객으로 시달리기도 한다(라도삼, 박종구, 문화 향수 촉진을 위한 문화마케팅 프로그램 개발, 2005).

2) 가격전략(Pricing)

합당한 가격이 책정되었는가?

비영리조직의 가격은 수익사업의 이용료, 모금 프로그램에 대한 가격, 즉 후원금이며, 비영리조직에서의 가격개념은 조직의 목표를 달성하는 데 필요한 원가의 회수에 있다.

예를 들어 시카고 미술원과 같은 몇몇 박물관은 공식적으로 입장료를 받지 않는 대신 기부금 상자를 비치하여 기부행위를 유도하며 입장료로 인해 관람을 기피하는 관람객을 유도할 수 있을 뿐만 아니라 자발적인 기부행위를 유발할 수 있는 탄력성 있는 정책을 펼치고 있다(이보아, 성공한 마케팅, 역사넷, 2003).

3) 유통전략(Place)

온라인 또는 오프라인에서 고객이 쉽게 제품에 접근할 수 있는가?

비영리조직의 유통전략이란 서비스의 전달과 입금경로, 접근성과 관련 있으며 지역사회 네트워크 형성과 관계있다. 비영리조직의 유통경로는 상품(서비스)이 기관에서 클라이언트에게 직접 전달되는 형태로서 중간상의 개입이 없는 비교적 짧은 것이 특징이다. 즉 고객을 직접 접촉하는 것이다.

4) 촉진 전략(Promotion)

제품의 홍보가 고객에게 잘 되고 있는가?

비영리조직에서 가장 익숙한 마케팅믹스 요소는 촉진인데 서비스의 홍보와 더욱 많은 기부금을 확보하기 우한 인쇄물 제작이나 언론·방송 매체를 통한 홍보, 인터넷을 이용한 홍보, 판매촉진, 인적 판매 등과 같은 커뮤니케이션 수단들을 오래전부터 사용해 왔다.

예를 들어 메트로폴리탄 미술관의 경우를 살펴보면, 팬암 항공기의 기내 방송을 통해 뉴욕을 방문하는 여행객을 대상으로 미술관 홍보를 한 경우로서, 미술관 기획자들은 수백만 탑승객들이 기내 잡지와 오디오 테이프를 이용하는 것을 염두에 두어 두 가지를 잘 이용하면 상당한 광고의 교육 효과를 거둘 수 있다는 판단으로 미술관의 영구 소장품에 대한 안내문과 디자인 담당자들이 제작한 6쪽짜리 특집 광고를 기내 잡지인 클리퍼지에 싣고, 중요한 한 개의 소장품에 관한 내용을 30분 분량의 오디오 테이프에 실어 기내 방송을 통해 전달한 결과, 클리퍼 지의 독자는 130만 명으로 추정했으며, 그 광고는 미술관 영구 소장품의 범위와 격조에 대한 탑승객들의 관심과 인식을 크게 향상시키는 데 이바지했으며, 이는 광고 방법에 대한 혁신적인 아이디어로 꼽히는 사례이다(앨빈 H, 레이스, 성공적인 예술 경영, 세종출판사, 1997).

4. 마케팅 포지셔닝(marketing positioning)

1) 포지셔닝 개념

포지셔닝 Positioning은 기업이나 제품에 대하여 위상을 정립하기 위해 마케팅 믹스를 통해 소비자들에게 자사 제품의 정확한 위치를 인식시키는 것이다. 1969년 잭 트라우트 Jack Trout가 학술지인 인더스트리얼 마케팅 Industrial Marketing에 발표한 논문에서 처음 사용하였다. 이후 앨 리스 Al Ries와 잭 트라우트 Jack Trout가 공저 포지셔닝을 발표하며 광고산업과 경영계에 큰 영향을 끼쳤다.

최근 들어 포지셔닝에 대한 관심이 고조되는 이유는 과잉 커뮤니케이션 사회에서 소비자들이 더욱 제품의 선별을 쉽게 하기 위한 경쟁전략의 하나이기 때문이다. 포지셔닝은 상품에 대한 어떤 행동을 취하는 것이 아니라 잠재

고객의 심리에 어떠한 행동을 가하는 것을 의미한다. 즉, 잠재고객의 심리에 해당 상품의 위치를 잡아주는 것이다(김정훈 외, 2018).

포지셔닝은 형태에 따라 다양하게 분류할 수 있다.

첫째, 브랜드 포지셔닝은 브랜드 네임을 우선 정하고 그것에 의미(포지셔닝)를 의도적으로 부여하는 방식으로 자본이 풍부하고, 마케팅 시간이 촉박한 경우 시행한다.

둘째, 상품의 형태, 내용, 기술, 특성을 정의할 수도 있다. 가장 일반적인 포지셔닝 표현방식으로 신규상품의 경우 무게, 크기, 디자인, 기능에 따라 차별화된 부분을 소비자에게 어필하는 경우이다.

셋째, 사업에 따른 정의로서 외부 및 내부 이해관계자들에게 사업에 대한 인식을 명확히 하기 위해 사업명을 구체화하는 차별화 전략으로, 예를 들면 '금강산 사업을 금강산 육로 관광사업'으로, '인천 신공항 프로젝트를 아시아 허브공항 개발 사업'으로 표현하는 것이다.

넷째, 기술을 정의한 포지셔닝으로서 신개발 제품에 대해 신기술을 정의 내림으로 소비자들에게 더욱 첨단의 제품임을 인식시켜 주는 것이다. LG전자의 리니어 컴프레셔 디오스는 리니어 기술로 초절전, 소음감소 등을 통한 친환경적 제품임을 포지셔닝하고 있다(김정훈 외, 2018).

2) 포지셔닝의 접근

포지셔닝의 또 하나의 목적은 경쟁제품, 브랜드와의 차별화를 들 수 있는데, 이러한 차별화는 외적 차별화와 내적 차별화로 구분하며, 내적 차별화는 기업이 내부적으로 가지고 있는 차별화 경쟁요소, 즉 제품, 가격, 유통, 촉진 등 기능을 통한 차별화 전략이고 외적 차별화는 고객과 시장의 차별화를 의미한다. 포지셔닝의 구체적인 접근 방법으로는 제품에 대한 차별화된 정의(이미지, 개념, 위상, 특징)를 소비자에게 인식시킴으로써 시장을 창출해야 한다(김정훈 외, 2018).

창업가들이 기업경영을 시작하는 관점에서도 포지셔닝에 대한 중요성을 강조한다. 경영적 측면에서 기업이 제대로 된 포지셔닝을 만들어내기 위해 '당신은 무엇을 하는가'에 대한 메시지가 함축되어야 한다고 주장한다. 그는 이러한 질문에 대답하기 위한 포지셔닝 전략으로 먼저 유리한 고지를 선점하고, 다른 경쟁기업과 명확한 차별화를 만들어내야 한다고 주장한다(가이 가와사키).[3]

마케팅을 진행하기 위해선 경쟁회사와 차별점을 두어야 한다. 무언가 유리한 점을 만들어야 하며, 그런 부분을 만든 후 고객의 기억 속에 포지셔닝해야 한다. 뭔가 독특한 위치로 포지셔닝하는 것이다. 그러면 인식시켜 두었던 점이 매출로 나오게 된다. 그러기 위해선 자사 제품의 장점을 잘 알아야 하고, 또 제품을 잘 만들어야 하며, 반면에 경쟁사의 단점에 대해서도 잘 파악해야 한다. 그리고, 포지셔닝을 잘 활용하여 광고에도 적용한다.

결국, 성공적인 포지셔닝 계획을 위해서는

첫째, 남들과 차별화되는 핵심적인 경쟁력을 갖춰야 한다.

둘째, 최대한 작게 그리고 먼저 시작하라.

셋째, 일관성을 유지하라.

이러한 세 가지 요소를 모두 만족하게 할 때 보다 성공적인 포지셔닝의 결과를 기대할 수 있으며, 이 구성요소는 구축된 포지션에 대한 평가 기준이기도 하다(김정훈 외, 2018).

3) 어떻게 활용할 수 있을까?

자사 제품을 잘 활용하기 위해서 잘 포지셔닝할 필요가 있다. 즉 경쟁사의 단점을 파악하고 그걸 이용하는 것이다. 예를 들어, 제품구매 시 타사의 배송시간이 이틀이라면 그걸 포지셔닝하여 자신은 1일 배송으로 내세울 수 있고, 타사가 1년 AS 라면 2년 AS를 걸고 그렇게 광고할 수도 있다.

또 다른 예로 어떤 곳은 항상 매장을 방문해서 사야 한다면, 반대로 우리는 직접 찾아가서 서비스할 수 있다.

아마 이런 질문이 꼭 필요할 것 같다.

고객이 가장 불편하였던 것은 무엇일까? 고객이 가장 좋아할 만한 것은 무엇일까?

---

3) 애플을 단순한 기업이 아닌 '영혼의 구원자'로 포지셔닝한 전설의 마케터. 올탑닷컴(Altop.com)과 개라지 테크놀로지 벤처스(Garage Technology Ventures)의 공동 창립자이며 과거 애플의 마케터이자 에반젤리스트였다.

의외로 고객의 필요를 만족시키는 것이 간단할 수 있다. 그렇게 하면 우리의 마케팅은 성공할 수 있다.

09 비영리조직의 재정

1. 비영리조직(NPO)

1) 비영리조직(NPO)의 개념

영리조직과 비영리조직의 차이에 대한 개념을 설명하자면 영리조직은 "재산상의 이익을 목적으로 활동하는 조직"이고 비영리조직은 "재산상의 공공 목적에 봉사하는 정부와 기업 이외의 자발적 비영리단체"의 개념이다(이종수, 2009).

●● 표 9-1 영리조직과 비영리조직의 차이

구분	영리조직	비영리조직(NPO)
목적	이익추구	공공서비스 제공 및 사회복지 증진
지원의 방법	타인자본 또는 자기자본 조달, 서비스와 재화 제공	기부금, 서비스, 보조금 제공
자원의 활용	시장의 경쟁원칙에 따라 활용	법규, 규칙, 정관 등에 따라 자원 활용 및 제약

"비영리"는 이익 추구를 위한 영리를 그 목적으로 하지 않고 공공의 목적을 위해 의미한다. 비영리조직(NPO) 조직은 운영하면서 생긴 이익을 구성원에게 배분하지 않고 그들 공공재를 생산하고 월급을 받는 직원에 자원봉사자도 활용한다. 이윤을 분배하지 않으므로 자본에 대한 접근은 제한된다. 한국을 포

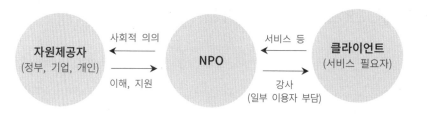

출처: Mason(1984), 이케가미 준·우에키 히로시·후쿠하라 요시하루(1998), 황현탁(1999),
권병웅·권신(2015) 재인용

함한 많은 나라들이 비영리조직(NPO)에 대한 세제 혜택을 제공한다. 그리고
정치적 참여 배제, 지배 등 법적인 규정이 있다.

비영리조직(Non Profit Organization)으로서 문화재단을 분석하고자 한다.
이윤의 배부가 없는 비영리조직(NPO)은 공익성, 자치성, 비정부성, 비영리성
등의 특징이 나타난다. 경제학점 관점에서 비영리조직(NPO)이 조직화되고 발
전하는 이유는 공급의 관점에서 가치재의 공공의 실패와 시장의 실패에 원인
이 있는 것으로 파악된다(권병웅·권신. 2015).

〈그림 9-1〉모델을 통해서 비영리조직(NPO)의 서비스 구조를 일반 민간
기업과 비교해 볼 수 있다. 보통 민간 기업은 상품과 서비스의 공급자로서 소
비자에게 민간 기업은 그에 대한 대가를 지불 받는다. 민간 기업들은 이와 같
은 방법으로 시장에서 거래를 진행한다. 그렇지만 비영리조직(NPO)은 사회서
비스와 자원의 공급이 복합적으로 진행된다.

〈그림 9-1〉경영모델을 기반으로 이케가미 준은 〈그림 9-2〉와 같이 비
영리조직(NPO)의 자원과 사회서비스 공급의 관계를 자원배분프로그램과 자
원획득프로그램의 관점에서 경영모델을 제시하였다. 예술기관의 가치재인 재
화를 사회에 공급하며 이것이 사회에 경제적인 파급효과를 만들어내는데 이
과정에서 비영리성을 파악할 수 있다. 이케가미 준이 나타낸 경영모델을 분석
하면 아래의 내용과 같다.

비영리조직(NPO)은 사회공헌활동 혹은 봉사활동을 발굴하여 자원배분프
로그램과 자원획득프로그램을 만들어 사회(정부, 시민, 기업, 개인)에게 제시하여

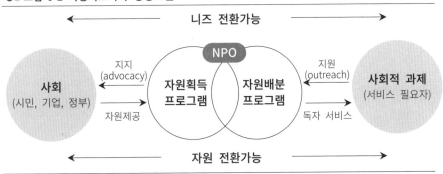

●● 그림 9-2 비영리조직의 경영모델

니즈 전환가능

NPO

사회
(시민, 기업, 정부)

지지
(advocacy)

자원제공

자원획득
프로그램

자원배분
프로그램

지원
(outreach)

독자 서비스

사회적 과제
(서비스 필요자)

자원 전환가능

지지를 받는다. 이 모델의 과정이 비영리조직(NPO)의 경영과정이다. 〈그림 9−2〉 이케가미 준의 비영리조직(NPO)의 경영모델은 비영리조직의 기능과 기반으로 사회적인 역할을 다루고 있어 문화재단의 모델에 적용하기에는 한계가 있다. 문화재단에서 제공하는 문화예술의 향유, 과정을 제공하는 것에는 한계가 있지만 이케가미 준의 비영리조직(NPO)의 경영모델을 원용하여 제시한 것은 현실적 대안으로서 예술경영이론의 중요성을 지닌다(나란희, 2020).

2) 비영리조직(NPO)의 기준

비영리조직(NPO)의 6가지 관점

첫째, 조직 관점. 비영리조직은 제도화의 특징이 있으며 제도적 실제가 있다. "제도적 실제"란 조직구조와 지속성, 조직의 정관, 조직 경계, 목적 등을 의미한다. 임시적이고 비공식적인 것은 비영리조직(NPO)이라고 하지 않는다.

둘째, 민간부문 관점. 비영리조직은 정부의 일부가 아니며 산하기관의 일부도 아니다. 하지만 이것이 정부에게 규제, 지원, 위임을 받지 않는다는 뜻은 아니다. 비영리조직(NPO)은 정부에게 사업비를 보조 받을 수 있으며 공공성에 관련하여 운영비도 받을 수 있다. 정부의 지원을 받을 때에 정부의 일련 규칙에 의해 규제를 받을 수 있다. 비영리조직(NPO)은 정부를 대신해 공공 권한의 위임을 받을 때도 있다.

셋째, 이익 미분배 관점. 비영리조직은 기부자, 조직원, 소유주 이사, 설립자 등에게 이익을 돌려주지 않는다. 이는 영리조직인 회사가 주주, 소유주에게 이윤을 배당하는 것과는 다른 특성이 있다. 비영리조직도 수익이 발생하기도 하지만 본래 목적은 조직의 공공성의 목적과 맞는 분야에 재투자를 하는 특성을 지닌다.

넷째, 자치성 관점. 비영리조직(NPO)은 자기의 활동을 직접 스스로 조절하고 통제한다. 즉 비영리조직(NPO)은 이사회 같은 자체적 의사결정을 운영하며 자치를 위해 활동한다. 또한 외부조직으로부터 통제를 받지 않는 것이 대부분이다.

다섯째, 자발성 관점. 비영리조직(NPO)은 조직의 운영과 활동이 자발적으로 이루어진다. 보통 이사회는 급여를 받기보단 자원봉사자로 운영되며 급여를 받는 직원과 자원봉사자들로 구성되어 있다.

여섯째, 공익성 관점. 비영리조직(NPO)은 공공목적에 의해 이바지하며 공익성이 있다. 영리조직과의 차이는 주된 목적이 이윤을 만들기 위한 목적이 아니다. 이렇게 비영리조직(NPO)의 관점을 살펴보면, 이윤생성이 목적이 아니고 이윤이 발생하더라도 구성원들에게 분배하지 않고 공공목적을 지니고 있는 자치적이고 자발적인 조직이다(나란희, 2020).

2. 문화재단 재원형태

1) 공공지원의 논리

공공은 사전적 의미로는 국가나 사회의 구성원들에게 공동으로 딸려있거나 관계되는 것. 막연히 행정이라 하면 협동적인 집단 행위를 의미한다. 공공지원은 단지 재정적인 지원뿐만 아니라 문화예술에 대한 제공 등 다양한 분야의 지원을 포함한다. 공공지원은 일방적인 사업 수행으로 운영되지 않고 사회 구성원들과 합의하는 과정을 거쳐 협력적으로 이루어진다.

예술 분야에 대한 공공영역에서의 지원과 정부의 개입에 대해서는 보웬(Bowen W.G)과 보몰(Baumol, W.J)의 이론이 나오면서 이에 대한 비판과 지지가 계속해서 진행되고 있다. 보몰과 보웬은 예술 활동에 대한 정부 지원금을 합리적으로 말하는 이유는 미성년자 교육과 함께 공공재 또는 준공공재, 기회

불평등의 성격을 나타내기 때문이다.

보몰과 보웬의 "공연예술-경제적 딜레마 보고서"에 따르면 공연예술은 끊임없이 생산비용이 증가하고 있지만 생산비용에 비해 생산성이 낮아 자율시장에 맡길 수 없다고 주장한다. 공연예술의 안정적인 공급을 위해서는 공공부문의 지원이 필요하다는 것을 의미한다. 문화예술 비영리조직(NPO)과 정부 간의 관계를 살펴보면 정부의 지원이나 규제가 비영리조직(NPO)의 자율성을 침해한다. 문화예술분야에 대한 정부 지원은 표면상으로는 문화예술의 자율성과 창의성을 보장하고 발전을 도모하는 것처럼 보이지만, 비영리조직의 입장에서 보면 정부의 규제와 간섭으로 인식될 수 있다(모상근, 2011). 정부의 공공지원의 반대하는 입장에서는 정부의 간섭은 문화예술 비영리조직(NPO)의 창의성과 전문성을 저해할 수 있다는 입장이다.

또 다른 정부가 문화예술 비영리조직(NPO)에 공공지원액을 늘리면 긍정적인 성과만 있는 것은 아니다 라는 비판의 측면이 있다. 정부의 공공지원으로 고급예술을 지원하면 결국 구민들의 세금으로 그 혜택은 이를 주로 향유하는 고소득, 고학력층 등 문화예술 관련 엘리트층에 돌아가게 된다는 지적도 있다(전민정, 2011). 공공지원을 부정적으로 주장하는 의견을 들은 정부의 개입에 대한 우려와 고급예술에 대한 공공지원의 비판이 나타난 것을 알 수 있다.

2) 사회지원의 논리

사회지원은 문화예술의 가치는 공공재적 성격과 관련이 깊다. 문화예술은 준공공재라고 표현할 수 있다(권병웅·권신, 2015). 보웬과 보몰은 문화예술은 사적 재화와 공공재화가 섞인 혼합재라는 정의로 내렸다. 따라서 문화예술은 정부의 지원이 1차로 이루어진다면 시민과 기업, 사회 공동 전체의 사회지원이 함께 이루어져야 한다.

문화예술분양에서 사회지원은 정부원의 논리를 포함하여 시민, 기업, 사회까지 더 포괄적인 논리라고 할 수 있다. 따라서 문화예술에 대한 정부지원은 사회지원의 의미 중 하나이다. 반면 사회지원에서 정부지원과 상대되는 민간지원이 있다.

민간지원은 수입원을 다양하게 지원 받음으로써 지역문화재단의 재원을

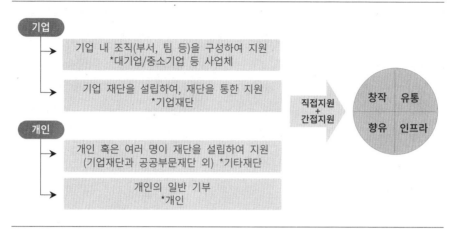

출처: 문화체육관광부 2014년 공공·민간 예술지원 실태조사

확보하는 면에서 정부의 지원보다 더 큰 안정성을 가질 수 있다. 또한 정부나 지방자치단체의 의존성을 완화시킬 수 있다. 또한 민간은 정부나 지방자치단체에 비하여 자유와 권리가 보장된다.

민간지원을 설명하자면 민간부문 지원주체에 따라 기업과 개인으로 구분하고 기업에 의한 지원은 기업에서 직접 사내에서 조직(부서, 팀 등)을 구성하여 지원하는 경우와 '기업재단을 법인형태로 설립하여 사업을 지원하는 경우로 구분한다(안성아, 2016).

문화예술은 민간과 개인 그리고 기업 후원과 기부도 사회적지원의 중요한 비중을 차지해야 한다. 헤일브런과 그레이는 사회지원에 포함한 민간지원 장점 3가지를 제사하였다.

첫째, 정부지원 외에도 민간지원까지 지원처를 다양하게 하면 건축기간 중에 정부에 비해 재원 지원 받는 것에 있어 더 안전할 수 있다.

둘째, 재원지원을 정부의 단일화가 아닌 민간지원까지 다양화함으로써 정부에서만 지원 받을 때보다 예술정책에 관련한 권한집중을 완화시키고 자유가 보장된다.

셋째, 예술단체 및 기관은 민간지원에 의존으로 지원에 대한 이해와 관심이 많다.

- 민간 지원은 정부 지원의 부정적인 측면을 극복하는 장점을 가지고 있다. 기업, 개인 등의 문화예술의 민간 지원은 문화예술에 대한 자발적인 관심과 참여를 동참하게 된다.
- 문화에 대한 정부가 지원해 줄 수 있는 것은 '공공지원' 외에 다양하게 있다. 직접적으로 정부가 재원을 지원해 줄 수도 있지만 도서 공연비, 소득공제 등으로 소비를 촉진하거나 기업이나 개인의 기부를 촉진하게 하는 간접적인 정부 지원 방법도 있다.
- 미국의 예술정책 중 조세제도를 이용한 간접 지원이 있으며 예술 관련 세금 특혜로 면제된 세금이 중앙지방 정부의 예술에 대한 직접 지원액의 3배에 이른다.
- 미국의 세제 정책을 활용한 간접 지원방식은 정부 지원과 사회 지원의 효과적인 결합으로 정의될 수 있다.

3) 재정 상황 및 구조

2004년 문화체육관광부는 지방자치단체의 문화 관련 예산 투입비율을 선진국 수준인 4%로 상향 권유하겠다고 국문회의 업무보고를 하였으며 중앙 지원예산을 활용한 인센티브제 및 매칭 펀드 제도를 통한 자발적인 협조를 유도하겠다고 계획을 세웠다. 하지만 15년이 지난 현재를 살펴보면 '지역문화재단의 재정은 목표치인 4%'에 못 미치는 상태이다.

우리나라의 모든 문화정책에서 기본적인 방향은 1945년 영국예술평의회(Art Council)를 창설하면서 채택한 팔길이 원칙(arm's length principle)이다. 이는 '지원은 하되 간섭은 하지 않는다.'라는 뜻이며 공공에서 지원은 하지만 민간 자율성을 최대한 보장한다는 취지를 담고 있다. 하지만 지역문화재단은 지자체 주도 아래 설립이 이루어졌기 때문에 행정 관리 감독이 존재하며 이에 따른 한계로 운영의 경직화, 조직의 관료화 등의 행정 법규와 통제에 따른 문제점이 발생된다.

지역문화재단의 주요 재정 출처를 살펴보면 지자체 출연금 19.97% 지자체 위탁사업비 28.14% 국비 21.17%로 총 80.28%의 비중을 차지하고 있다. 따라서 지역문화재단은 지역의 고유성과 특수성을 살려 직영체제와 장기적이고 유연한 사업운영의 초기목적에서 벗어나 국가 주요 정책사업의 대행기관이 되고 있다. 이러한 위탁 사업비 위주의 재단 재원의 운영방식은 지자체와 재단의 관계를 예산 결정권을 가진 지자체가 재단을 관리 감독하며 영향력을 행사하고 독립적인 운영을 힘들게 한다.

이는 결과적으로 재단이 지자체의 출연기관, 산하기관, 사업대행기관이라고 인식되는 가장 큰 원인이다. 이러한 문제점은 재단의 설립초기부터 예견되어 있던 것으로 출연금, 중앙진흥기금이 아닌 '재단 운용'을 위한 이자수입 및 자체수입 구조를 만들기 위해 노력해야 한다. 현재 문화예술기금의 재원 조성 총액은 약 2조 5,398억 원으로 2004년 문예기금 모금제도가 폐지되고 2003년 5,058억 원이었던 적립금은 2013년 기준으로 2,400억 원으로 감소하였고 2016년 고갈 예정이었으나 최근 관광 진흥기금과 체육 진흥기금에서 각 500억 원씩 출연하여 1,000억 원을 추가로 마련하였다. 하지만 현재까지 고정적 안정적인 수입구조는 마련되지 않은 상태로 운영되고 있다. 2013년도 문예기금 지출액은 1,233억 원이며 문화 체육관광부 총 지출액 41,723억 원의 2.9%로 나타났다.

- 문예기금 고갈은 문화예술계 유일재원이라는 오래된 인식과 안정감에 타격을 줄 수 있으며 기금형태가 아닌 다른 예산의 형태로 변형된 예산 지원의 형태는 문화예술 정책과정에 영향을 끼칠 수 있어 예술의 자율성과 독립성을 훼손할 수 있는 우려가 있다.

제2절 지역문화재단의 재정자립 현황 분석

1. 성남문화재단

1) 재원 및 기금 현황

성남문화재단을 19년도 기준으로 연간 예산 현황의 총 예산은 300억 원

●● 표 9-2 성남문화재단 2019년 수입 결산 현황(단위: 천원)

수입			
내역			비율
총계		30,164,161	100%
의존수입	출연금	24,808,297	82.5%
	기타보조금	1,242,203	4.2%
		의존수입 합계	86.7%
자체수입	대관료	1,150,039	3.8%
	공연	1,454,933	4.8%
	문화사업	949,123	3.3%
	임대료	348,566	1.4%
	기부사업	211,000	0%
		자체수입 합계	13.30%

출처: 성남문화재단 홈페이지

●● 표 9-3 성남문화재단 2018년 수입 결산 현황(단위: 천원)

수입			
내역			비율
총계		26,368,382	100%
의존수입	출연금	21,546,820	81,7%
	기타보조금	733,269	2,8%
		의존수입 합계	84.5%
자체수입	대관료	1,065,871	4%
	공연	1,435,345	5.6%
	문화사업	1,028,580	4%
	임대료	348,497	1.3%
	기부사업	210,000	0.6%
		자체수입 합계	15.5%

출처: 성남문화재단 홈페이지

이다. 이 중 출연금이 235억 원, 자체 기금 50억 원이다. 지출 현황의 인건비
는 80억 원, 경비 및 운영비는 219억 원으로 구성되어 있다.

　　18년도 연간 예산은 총 285억 원이다. 이 중 출연금은 218억 원, 자체 기
금은 52억 원이다. 지출 예산은 인건비가 78억 원, 경비 및 운영비가 206억 원
으로 구성되어 있다.

2) 수입현황 분석

[표 9-2,3]은 성남문화재단 최근 수입 결산 현황이다. 결산 현황을 살펴본 '출연금, 국고 보조금' 등이 수입의 평균 85.7%를 차지하고 있으며 '자체수입'은 평균 14.3%로 '자체수입'의 비중이 현저하게 낮다는 것을 알 수 있다.

2. 군포 문화재단

1) 재원 및 기금 현황

군포문화재단은 19년도 기준으로 연간 예산의 총 예산은 218억 원이다. 이 중 출연금은 137억 원, 자체 기금은 44억 원이다. 지출현황에서의 인건비는 64억 원, 경비 및 운영비 51억 원이다.

18년에는 연간 예산은 총 203억 원이다. 이 중 출연금은 145억 원, 자체 기금은 45억 원이다. 지출예산의 인건비는 57억 원, 경비 및 운영비 60억 원이다.

●●표 9-4 군포문화재단 2019년 수입 결산 현황(단위: 천원)

수입			
내역			비율
총계		21,790,778	100%
의존수입	출연금	13,695,293	63%
	기타보조금	3,674,098	16%
	의존수입 합계		79%
자체수입	자체사업수입	3,555,115	16.3%
	임대료수입	97,070	0.8%
	기타영업수입	759,202	3.5%
	기부금수입	10,000	0.4%
	자체수입 합계		21%

출처: 군포문화재단 홈페이지

●● 표 9-5 군포문화재단 2018년 수입 결산 현황(단위: 천원)

수입			
내역			비율
총계		20,306,227	100%
의존수입	출연금	14,483,762	71.3%
	기타보조금	1,282,844	6.3%
	의존수입 합계		77.6%
자체수입	자체사업수입	4,533,121	22.3%
	임대료수입	6,500	0.1%
	자체수입 합계		22.4%

출처: 군포문화재단 홈페이지

2) 수입현황 분석

[표 9-4,5]는 군포문화 재단의 최근 수입 결간 현황이다. 결산 현황의 출연금, 국고 보조금 수입 평균이 78%를 차지하고 있으며 자체 수입은 20%로 구성되어 있어서 '성남문화재단'에 비해서는 비중이 높지만 자체수입이 의존수입에 비해 비중이 매우 낮다. 군포문화재단 역시 기부금 수입이 19년도에 증가한 것을 알 수 있다.

제3절 재정 자립 제고 방안

1. 기부금 확충방안

재정적인 자립에 필요한 수입을 '의존수입'과 '자체수입'으로 나누었다. 의존 수입은 지자체의 출연금과 보조금으로 나뉜다. 앞서 분석한 성남문화재단의 〈표 9-2〉, 〈표 9-3〉의 자체 수입 비중의 경우, 18년에는 15.5%에서 19년에 13.3%로 2.2% 하락한 상황에서 '자체수입'에 속한 기부사업은 210,000원에서 211,000원으로 증가하였다. 비율로 봤을 때는 미미한 차이지만 기부금 수입이 증가할 수 있다는 가능성을 배제하지 않아야 된다는 것을 알 수 있다.

Chapter 09 비영리조직의 재정 175

군포문화재단 〈표 9-4〉, 〈표 9-5〉를 보면, 군포문화재단 역시 자체 수입 22.4%에서 21%로 하락하였다. 이러한 상황에서 자체 수입에서 차지하는 기부금 수입 6,500원에서 10,000원으로 증가하였고 비율적으로도 0.3% 증가하였다. 군포문화재단의 18~19년 분석지표에 따르면 기부금수입을 증가시켜 자체수입의 비중을 높여 지역문화재단의 경제력 향상 및 자체적인 재원을 확보할 수 있다는 것을 알 수 있다. 체계적인 프로그램 개발 및 사회적인 홍보를 통해 인식 개선을 통한 자체 수입에서 비중을 증가시키는 것이 중요하다. 기부금을 확충하는 방안으로 크게 비영리조직인(NPO)인 문화재단의 공공성 캠페인을 통해 기부 논리가 시민들에게 인식되는 것과 문화예술의 기부를 통한 경제적인 효과가 나타난다는 것과 사회공헌활동을 하는 민간 기업을 유치하여 문화예술에 기부를 확충하는 3가지 방안을 제시하였다.

1) 공공성 논리 제시

문화예술은 공공재로서 가치를 지니며 문화예술에 대한 공공지원 및 사회지원이 필요하다. 기부자들이 공공재 특징이 나타나는 문화예술을 사회에 지원함에 따라 지역문화재단이 문화예술의 자원을 제공한다는 기부 논리가 인식되어야 한다. 예를 들면 '광주문화재단의 문화보듬 10,000 운동'은 광주형 문화 운동으로 한 달에 만원의 기부로 광주 문화를 살릴 수 있다는 모토로 시작된 프로젝트이다. 월 1만원의 기부가 시민들에게 질 높은 문화로 돌아간다는 선순환구조 캠페인을 통해 문화예술 기부 활성화라는 공공성 논리를 통해 기부 공급자에게 인식시키고 참여를 이끌어냈다.

2) 기부의 경제적 효과

문화예술 기부가 사회적인 공공가치뿐만 아니라 경제적인 역할을 하는 외부적 효과도 있다. 양평의 생활예술 창작품 마켓인 문호리 리버마켓, 물치 비치마켓의 예를 들자면, 셀러의 수입금의 일부를 행사 진행 운영비로 기부를 하여 마켓 판매자인 40팀 이상의 셀러가 주최 주관이 되어 직접 행사를 운영한다. 이는 양평, 양양 지역의 관광산업 활성화를 촉진하고 그 자체가 경제적인 역할을 하는 외부적 효과가 있다. 지역문화재단이 주축이 되어 자율적인 기부로 운영되는 프로그램을 개발하여 해당 효과를 구체적인 수치로 나타낼 수 있는 사업을 제시하여 잠재 기부자들의 참여 촉진 및 기부금 수입의 증가로 인한 자체수입을 향상시킬 수 있도록 해야 한다.

3) 민간기업 기부 유치

민간기업의 사회공헌활동은 사회적인 책임으로 받아들여지고 있다. 기업은 사회공헌 활동이 지속가능경영의 일환으로 중요하게 다루어지고 있다.

●● 표 9-6 2018년 민간기업의 문화예술지원 규모

구분	2015년	2016년	2017년	2018년	전년 대비(%)
지원기업수	609	497	532	515	3.2
지원금액	180,523	202,581	194,312	203,954	5.0
지원건수	1,545	1,463	1,415	1,337	5.6

출처: 한국메세나협회 2018년도 연차보고서, 한국메세나협회 2018

〈표 9-6〉을 보면 문화예술지원에 관련하여 민간 기업의 지원금액 규모는 꾸준히 증가해왔다. 한국메세나협회 자료에 따르면 민간기업의 문화예술지원이 증가하고 있으며, 특히 2002~2003년에 증가율이 높아졌다. 2013년에는 지원금이 1,759억 원, 2018년에는 지원금 2,000억 원이었다. 총 515개의 기업이 1,337건의 사업을 지원하고 있다. 화성문화재단의 경우 민간 기업에게 사회공헌 활동의 일환으로 화성 아트홀 해피존과 반석 아트홀 위시존을 운영하여 소외계층을 공연에 초대하고 소외계층의 사회공헌 활동을 통해 민간 기업으로부터 기부금을 받았다. 영리조직인 민간 기업의 문화예술 활동의 사회공헌을 통해 비영리조직인 지역문화재단의 자체수입금을 향상시킬 수 있다.

지역 내 민간 기업의 사회공헌활동을 독려하고 사회공헌을 통한 민간 기업에 대한 사회적 인식 개선, 이미지 제고, 영업 실적의 개선 등 긍정적인 영향과 관련된 홍보를 통해 지역문화재단과 민간 기업의 협약으로 정기적인 기부금을 받아 비영리조직인 지역문화재단의 자체수업 중 기부금수입을 증가시키고 문화예술을 통한 사회공헌 모델을 구축하는 효과를 거둘 수 있다.

2. 민간 자본 투자유치 방안

지역문화재단의 재정적인 자립을 위해선 자체수입의 비중을 늘리는 것이 중요하다. 재정자립 현황 분석에서 보면 '지역문화재단' 20% 이하의 자체수입 비중을 차지하고 있어 단기간 내에 자체수입을 현재 수입 구조에서 증가시키는 것은 한계가 있다. 현재 수입구조 외에 민간 기업의 자본을 투자받아 자체 수입을 증진시키는 새로운 자체 수입구조를 제안한다.

1) 임대형 민간투자사업(BTL) 투자방안

임대형 민간투자사업(BTL)은 민간이 공공시설을 지어서 정부가 이를 임대해서 쓰는 민간투자방식이다.[1] 민간이 자금을 투자해서 공연장 등 공공시설을 건설하고 완공 시점에서 소유권을 정부에 이전하는 대신 일정기간 동안 정부가 시설의 사용 및 수익권한을 획득하고 정부에게 민간 시설 임대료를 받아 시설 투자비를 회수하는 형태이다. 정부가 적정 수익률을 반영하여 임대료를 민간에게 신청·지급하게 되므로 민간 기업의 수익도 보장이 되고 정부도 민간 자본을 통한 수익을 얻게 된다.

현재 생활문화센터, 예술인 창작센터 등 지역문화재단에서 운영하는 시설들은 민간 기업의 투자 없이 정부의 보조금과 지방자치단체의 출연금으로 100% 의존하여 건립되고 있다. 지역문화재단에서 예술인들과 단체들을 위해 체계적으로 목적에 맞게 시설을 건립하였지만 지자체의 관여와 위탁사업을 통해 관계없는 사업들을 추진하게 되어 재단의 자율성이 훼손되고 독립성이 낮아지기 때문에 지역문화재단의 존재 이유가 무의미해질 수 있다. 본래의 목적에 맞게 전문적이고 체계적인 문화예술 사업을 수행하고 자체수입을 증가시키기 위해서는 지역문화재단에서도 임대형 민간투자사업(BTL) 형태로 지방자치단체 출연금이나 정부의 보조금에 100% 의존하지 않고 민간 기업의 투자를 받아 문화예술 공공시설을 설립하여 적정 수익을 배분하는 형태를 추구해야 한다. 임대료를 투자한 민간에게 지급해서 민간 기업은 시설 투자비를 회수하

---

1) 임대형 민간투자사업(BTL): 문화체육관광부 임대형 민간투자사업 설명

고 지역문화재단은 자체수입을 늘리는 방안을 모색해야 한다.

2) 민간기업 명명권(네이밍 라이트 Naming Rights) 투자방안

'명명권'이란 경기장·극장·스포츠단의 등의 명칭에 기업명 또는 기업의 브랜드명을 붙일 수 있는 권리를 말한다(두산백과, 인용). 기업은 명명권을 통해 장기간 기업명(名)을 노출할 수 있으므로 문화예술을 통한 기업 이미지 제고와 긍정적인 브랜드 자산을 형성할 수 있는 기회를 갖게 된다(김원희, 2015). 국내 공연장에서 명명권이 최초로 시작되었던 것은 '세실극장'이었다. '세실극장'을 로뎀 극단이 인수한 뒤 제일화재해상보험과 13년간 계약을 맺어서 '제일화재 세실극장', '한화손보 세실극장'이라는 명칭으로 사용되었다. 블루스퀘어 내의 홀도 '삼성전자홀, 삼성카드홀'이라는 명칭으로 사용되었다.[2] 2017년부터 계약이 종료되어 인터파크홀로 명칭이 변경되었다. 수원문화재단에서 운영하는 수원 SK아트리움, 예술의 전당의 CJ 토월극장, IBK 챔버홀 등 공공 공연장 시설이 민간 기업의 명칭을 사용한 사례로 볼 수 있다. 공연장을 방문하는 방문객에게 기업에 대한 브랜드 이미지 구축 효과를 볼 수 있고 공연장은 자체수입을 늘릴 수 있다. 지역문화재단이 운영하는 공공 주요시설에 명명권을 민간기업에게 판매하여 1회성이 아니라 지속적인 후원금을 받아 자체 수입을 증가시키는 방안을 추구해야 한다.

3. 수익 다각화 사업 방안

성남문화재단 수입 결산 현황 〈표 9-2〉를 살펴보면 자체수입이 전체 수입에서 15%도 미치지 못하는 상황이다. 현재 지역문화재단의 자체수입 현황을 살펴보면 대부분 대관료, 공연, 문화사업, 임대료로 이루어지고 있는 상황이다. 이러한 상황에서 대관료나 공연 등에서 수익을 증가시키는 것은 한계가 있다. 자체수입의 비중을 늘리기 위해서는 현재 구성되고 있는 자체수입 외에

---

2) 예술경원지원센터 공연 인사이드 네이밍 스폰서십 블로그 인용 https://blog.naver.com/gokams.kopis

홍보방안, 콘텐츠개발 방안 등 다양한 방안으로 자체수입을 증가시킬 수 있도록 해야 한다.

1) 홍보 플랫폼

야구장과 극장을 보면 기업들의 광고가 방문객들에게 노출될 경우가 많다. 야구장의 경우 광고물 위치와 노출 빈도에 따라 1,000만원에서 3억 원의 광고비를 받는다. 야구장의 경우 연간 중계 시청자가 1억 4,000만 명이고 관람객은 840만 명으로 공연장에 비해 규모가 크지만 연간 광고 시장의 규모가 2014년 450억 원, 2018년 560억 원이다. 1,500석 이상의 공연장의 경우 옥외 광고가 3억 원의 가치가 있다고 엔터테이먼트에서 추정하였다. 공연장의 경우 불특정 다수가 아닌 방문객들을 연령별, 성별로 파악할 수 있다. 공연별로 타켓층에 맞춰 민간 기업의 광고 수입을 기대해 볼 수 있다.

2) 자체 콘텐츠 개발

지역문화재단 공연장의 기획공연은 기획사의 계약을 통해 주최된다. 문화재단 주관은 기획사로 이루어지며 자체적인 공연을 기획하기 보다는 기획사의 공연을 유통하는 형식이다. 보통 공연장에서 이루어지는 기획 공연은 기획사와 계약금액에 비해서 티켓 수업이 낮기 때문에 적자를 보이고 있다. 지역문화재단도 공연 유통이 아닌 자체적인 레퍼토리를 기획하여 공연 개발을 위해 노력해야 한다. 자체적인 기획을 통해 공연료 지출 없이 자체 수입을 증가시키고 더 나아가 공연 및 사업 콘텐츠를 타 지역에 유통하여 지역문화재단만의 특화 사업을 홍보 및 자체적인 유통수입을 통해 재정적으로 자립을 하는 데 기여해야 한다.

콘텐츠 개발을 통하여 콘서트 기획사와 계약을 통해 콘텐츠로 콘서트 투어를 하며 수익을 내는 경우도 있다. 이러한 사례를 지역문화재단에서도 적용·개발하여 재정적인 수익을 창출하도록 한다.

4. 사회지원 환경조성 방안

문화예술의 본질적 가치와 관련하여 러스킨과 문화경제학자들의 이론을 살펴보면 결국 예술은 공공재화로서의 사회적 가치를 지니고 사회 공도의 자산으로 사회적 지원이 필요하다고 정리한다(권신, 2015). 인간은 노동을 통해서 부를 축적하듯이 예술도 창조적인 노동이라고 러스킨은 주장하였다. 예술도 결국은 그 결과물이 사회적인 부를 형성하는 공동 자산이라고 볼 수 있다. 문화예술에 대한 사회지원은 다양한 파급 효과를 가지고 오고 그 가치가 사회적으로 필요하다는 것을 인식해야 한다.

문화예술의 비영리조직(NPO)인 지역문화재단은 영리조직에 비해 자체수입을 증가시키기 어렵다. 지역문화재단의 재정적인 자립을 위해서는 자체수입의 비중을 늘리는 것이 중요하지만 재정자립 현황에서 '지역문화재단'이 20~30% 자체수입 비중을 차지하고 있어 단기간 내에 의존 수입보다 자체수입을 더 증가시키는 데 한계가 있다. 그러므로 문화예술을 위한 전문적인 기관으로 거듭나기 위해서는 지방자치단체의 출연금에 대한 의존도를 줄이고 다양한 자본이 투입되어 의존 수입의 배분이 적절하게 이루어져야 된다. 문화재단의 재정적인 자립과 더 나아가 지자체의 간섭에서 벗어나 전문적인 지역문화재단만의 운영을 위해서는 의존 수입에서 지자체의 출연금의 비중을 줄이고 사회적으로 문화예술을 자발적으로 지원하도록 해야 한다.

1) 문화예술의 사회지원 캠페인

비영리기관 Americans for Art(AFTA)에서 '예술을 지원하는 10가지 이유'를 발표했다.

첫째, 예술은 누구에게나 차별 없이 인간의 번영을 증진한다.

둘째, 예술교육을 통해 교육에 관련한 흥미를 높이고 타 영역의 성적도 올리는 상관관계를 말한다.

셋째, 미국에서 예술분야의 생산은 다른 분야보다 높기 때문에 경제력이 있다.

넷째, 예술의 수요자들이 주변의 식사, 주차 등 예술 관련된 행사 지출비용

외에 타 지출비용을 분석하여 상권을 살릴 수 있다. 또한 예술 상품 중 작품, 영화, 음악 등으로 흑자를 기록하는 수출산업으로서 예술이 큰 역할을 한다.

이렇게 예술은 사회에서 큰 역할을 하고 있고 사회의 공공재로서 공공지원, 민간지원 등 사회지원이 필요하다. 지역문화재단에서는 지역 내의 시민들과 기업 그리고 예술인들에게 문화예술의 긍정적인 공공성을 홍보하며 문화예술에 대한 사회지원 활동이 이루어져야 한다.

2) 사회지원의 가치

문화예술을 지원해주는 후원자는 인간으로부터 시작하여 왕, 귀족, 사업자본가 등 다양한 형태로 변화되어 왔다. 현대에는 사회지원에서 정부의 역할이 중요해지고 있지만 오래전부터 인간의 역사 속에서 문화예술의 발전을 위해 후원과 지원은 사회공동 자산으로서 문화예술에 대한 인식을 바탕으로 후원자의 형태는 변했으나 사회적 지원방식에 대한 의존은 변하지 않고 그대로 유지되어 왔다.

문화예술은 다양한 외부 효과가 있고 현실적으로 가치가 있다는 것을 인식해야 한다. 지역문화재단은 문화예술에 대한 가치와 전문적인 운영을 위해 설립되었다. 문화예술 향유에 대한 파급효과를 국민들과 기업들이 인식하여 문화예술기관과 사업에 대해 투자하고 기부자들의 참여할 수 있도록 독려해야 한다. '우리가 예술을 지원해야 하는 10가지 이유'에서 문화예술의 활성화는 '지역상권', '수출', '경제' 등이 수치화 되어 구체적으로 명시되어 있다. 문화예술은 본질적으로 추상적이지만 문화예술기관과 문화예술 콘텐츠 등을 통하여 구체적인 수치로 경제적 효과가 있음을 보여주었다. 이러한 가치를 기업, 국민들이 인식하여 문화예술에 관련된 지원을 독려해야 한다.

3) 포괄적 보조금 교부

지역문화재단의 자율성을 확대하기 위한 방안으로 포괄적 보조금 방식의 교부방식 도입을 주장한다(조정윤, 2014). 이는 문화체육관광부의 다양한 사업의 지원을 받아 지역문화재단에서 포괄적인 재량을 가지고 운영할 수 있다는 것을 의미한다. 문화 나눔 사업을 예로 들자면, 중앙부처인 문화체육관광부가 포괄적으로 예산을 지원하면 지역문화재단이 주체가 되어 운영을 하는 것이다. 지역문화재단의 책임성과 재량이 인정되고 지역에서 강점으로 생각하거나 우선순위를 결정하여 지역문화재단만의 자율성이 생길 수 있다. 〈그림 9-4〉의 지원형식과 같이 기존 방식이 각 부처가 예산을 소액으로 세부사업별로 승인하여 예산을 지원한다. 지역문화재단이 집행했을 경우 포괄적 보조금의 시스템은 중앙부처가 재정을 지역문화재단에 예산을 배정하여 문화재단이 직접 세부사업을 기획하고 집행하는 구조이다. 이 시스템이 성공하기 위해서는 지역문화재단도 자율성과 권한을 가진 만큼 책임감을 갖고 객관적이고 체계적인 시스템으로 운영되어야 한다.

●● 그림 9-4 포괄 보조금 교부개념

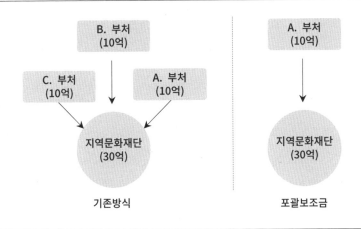

출처: 지역문화재단 재원조성 방안 연구 김세진(2015) 재구성

10 비영리조직과 시민사회

비영리조직은 독특한 개념구조로 되어 있지만 너무나도 광범위하고 다양하다. 각각의 단체들은 모두 다른 근거와 배경에서 발달하고 발생하였다. 따라서 비영리조직마다 그 기능과 역할이 다를 뿐만 아니라 국가와 시대에 따라 그 역할이 경시되기도 하고 중시되기도 한다. 여기서는 국가와 시대에 관계없이 일반적인 수준으로 요약하여 비영리조직의 기능과 역할에 대해 살펴보고자 한다.

1. 공공서비스 제공

비영리조직의 가장 커다란 역할은 공공서비스의 제공이다. 비영리조직은 정부가 위임한 각종 복지서비스를 생산하거나 정부와 기업이 제공하는 데 한계가 있는 서비스를 제공한다. 앞서 복지국가의 위기와 발달은 밀접한 관련이 있다. 복지국가가 발달함에 따라 국가가 다양한 복지서비스를 제공하는 효율적인 수단으로 인식되었으나 이것은 행정의 비효율성, 정부 재정의 한계, 서비스의 획일화, 경제성장률의 저하 등 여러 가지 문제를 노출하였다. 이때 비영리조직은 교육·복지·의료 등의 분야에서 공공서비스를 제공하는 정부의 중요한 협력 파트너가 되었다. 후자의 경우, 정부는 다수결의 원리에 따라 전국적으로 획일화된 서비스를 제공해야 하며, 기업은 이윤이 생기지 않는 분야에는 진입하지 않는다. 따라서 비영리조직은 정부와 기업이 제공하는 데 한계가 있는 학술, 종교, 문화, 자선 등의 분야에서 각종 서비스를 제공한다. 이러한 분야에는 알코올중독자, 빈민, 동성애자, 소수 인종 등 사회적 약자나 소수계층에 대한 서비스 제공과 관련이 있다. 비영리조직의 공공서비스 제공 기능은 예술과 문화 분야와 같이 고정 비용이 높은 분야나 커뮤니티에 제한된 요구를 충족하는 데도 중요한 역할을 한다. 이것은 논쟁적이고 찾지 않는 서비스를 제공하거나 새로운 서비스를 실험적으로 실시하는 중요한 수단이 되며, 정부의 혁신을 끌어내는 역할도 한다. 비영리조직은 공공서비스를 제공할 뿐만 아니라 참신한 아이디어를 가지고 공공정책을 개발하기도 하는데, 특히 선거에 의해 구성되는 정부와는 달리 사회문제 해결에 장기적인 시각을 갖는다.

2. 국가 권력과 경제 권력의 견제

계몽주의 시대 이래로 시민의 자유를 북돋워서 높이고 자유로운 기업 활동을 지탱하기 위하여 국가권력을 견제하는 것은 시민사회의 중요한 역할 중의 하나였다. 이러한 경향은 복지국가와 행정국가가 발달하여 국가의 권한이 커지게 되고, 시민참여 욕구가 확대됨에 따라 더욱 심화되었다. 오늘날 강대해진 국가권력을 견제하는 것은 시민단체의 중요한 존속 근거 중의 하나이다. 미국에서 복지개혁운동, 여성해방운동, 금주운동, 노예폐지운동, 환경운동, 민권운동은 모두 비영리 영역에서 발생했다. 한국에서도 1980년대 후반까지 민주화 운동과 최근의 각종 시민운동은 여러 종류의 비영리조직이 주도하고 있다. 이러한 시민운동은 국가권력을 상대로 공공정책의 변화를 통하여 시민의 권리를 강화 · 획득하는 것이다. 시민운동은 공공의 문제를 부각하고 공공 문제에 대한 사람의 참여를 강화하고, 동원함으로써 시민의 정치력을 강화하고 정부 개혁을 유도하게 된다. 경제 권력에 대한 감시와 비판활동은 국가권력에 대한 견제에 비해 역사는 짧지만, 기업에 대한 시민단체의 활동도 최근에 중요하게 되었다. 기업은 기본적으로 이윤 추구를 목표로 활동하기 때문에 환경 파괴, 불평등과 같은 사회적 문제를 발생시킨다. 오늘날의 시민단체는 소비자

보호, 경제정의, 환경 보호와 같은 분야에서 시민의 권리를 보호하고 기업의 이기주의를 감시하는 역할을 한다. 시민단체는 조금 더 일상생활 가까이에서 활동하기 때문에 거대한 관료제에 의해 움직이는 정부보다 효율적으로 기업의 병리를 감시할 수 있다.

3. 공공 가치의 학습과 보존

비영리조직의 중요한 이념 중의 하나는 정부에 의존적이거나 종속적이지 않고 스스로 사회문제를 해결해가는 개인 주도권의 확장이다. 시민들의 자발적 참여와 연대에 의해 사회적 문제를 함께 해결해가는 과정에서 개인 주체성이 강화되고, 자원봉사활동이 활발하게 일어나고, 자유로운 의사소통방식이 발달한다. 이것은 다원주의, 자원주의, 능동사회, 공동체사회, 언론의 자유, 개인의 자유와 같은 중요한 사회·정치적 이념을 학습하고 강화하는 역할을 한다. 또한, 시민사회 영역에서의 활발한 상호 교류와 연대는 제도화된 관계를 구축하고 상호 신뢰와 협력이라는 사회자본을 형성하여 경쟁, 이기주의, 집단 갈등과 같은 현대 사회의 문제를 극복하는 것을 용이하게 하고, 이 외에도 각종 공공의 이익을 추구하는 활동 속에서 이타주의와 공민 의식을 고양하고 리더십을 학습할 수 있게 된다(박상필, 2012). 특히, 비영리조직의 활동은 소수 인종, 여성, 소수 종교 신봉자와 같은 사회적 약자와 소수자가 리더십을 학습하고 훈련할 수 있는 기회를 제공한다. 그리고 비영리조직의 활동은 내부에 활발한 토론과 비판이 이루어지고, 상호협력하며 자율적으로 행동하는 문화가 발달하게 한다. 이 과정은 과정 자체가 정치 학습의 장으로 정치 공동체 속 자신을 인식하게 함으로써 참여민주주의를 강화시킨다.

4. 사회적 통합과 안전

비영리조직은 국가와 시장이 미치지 못하는 영역에서 사회적 약자에게 다양한 서비스를 제공하는 활동을 한다. 그리고 전통의 보존과 전승, 특수한 믿음, 비술·신비감이 체험·종교, 친목·사교·우정의 유지, 미의 추구와 레크레이션, 개인 잠재력의 발휘 등과 같은 작지만 중요한 인간적 욕구를 충족시킨다. 이 과정에서 개인의 책임과 자율성이 확장되고 소외된 인간에 대한 관심이 증가하게 된다. 이것은 우리 사회의 사회적 통합을 강화하며, 열린사회로 만든다. 또한, 활발한 토론과 연대를 통해 사회문제를 인식하고 다양한 시각을 통합함으로써 사회적 안전을 유지하도록 만든다. 독재 정권이나 공산 정권이 정보의 흐름을 차단하고 의사소통을 제한함으로써 갑자기 붕괴하는 것과는 달리, 민주주의가 각종 의견과 충돌 안에서도 존재하는 이유이다. 비영리조직은 집단 이익의 충돌과 사회적 갈등 시에 정부를 대신하여 조정·중재자로 나서 이를 해결하는 역할을 할 뿐만 아니라, 정부와 기업 내에서 일어나는 갈등에 대해서도 제3의 조정·중재자로 나서게 된다. 비영리조직은 또한 정부와 기업에 대하여 부정적인 피드백을 제공함으로 사회시스템이 한쪽으로 치우치는 것을 막는다. 사회적 약자에 대한 비영리조직의 관심은 한 국가에 한정되지 않는다.

비영리조직은 빈곤과 기아 문제를 해결하기 위한 국제 원조를 추진함으로써 국가 이기주의와 국가의 정치적 한계를 극복하는 메커니즘으로 작용한다.

제2절 한국 비영리조직의 유형

1. 한국 비영리조직의 유형

현재 한국에는 여러 유형의 민간단체들이 여러 분야에서 활동하고 있음에도 학자들 사이에서는 이들의 분류방법에 대한 의견이 분분한 상태이다. 영리를 탐구하지 않는다는 점에서 함축적 개념을 가진 NPO와 "비정부적" 활동을 하는 NGO와 같이 광의의 개념의 조직에서부터 "관변단체", "시민운동단체" 등 협의의 개념에 이르기까지 매우 다양할 뿐만 아니라, 이들 용어가 개념 정의 없이 종종 호환되어 사용되고 있다. 따라서 시민사회영역에서 활동하고 있는 다양한 민간단체들을 활동영역 및 법적 근거를 중심으로 유형화하고 그 특징을 서술하고자 한다.

(1) 비영리단체

비영리단체는 이윤추구를 대상으로 삼지 않고 각종 사회 영역에서 활동하는 준공공 및 민간단체를 포괄적으로 지칭한다. 따라서 비영리단체는 이윤동기에 의거하지 않으면서 잉여소득의 배분금지 제약을 받으며 대체로 시민의 기부 또는 수익사업을 통하여 재원을 충당하는 모든 법인 및 비법인을 포함한다. KIM에 따르면 "모든 문화예술단체, 재단, 양로시설, 연구소, 종교단체, 각종 직업협회 및 이익집단"이 이러한 비영리 부문의 범주에 속한다고 한다. 그러나 추가로 교육단체들과 대변형 조직도 이 부류에 속할 수 있다. 몇몇 학자는 국영기업이나 공기업까지 비영리 부문에 포함시키지만 여기서는 국제적인 관행에 따라 통상적으로 정부부문에 포함되는 이들 조직을 NPO의 범주에서 제외시키기로 한다. 또한 비영리단체가 매우 광범위한 의미로 사용되고 있고 반드시 면세혜택을 받는 조직을 의미하는 것은 아니라는 점이 주목받는다. 비영리단체는 조직 경영의 목적이 이윤극대화가 아니며 잉여금 배분이 금지되는 점을 특히 강조하고 있기 때문에, 정부가 재원을 지원하지만 민간이 운영하고 있는 단체들도 이 범주에 포함된다. 비영리조직들은 매우 다양한 방면에서 활동하고 있기 때문에 교육단체 및 사회서비스단체와 같이 협조적인 것에서부터 시민사회단체와 같이 국가와의 관계가 대립적인 것까지 그 관계의 양상이 다채롭다.

(2) 민간 비영리단체

많은 국가에서 비영리단체는 민간이 운영하는 조직을 의미하지만, 한국의 경우 공식적인 통계자료조차 이들 비영리단체와 준공공 단체를 종종 분류하지 못하고 있다. 이러한 이유로 민간비영리조직은 비영리조직의 하위범주로서 민간에 의해 운영되고 또한 대부분의 재원이 조달되는 자발적인 단계를 지칭한다. 따라서 민간비영리조직은 공적으로 재원이 조달되고 운영되는 조직과 구분되는 개념으로 사용한다. 나아가 국가와 비영리부문간의 제3섹터형 합작 사업들도 이 범주에 속한다. 민간비영리단체가 활동하는 방면이 다채로운 만큼이나 이들의 정부와의 관계 또한 매우 다양하나 준공공적 NPO를 제외하기 때문에 비영리조직의 경우보다는 제한적이다.

(3) 비영리법인

이미 거론하였듯이 비영리법인은 민법 제32조, 사립학교법 제10조 의료법, 사회복지사업법 등 각종 특별법에 따라 주무부서에 등록된 법인 자격을 취득한 비영리조직을 칭한다. 이에 따라 민법 제32조는 학술, 종교, 자선, 기예, 사교 기타 영리 아닌 사업을 목적으로 하는 사단 또는 대상은 주무관청의 승낙을 얻어 이를 법인으로 할 수 있다고 규정하여 비영리법인의 설립에 관한 법적 근거를 제시하고 있다. 따라서 의료법인, 공익법인, 사회복지법인, 학교법인 그리고 기타 비영리법인 등의 법인들이 존재한다. 한편 세법상의 비영리법인은 학술, 종교, 자선, 사교 기타 영리 아닌 사업을 목적으로 설립된 법인으로서 민법 제32조는 법인, 학교 법인, 특별법에 의하여 설립된 법인으로 민법 제32조의 법인과 유사한 설립목적으로 가진 법인, 법인격이 없는 사단과 재단 및 기타 단체로 정의되어 있다.

(4) 공익법인

공익법인은 공익법인의 운영, 설립에 관한 법률 및 상속세 및 증여세법 제12조에 의해 정의된 개념이다. 전자에 따르면 공익법인은 법적 근거에 따라 자서, 학문 및 학술연구를 위한 재원조성 영역에서 활동하는 연합회 및 재단을 포함한다. 정부는 공익법인의 중요한 사회적인 역할을 감안해서 엄격한 감독, 감시를 하고 있다. 반면 "상속세법"에서는 공익법인은 조세혜택과 관련하여 좀 더 포괄적인 개념으로 정의되어 "해당 관청으로부터 허가에 의해 설립된 공익을 추구하는 조기"를 의미한다. 따라서 공익법인은 비영리법인의 하위 범주로 해석할 수 있다. 또한 동법은 다음과 같은 기준점에 따라 공익법인의 패턴을 적시하고 있다. 교육법이나 사립학교법에 준거해 설립된 사립학교, 종교단체, 사회복지사업법에 의한 사회복지서비스 단체, 의료법 및 정신보건법에 근거를 둔 병원, 공익법인의 설립, 운영에 관한 법률에 의한 조직, 문화예술 조직, 공중보건 및 환경보호에 뚜렷이 이바지하는 단체, 공원 기타 공중이 무료로 이용되는 시설을 운영하는 조직, 기타 재정 경제 부령에 의해 공익법인으로 지정된 조직을 포함한다.

(5) 시민단체

한국에서 시민단체란 주로 비정부적 활동에 참여하는 자발적인 조직을 일컬으며 주로 대변형 조직을 칭한다. NGO의 정의와 가장 유사한 시민단체는 비정부적 특성을 요구하는 영역 및 대변적 특성을 요구하는 영역에서 활동을 하며 종교적 사회단체, 문화예술단체, 시민사회단체, 기타 사회서비스단체 등을 포함한다. 한편 국가에 대한 의존도가 높은 교육재단, 의료재단 등의 단체들은 이러한 정의에서 제외된다. 이와 같은 특징 때문에 통상적으로 시민단체는 국가와는 대립적이거나 경쟁적인 관계를 갖게 되나 사안에 따른 협조적 관계도 성립될 수 있다. 시민의 신문의 한국민간단체 총람에 따르며 2021년 3월 기준 행정안전부 통계에 의하면 한국에는 15,160개의 시민단체가 활동하고 있다.

(6) 시민사회단체

시민사회단체는 주로 공익을 추구하는 대변적 비정부 조직을 말한다. 이 부류에는 소비자, 생활 단체, 여성단체, 인권단체, 평화, 통일, 민족단체, 지역 사회단체, 청년단체, 법, 행정, 환경단체, 정치관련 단체, 빈민단체, 노동, 농어민 단체, 민주화 단체, 국제단체 등의 가치 및 신념에 준거해 공익적 이슈를 다루는 조직들을 포함한다. 따라서 시민단체의 활동영역은 다음을 포함하거나 여기에 국한되지는 않는다. 시민사회단체는 대기업 및 시장일반의 문제점에 대한 비판 및 대안 제시, 환경보호, 인권 및 소비자권익의 보호, 정부 견제 및 정부 비대화 억제, 교육정책의 개혁 등의 분야에서 활약하고 있다.

제3절 정부-시민사회 관계

서구에서는 20세기 후반부터 우리 사회에 혁명의 노도처럼 시민사회의 역할이 다양해지고 있다. 자본주의의 순화, 사회적 약자 지원, 과도한 국가권력의 견제, 지구문제의 공동대응, 국제원조, 대안사회 모색, 사회적 약자 지원 등 거의 전 방면에서 시민사회의 활약이 두드러지고 있다. 오늘날 인간이 지향하는 평등, 호혜, 공동체, 인권, 평화, 생태, 신뢰 등과 같은 가치는 시민사회가 가진 참여, 자율, 연대의 동학적 가치에 의해 움직이고 있다고 해도 과언이 아니다.

그런데 우리가 여기서 눈여겨 할 점은 시민사회 또는 NGO의 등장방식과 정부−시민사회 관계에 관한 역사적 고찰이다. 시민사회 또는 NGO의 대두와 연관된 중요한 질문은 NGO가 자연 발생적으로 인류사회에 출현되었는지, 또는 필요에 입각하여 NGO가 작위적으로 만들어졌는가에 관한 것인데, 이 질문의 중요성은 향후 시민사회의 역할과 연계된 각국의 관점을 이해하는 데 필수적이다. 정부와 시민사회의 관계가 국가별로 상이하게 나타나는 것은 결국 NGO의 출현방식과 연관되어 있다는 것이다. 이에 대한 고찰은 향후 한국사회에서 NGO와 정부의 바람직한 협력관계를 설정하는 데 중요한 철학적 기틀을 제고할 것으로 전망한다.

만약 NGO의 등장이 자연 발생적이라면 이는 시대성을 내포하고 있다는 의미이며, 시대성을 내포하고 있다는 것은 그 자체 이성(reason)을 지닌 독립적 역할이 있다는 것을 의미한다. 이때 우리의 관심은 NGO의 이성, 즉 NGO의 내재적 역할을 탐색하는 것이며, 동시에 NGO의 이성이 사회문화적 속박으로부터 자유로울 수 있는지를 연구해야 하는 소명을 갖게 된다. 또한 NGO의 자취는 당위적으로 정부의 역사와 함께 갈 수밖에 없을 것이고, 조명되지 않았을 뿐 NGO의 역사는 매우 오래되었을 것으로 예측할 수 있다. 유럽 각국에서 이른바 NGO 구조의 조직이 나타난 것은 매우 오랜 역사를 지니고 있다.

근대민주주의로 가정을 해본다면 정부는 시민으로부터 평가를 받는다. 이는 인위적 설립 논거에 기인되어 매우 세부적으로 특별하게 납세자 또는 유권자로부터 평가를 받는다. 평가의 주체와 관련지어 살펴보면 정부는 인위적으로 설립된 것으로 보인다. 이론적으로 보면 NGO의 평가는 해당 NGO의 설립주체와 해당 NGO에 대한 정치적 재정적 후원자들로부터 평가받아야 할 것이며, 평가의 기준은 설립목적을 달성하려 노력하고 있는지, 또는 명시된 목적을 충실히 달성했는지의 여부일 것이다. NGO가 누구로부터 평가받고 있는가를 둘러보면, NGO에 대한 해석이 명료해질 것이며, 특별히 NGO의 탄생 비밀에 대한 실마리를 도출할 수 있을 것으로 본다. 이 과정에서 정부와 NGO 간 협

력방식과 관련된 방향과 전략에 대한 논의를 진전시킬 수 있을 것이다. NGO
의 평가주체, 출현방식에 더하여 NGO가 개별 국가에서 어떤 방법으로 호칭
되고 있는지를 둘러보면 NGO에 대한 이해가 수월해질 것이다. NGO에 대한
호칭이 중요한 이유는 그것이 NGO의 특성을 보여줌과 동시에 정부와 NGO
간의 관계를 잘 설명해주기 때문이다. 후술하게 되지만, 정부와 NGO가 상호
협력 보완의 관계를 보이는 나라에서는 NGO가 주로 VO, NPO 등으로 명명된
다. 역으로 NGO와 정부가 갈등, 대립을 보이고 있는 나라에서는 대게 NGO라
고 명명되고 있다. 실제로 NPO는 유럽 등에서 자주 활용되는 용어인데, 대개
자연 발생적으로 출현한 역사를 갖고 있다. 한편 NGO는 개발도상국가에서 자
주 쓰이는 어휘로, 권위주의 정부에 저항하여 민주성을 제고하는 등 특정 목표
를 위하여 작위적으로 결성된 역사를 지니고 있다. 끝내 NGO에 대한 명칭의
다양성 측면에서 각국 케이스를 검토함으로써 궁극적으로 한국사회에서 NGO
와 정부의 협력 목표에 대한 고안을 도출할 수 있을 것으로 전망한다.

1. 정부-시민사회 관계: 영국, 프랑스, 미국

1) 영국

영국에서는 NGO라는 용어 대신 PVO(Private Voluntary Organization)이라
는 용어가 더 일반적으로 활용되고 있는데, 이는 NPO가 더 자주 사용되고 있
다는 의미로 해석될 수 있다. 주목할 만한 것은 영국에서 NGO는 진보 정부
하에서 나타난 것이 아니라는 점이며, 오히려 보수정부의 출현과 함께 활성화
되었다는 점이다. 이를테면, 대처 정부 시절 적어도 사회복지 계통에서 정부의
역할이 제약되었는데, 이는 부득이하게 공익과 형평성을 훼손시킬 가망성을
증가시킨 것으로 알려졌다. 결국 자생적으로 이른바 비영리민간단체(NPO 또는
NGO) 등이 출현하여 이 문제를 정리하였는데, 자원봉사 구성으로 정부의 역
할을 보충한 것이다. 1992년에 출판된 '개인과 공동체'라는 보고서에서 영국
보수정부는 시민사회의 역할을 요구하였는데, 중요 개요는 기업의 지역사회의
공헌, 자원봉사의 활성화 등을 이끌어내는 것이었다. 노동당의 경우, 역시

NGO의 역할을 부각하고 있는데, 1992년 출판된 보고서, '노동과 자원영역 간의 다리 놓기'에서 보다 열성적으로 NGO와 정부 간 파트너십의 정착을 부각하였다. 노동당이 보다 열성적으로 NGO와 정부의 협력관계를 부각하기는 했지만, 애당초 NGO의 역할에 대한 요구 및 시발은 역설적이게도 보수당 정부가 주도하였다. 다시 말하자면, 대처 집권 이후 이른바 신보수주의 체계에 기반을 둔 작은 정부 기조에서 정부의 역할이 여러 계통에서 현저히 줄었고, 그 공백을 NGO가 메우게 되었다는 것이다. NGO와 정부가 적절히 협력관계를 찾아내어야 함에도 불구하고 NGO와 정부가 독립적으로 역할을 해내면서 이른바 공공부문의 시장화 양상이 나타나게 되었다. 노동당 정부가 나오면서 NGO와 정부의 협력관계가 확립되었는데, 이에 정부는 NGO에 대한 재정지원의 증폭을 추진하여 시민사회의 경쟁력을 강화시켰다. 그러나 영국의 NGO는 실상 PVO의 고유성을 지니고 있으며, 향후 한국사회가 벤치마킹해야 할 부분으로 평가된다. 참작하자면 "영국의 시민사회 위치는 다양한 지표를 통하여 알 수 있는데, GDP 대비 시민사회의 비중이 6.6% 이상이며, 시민사회 고용 비중 역시 6.2%로서 주요국 평균보다 각각 2~3% 높은 수준"이다. "시민사회의 수입 구조를 살펴보면, 정부지원금이 47%, 회비44%, 사적 기부금이 9% 정도로 집계된다. 이는 주요국에 비하여 정부지원 비율이 대략 7% 정도 높은 편이어서 영국의 NGO를 정부주도 모형"이라고 할 수 있다.

2) 프랑스

프랑스 역시 1982년, 1983년 지방분권 법률의 도입에 따른 중앙정부의 역할 감축에 따른 각종 정부 서비스 감소로 인하여 부족분을 채우기 위한 방법으로 NGO가 사용된 것으로 알려져 있다. 특히 지방분권은 지방정부로 하여금 다양하고 충분한 역할을 수행하도록 요구하고 있는데, 사실은 그렇지 못하다. 미테랑 정부로 대변되는 프랑스 역시 신자유주의 기조로부터 큰 영향을 받은 것으로 파악되며, 정부역할의 축소가 곧 NGO의 활성화를 촉구하는 것으로 연결되었다. 프랑스는 역사적으로 중앙정부의 역할이 매우 강했으며, 비영리민간단체의 설립 등에 관해서도 매우 철저한 통제가 중앙정부에 의하여 이루어졌다. 영국과 다른 점은 프랑스의 경우 지방분권이 전개됨에 따라 큰 책임을 떠안게 된 지방정부가 NGO와 협력관계를 형성하여 문제를 해결하려 시도했다는 것이다. 프랑스의 지방정부들은 인력 문제와 열악한 재정 문제를 해결하기 위하여 NGO와 협력관계를 수립하고 응당 수행해야 할 공익실현의 문제에 협력적으로 대응하기 시작한 것으로 추정된다. 학자들은 이를 '상호공조'모델이라고 지칭하였으며, 향후 한국사회가 진지하게 고민해야 할 모형으로 이해된다. 참고로 "프랑스 시민사회의 규모를 살펴보면, GDP 대비 시민사회의 비중은 3.8%로서 주요국의 평균(4.6%)에 미치지 못하고 있으며, 시민사회의 고용 비중은 약 4.9%로서 주요국 평균 수준을 유지하고 있다. 그런데 자원봉사 인력을 포함하여 고용비중을 계산하면 평균(6.9%)보다 높은 9.6%로서 프랑스 사회에서 자원봉사의 역할이 주목"된다. 자원봉사의 역할이 중요하다는 것은 선진국의 공통점인데, 프랑스의 경우 상대적으로 더 중요함을 알 수 있다. "프랑스 NGO의 수입은 정부지원금이 대략 40% 정도이며, 회비 49%, 사적기부가 11% 정도로 집계"된다. 그런데 "자원봉사자를 고려할 경우 정부지원은 33%로 낮아지고 사적 기부는 47%로 증가"하는데, 이는 자원봉사자의 역할이 매우 중요하다는 것을 의미한다.

3) 미국

미국은 영국의 영향을 받아 오랫동안 자원봉사의 모습으로 NGO가 향상되어 왔는데, 전술한 바와 같이 NPO로 이해하는 것이 합리하다. 미국의 NPO는 정부의 역할이 제약된 분야 또는 정부가 해내지 못한 공적인 업무를 수행하는 데 일차적 목적이 있다. 이를테면, 1930년대에 이미 사회복지를 부각하던 시절 혼합경제의 주요성이 인식되었고, 결과적으로 정부와 비영리부문 간의 파트너십이 부각되었다. 특히 미국에서는 다른 나라와 달리 제3영역이라는 어휘가 일상화되었는데, 이는 정부와 시장의 여파가 미치지 못한 곳에 대한 인식이 속속히 확산되었음을 의미한다. 1960년대와 1970년대 '위대한 사회' 결성이 사회적으로 주목되어 부상될 때 제3영역의 급격한 증가를 체험하게 된다. 미국에서의 제3부문은 예술, 종교, 위기, 보육, 청소년, 학대, 교육, 건강, 구조 등 다양한 분야를 포함하고 있으며, 정부를 보조한다는 측면에서 NPO의 역할은 매우 중요하다. 참고로 "미국의 NGO 수입은 정부보조가 30% 정도이고, 회비 50%, 사적 기부는 약 20%를 차지"하며, 정부지원은 사업별 지원과 공정경쟁을 원칙으로 한다. 미국은 NGO와 정부 간 관계는 갖가지 다양한 형태를 가지고 있다. 정부가 수행하지 못하는 중요 국가사업(공익 구현)을 대신 수행하는 보충형, 정부가 업무를 위탁하는 용역형, 정부와 NGO가 협력할 수 있는 사례, 정부와 NGO가 경쟁하는 유형 등 다채로운 구조를 가지고 있는데, 이는 NGO의 역할이 다채롭다는 것을 의미한다. 미국에서 역시 NGO는 자연발생적으로 등장한 것으로 보이며, 결과적으로 NPO로 명명되고 있는 현상은 매우 확실해 보인다.

2. 정부-시민사회 관계 : 한국

서구와 달리 한국의 시민사회의 태동은 민족적이고 정치·사회 운동적인 정향을 가져 매우 역동적인데 그 특징이 있다. 서구의 시민사회 발전과 함께 한국에서도 시민사회는 중요한 정치 행위자로 등장한 지 오래다. 한국 시민사회의 역사는 구한말로 거슬러 올라간다. 초기 시민단체의 모습은 '만민공동회'와 1896년에 설립된 '독립협회'에서 근원을 찾을 수 있다. 이후 1903년에 '서울 YMCA'의 전신인 '황성기독교청년회'가 설립되었으며 독립운동단체였던 '신간회'는 한국 재야운동의 근원이 되었다. 하지만 이 시기 일제의 모진 억압으로 시민사회는 힘을 드러낼 수 없었으며 연이어 벌어진 태평양전쟁과 중일전쟁으로 말미암아 시민사회의 새싹은 쉽게 발아하지 못했다.

해방 후에도 사상과 이념에 따른 분열이 있었고 전쟁 이후에는 권위주의가 나타나며 NGO는 반정부단체와 관변단체로 양분되면서 이념적 색체를 유지했다. 그러나 1987년 6월 민주화로 변화된 정치구조에서 시민사회는 본질적으로나 수량적으로 급속히 증가한다. 억눌려왔던 시민의 다원화된 요구가 표출되면서 권위주의와 국가권력에 대한 개인의 자유를 주장했고 이는 정치·사회분야에서 환경·복지·여성·가정폭력·평화·인권·소수자·종교·경제정의·다문화 등 사회 전 영역에 망라되어 전국에 걸쳐 수만 개에 달할 정도로 확산되는 계기가 되었다(정태석, 2000). 2021년 3월 기준 행정안전부 통계에 의하면 한국에는 15,160단체가 현재 활동하고 있으며, 2005~2015년 등록된 시민단체에 비교하면 2005년 5,953단체, 2010년 9,603단체, 2015년 12,894단체에 비교하면 이 시간 동안 활동단체 숫자가 비약적으로 증가했다는 것을 알 수 있다.

이와 같이 시민사회의 급성장은 시민사회의 역할론과 연결되면서 한국 정치발전에 있어서 중요한 화두가 되고 있다. 그리고 시민사회의 발전에 따라 정부와 시민사회간의 협력적 프레임인 거버넌스 논의는 한국사회에도 많은 시사점을 야기하고 있다. 예컨대, 과거 권위주의 시대의 획일적 · 일방적 · 중앙집권적인 통치행위가 해체되고, 자발적으로 상호의존 협력하는 통치방식으로서 그 의미가 부각되고 있는 것이다(Rhodes 2000). 무엇보다 한국은 1987년 민주화 실행 이후 안정적인 자유선거를 통해 민주적인 절차로 권력을 이어받게 되고, 시민의 기본권이 보장되면서 시민사회의 역할이 커지고 있다. 그러나 민주화 실행 이후 20년이 흘러갔지만 아직 지배질서 속에 남아있는 구시대적인 잔재와 다원화된 사회를 향한 정부의 대응력 미숙과 정부조직과 비정부 조직 간의 갈등은 여러 사회적 갈등 현상을 만들고 있다. 이런 불균형과 대립의 환경에는 사회주의 몰락과 같은 시대적 현상과 환경적 변화라는 원인도 있지만 보다 주요하게는 새로운 통치 체계에 대한 고민이 미흡하며 다원화되고 혼잡한 사회에서의 이해관계 조율이 과거의 방식으로는 정리되지 않음을 나타낸다. 따라서 한국사회의 발전을 위해 시민사회 단체가 무조건 정부정책에 찬성 내지는 반대만을 하는 조직이 될 것이 아니라 정부, 시장과 함께 보다 미래 지향적이고 실용적인 관계를 설정할 필요성이 있다(이동수 외, 2008). 한편 이러한 시민사회의 발전과 민주화 이후에 집권한 정부에서는 정부-시민사회 관계를 재구성하는데 일정한 노력을 기울였다. 물론 각각의 시기와 정권의 성격에 따라 다르게 표출되기는 했지만 본질적으로 시민사회의 발전-가 기존의 민중운동 또는 노동운동, 학생운동을 대신할 수 있는 새로운 사회운동의 행위자라는 인식이 전파되었고 학계에서도 시민사회에 관한 다양한 학문적 접근도 영향을 미쳤다.

한국은 1987년 6월 항쟁이후 민주화가 진행되면서 시민사회가 폭발적으로 성장하였다. NGO를 비롯하여 많은 단체들이 시민사회에서 조직되었고, 시민들의 참여와 지지가 이루어졌다. 가장 대표적으로 1989년에 조직되어 정책생산과 여론형성을 주도하였던 경제정의실천시민연합의 활동을 예로 들 수 있다. 이러한 시민사회의 성장과 함께 시민사회와 NGO에 대한 연구가 크게 늘어났다. 1992년 한국사회학회와 한국정치학회가 국가와 시민사회 간의 관계에 대한 학술대회를 개최한 것을 필두로 하여(한국사회학회 · 한국정치학회, 1992), 서구 시민사회론에 대한 소개와 함께 한국 시민사회에 대한 연구가 확산되었다(박상필, 2001; 아시아시민사회운동연구원, 1998; 안병준 외, 1995; 유팔무 · 김호기, 1995; 유팔무 · 김정훈, 2001; 최장집 · 임현진, 1995). 초창기 시민사회에 관한 연구는 시민사회의 사상과 가치, 발전역사, 국가 또는 시장과의 관계, 개념틀의 구성, 시민사회단체(CSO: civil society organization) 또는 비영리단체(NPO: non profit organization)의 분류 등에 대한 것이었다. 이러한 연구들은 기존 자료를 토대로 문헌연구나 규범적 연구를 하는 것이 대부분이었다. 이후 시민사회의 세계문제 타개, 민주주의 발전, 복지서비스의 전달 등에 대한 전략적 의의에 관해 사회 정책학적 연구가 뒤를 이었다. 이러한 연구에서는 서베이, 문헌연구, 사례연구, 참여관찰, 통계분석, 인터뷰, 문헌연구 등과 같은 방법이 사용되기도 하였다. 이러한 연구가 집적되면서 2000년대에 들어와서는 시민사회역량을 객관적으로 측정하고자 하는 시도도 있었다. 가장 대표적인 것이 세계시민사회단체 연합체인 시비쿠스(CIVICUS)와 안하이어(Helmut Anheier)가 합작하여 개발한 시민사회지수(CSI: Civil SocietyIndex)이다. 물론 한국에서도 최근에 측정범주를 축소하여 시민운동의 역량을 측정하기 위한 시민운동지수(CAI: Civic Activism Index) 개발과 지역 비교연구가 이루어졌다(박상필, 2013; 2014a; 박상필 · 이민창, 2013). 시민사회를 측정하고자 하는 연구는 지표개발에 앞서 자연적으로 시민사회의 개념적 틀을 구성하고 모집단을 결정해야 한다. 이러한 연구에서는 도대체 시민사회란 무엇인가, 그리고 어디까지가 시민사회의 결사체에 속하는 견해 조율이 쉽지 않다. 예를 들자면, 사회학자는 시민사회의 운동적 측면을 부각하고 좁게 해석하는 반면, 행정학자는 정책적 측면을 부각하고 범위를 넓게 설정한다. 다음으로 시대적 변화에 따라 시민사회의 구조와 행위수단이 변한다는 것이다. 요즘은 과거에 비해 각종 비공식적인 조직이 많아졌고, 의사소통과 참여방식에서도 대면보다는 첨단 통신기술을 많이 사용하고 있다. 마지막으로 현장활동가와 연구자 간의 차이에서 발생하는 문제가 있다. 빠르게 바뀌어가고 있는 시민사회의 현상을 현장활동가들은 체감하고 있지만, 연구자들은 상대적으로 이에 둔감하다. 최근 10년간 한국 시민사회에서 일어난 주요 가치, 참여방식, 주도권, 재정충원, 의사소통, 거버넌스, 단체유형 등과 연관된 급속한 사회변화는 연구자를 당황하게 한다. 범위를 좁혀서 NGO를 중심으로 연구해보아도 한국 시민사회는 중개조직이나 중간지원조직의 등장, 보수단체의 확대, 주창활동의 상대적 위축, 단일쟁점 전문조직의 점진적 확대, 온라인단체의 증가, 풀뿌리조직과 국제협력단체의 급속한 증가, 사회적 경제와 관련된 대안사회운동 조직의 확대 등을 들 수 있다. 그러나 무엇보다도 2008년 미국산 쇠고기수입반대 촛불집회와 2014년 세월호 원인규명 시민집회를 거치면서 시민참여 방법과 조직유형에서 커다란 변화가 일어났다. 이제 한국에서 시민참여는 전통적인 결사체 외에 다양한 SNS를 통해 이루어지고 있고, 이로 인하여 체계적인 공식조직보다는 유연하고 일시적인 조직이 유행하며, 굳이 NGO라기보다는 동호회 방식을 띠거나 1인 또는 소수의 인원이 독립적으로 활동하는 단체도 많아졌다. 이 외에도 최근 물질적 성장 중심에 대한 민국 시민사회의 변화와 새로운 역할 반발이나 개인의 은둔 및 이기적 사고에 대한 반발로서 공공 시민의 양성에 대한 요구도 있다. 한편 다른 한편에서는 서구사회와는 다른 한국 사회의 이념 정립의 필요성에 대한 담론도 진행되고 있다. 나아가 아시아적 가치에 대한 재조명과 아시아의 시민사회 발전을 위한 주도권도 중요한 의제로 언급되고 있다. 이러한 변화와 토의 속에서 연구자들은 한국에서 시민사회란 무엇이며, 또한 무엇이어야 하는가에 대해 의문점을 갖게 된다. 이러한 의문점은 한국 시민사회는 서구의 시민사회와는 다른 성격을 지니고 있으며, 1990년대나 2000년대 초반에 목격했던 시민사회에 비해 최근에 많은 변화가 있었다는 것을 시사한다. 사실 시민사회는 사회를 2섹터로 구별하느냐 3섹터로 구별하느냐, 당위와 존재 중 어느 것을 부각하느냐, 그 자체로서 국가에 관해 실체적이냐 임의적이냐, 사회적·정치적·정책적 요구 중 어느 것을 우선하느냐에 따라 그 정체성과 범위가 달라진다. 또한 시민사회가 영역인가 행위자인가, 공적 영역인가 사적 영역인가, 국가에 계급적인가 초계급적인가, 협력적인가, 대항적인가 등과 같은 논쟁에서도 시민사회의 판이한 모습을 보게 된다. 이 글은 한국 시민사회를 연구하는 절차에서 부딪히게 되는 시민사회의 개념틀 형성과 연관하여, 최근 일어난 한국 시민사회의 변화를 탐색하고 시민사회가 향해야 할 역할과 방향에 대해 연구하고자 한다. 이를 위해 먼저 서구 시민사회의 형성과 성격을 알아보고, 이에 대비하여 한국 시민사회의 형성과 성장 과정에 대해 간략하게 살펴볼 것이다.

1. 서양의 시민사회

1) 서양의 시민사회의 형성

서양의 시민사회는 고대 그리스의 폴리스에 바탕을 둔다. 폴리스의 본질을 표현한다면 '공공생활의 모든 영역인 공적인 것'이라고 정의할 수 있다. 공적인 것은 개인과 가정·직계가족을 뜻하는 사적인 것과 비교된다. 이때 폴리스는 개인의 집합체라기보다는 행정·경제·종교 등 폴리스 안에서 균형을 유지하는 각종 결사체를 포괄하는 최상위의 결사체라는 위상을 가지고 있었다.

따라서 그때에도 이미 다양한 결사체가 있었다. 그 후 중세시대 말기에 봉건제도가 붕괴되기 시작하면서 사회라는 공간이 생기고, 여기에 직업조직을 비롯하여 종교단체, 문화단체, 협동조합 등이 발생하여 각자의 이념과 목표를 추구하였다. 그럼에도 시민사회가 근대정신을 대변하는 현상인 것은 부정할 수 없다. 우리가 이야기하는 시민사회란 것이 서구사회에서 발생되었고, 한때 서구사회의 전유물로 취급했던 것도 이러한 명목 때문이다.

서구의 근대는 본질적으로 중세시대의 획일적이고 종교적인 사고방식에서 벗어나 인간의 이성과 합리성을 일깨워 과학기술을 발전시키고 물질적 풍요를 완수하는 것이 핵심이었다. 하지만 이러한 목표는 국가 없는 자연 상태에서 달성할 수 없었기 때문에 근대는 필연적으로 국민국가의 등장을 요청하게 되었다. 그리고 과학기술에 근거한 물질적 성장은 자본주의 발전을 촉진하였고, 자본주의에 내재된 소유권 제도는 개인의 자기 권리에 관한 인식을 갖도록 만들었다. 국민국가와 자본주의 제도 안에서 자의식을 가진 개인은 국가에 저항하고 자신의 자유로운 경제활동과 부의 축적을 주장하였다.

이러한 과정에서 국가와 시장 바깥에 각종 결사체가 나타나고, 다양한 결사체는 상호 연대와 공론장의 형성을 통해 국가에 저항하였다. 이것이 바로 서구 시민사회가 등장하는 계기이다. 물론 근대 초기 이러한 현상은 서구사회에서도 국가마다 다를 뿐만 아니라, 보편적인 현상이라기보다 사회의 한 부분에 불과하였다. 그러나 계몽철학이 주 사상으로 정착하여 근대가 전면적으로 형성된 18세기 후반에는 서구사회의 보편적인 사회현상으로 된다.

2) 서양의 시민사회의 성격

서구사회에서 15세기 전후 이탈리아를 중심으로 한 르네상스 이후, 인간과 세계를 재구성하고자 하는 근대정신은 종교개혁, 정치혁명, 경제혁명을 추동하였다. 먼저 16세기 독일을 중심으로 일어난 종교개혁은 로마 가톨릭교회의 권위에 저항한 것으로서, 귀족을 넘어 일반인의 각성을 촉구하는 결과를 가져왔다. 그리고 17세기에 영국을 필두로 하여 이후 프랑스와 다른 국가들로 확장된 정치혁명은 국가의 권력에 저항하여 개인의 자유를 확대하는 과정이었다. 또한 18세기에 영국과 미국에서 시작된 산업혁명은 자유시장의 탄생과 부르주아의 등장을 초래하였고, 이것은 유럽의 다른 국가로 영향을 미쳤다. 이런 점에서 근대적 부산물로서 서구 시민사회는 기본적으로 법치주의에 의거하여 개인주의를 확립하고 경제적 권리를 보호하는 것에 초점이 맞추어져 있었다. 서구 시민사회는 초기에는 토호세력이나 교회, 이후에는 국가로부터 개인의 자유를 보호하는 것이 주된 관심사였다. 개인의 자유 중에서도 사유재산을 보호하고 자유로운 경제활동을 하는 것이 급선무였기 때문이다. 이러한 점에서 서구의 시민사회는 시작부터 경제적 성격이 강하였고, 아래로부터의 요구에 의해 수립되었다. 서구 시민사회를 규정하는 자유주의는 기본적으로 작은 국가를 추구한다. 서구에서 경찰국가와 자유방임주의를 강조한 것도 이런 이유 때문이다. 그러나 이런 상황은 19세기 말부터 변하기 시작하여 제2차 세계대전 이후 크게 변질된다. 국가는 엄청난 물자와 인력을 동원하여 전쟁에 투입하였고, 경제위기를 극복하기 위해 적극적인 역할을 수행하였다. 전쟁이 끝나고 국가는 전쟁참여의 대가를 지불하고 전쟁의 폐해를 해결하지 않을 수 없었다. 이러한 이유로 전쟁 이후 서구에서 복지국가가 등장하게 되었다. 물론 서구 복지국가의 발달은 민주주의 발달을 토대로 한 좌파정당의 결성, 노동자계급의 조직화, 자본주의체제의 집단주의의 성장에 따른 조합주의의 발달에 기초한 것이기도 하다. 이렇게 본다면 1950년대와 1960년대 서구 복지국가 황금기에 시민사회는 노동조합과 정당을 중심으로 하는 제도의 일부로 작동하였다. 물론 1968년 5월 혁명에서 보듯이, 국가권위에 대항하여 시민적 자유와 주도권에 대한 요구도 만만치 않았다. 또한 국제원조·평화·반핵·환경 등과 같은 사회운동도 이 시기에 이미 나타나고 있었다. 1970년대에 들어와 포드주의 축적체제의 황금기가 끝나감에 따라 생산성 증가율이 둔화되고 정부의 재정압박이 강화되었고, 이와 더불어 세계화의 확대로 국민국가 체제에 틈이 생기자 복지국가위기가 찾아왔다. 이후 세계화의 급속한 진행과 함께 신자유주의가 새로운 정치경제이념으로 대두됨에 따라 국가의 역할은 줄어들고, 시장의 역할이 강조되었다. 이에 따라 서구 시민사회에서는 세계화의 문제와 시장주의에 관한 비판이 강화되었다. 또한 탈근대적 사회구조가 강화됨에 따라 소유권을 넘어 새로운 생활양식으로 향하며 탈물질적 가치에 대한 욕구도 증가하였다. 잉글하트(Ronald Inglehart)의 지적처럼, 이것은 정치참여와 자아실현을 추구하는 신사회운동(newsocial movement)의 발생을 초래하였다(Inglehart, 1977). 그리고 멜루치(Alberto Melucci)의 지적처럼, 이러한 사회구조의 변화는 사적 영역의 축소와 공적 영역의 확대를 가져왔고, 성, 문화, 사회적 관계, 개인의 정체성 등이 사람들의 공통된 관심으로 등장하게 되었다(Melucci,1980; 1989). 이러한 현상으로 국제원조활동, 여성운동, 평화운동, 문화운동, 환경운동 등이 활성화되어 시민사회의 역동성이 증가하게 되었다. 2008년 미국 금융위기를 시점으로 하여 신자유주의가 한풀 꺾이며 주춤하기는 했지만, 여전히 서구사회에서 신자유주의는 강하게 움직이고 있다. 그럼에도 다각적이고 다채로운 사회 속에서 자기정체성에 대한 욕구와 개인의 문화적 욕구는 시민사회의 각종 활동에서 충족되고 있다. 동양의 상징처럼 대변되었던 영성운동이 활발해지고, 다양한 공동체 생활도 확대되고 있다. "사회적 경제와 같은 대안적 자본주의 경제체제도 활발하게 운영되고 있다. 이러한 과정에서 시민사회는 새로운 정체성을 부여받고 있는데, 그러한 변화 원인 중의 하나가 바로 거버넌스(governance)의 확대"라고 할 수 있다. 구체적으로 관료조직을 넘어 복합조직의 구성을 통해 권한과 책임을 공유하는 의사결정체계의 형성까지는 아니라고 하더라도, 하버마스의 지적처럼 국가와 사회의 경계가 완화되고 국가에 의한 시민사회의 지원, 시민사회에 의한 국가기능의 대체와 같은 변증법적 발전이 일어나고 있다(Habermas, 1989: 141-151). 이처럼 현대사회에서 서구 시민사회는 자유주의를 넘어 종합적인 기능을 수행하며, 국가와 시장에 관해서도 다양한 관계를 형성하고 있다.

2. 한국의 시민사회

1) 한국 시민사회의 형성

서구와 달리 한국의 시민사회 태동은 민족적이고 정치·사회 운동적인 정향을 가져 매우 역동적인데 그 특징이 있다. 서구의 시민사회 발전과 함께 한국에서도 시민사회는 중요한 정치 행위자로 등장한 지 오래다. 한국 시민사회의 역사는 구한말로 거슬러 올라간다. 초기 시민단체의 전범은 만민공동회와 1896년에 만들어진 독립협회부터 연원을 찾을 수 있다. 이후 1903년에 서울 YMCA의 전신인 황성기독교청년회가 발족되었으며 독립운동단체였던 신간회는 한국 재야운동의 뿌리가 되었다. 하지만 이 시기 일제의 혹독한 탄압으로 시민사회는 힘을 드러낼 수 없었으며 연이어 벌어진 태평양전쟁과 중일전쟁으로 인해 시민사회의 싹은 쉽게 싹트지 못했다. 해방 후에도 사상과 이념에 따른 시민사회의 분열과 전쟁 이후에 등장하는 권위주의로 인해 NGO가 반정부단체와 관변단체로 양분되면서 이념적인 색체를 유지했다. 그러나 1987년 6월 민주화로 전환된 정치구조에서 시민사회는 질적으로나 양적으로 급속히 늘어난다. 억눌려왔던 시민의 다원화된 요구가 표출되면서 권위주의와 국가권력에 대한 개인의 자유를 주장했고 이는 정치·사회분야에서 환경·복지·여성·가정폭력·평화·인권·소수자·종교·경제정의·다문화 등 사회 전 영역에 망라되어 전국에 걸쳐 수만 개에 달할 정도로 확산되는 계기가 되었다(정태석, 2000).

이와 같은 시민사회의 급성장은 시민사회의 역할론과 연결되면서 한국 정치발전에 있어서 중요한 화두가 되고 있다. 그리고 시민사회의 성장에 따라 정부와 시민사회간의 협력적 프레임인 거버넌스의 논의는 한국사회에 많은 시사점을 야기하고 있다. 예컨대, 과거 권위주의 시대의 획일적·일방적·중앙집권적인 통치행위가 해체되고, 자발적으로 상호의존 협력하는 통치방식으로서 그 의미가 부각되고 있는 것이다(Rhodes, 2000). 무엇보다 한국은 1987년 민주화 실행 이후 안정적인 자유선거를 통해 민주적인 절차로 권력을 이어받고, 시민의 기본권이 확보되면서 시민사회의 역할이 증가하고 있다. 그러나 민주화 실행 이후 20년이 지나갔지만 아직도 지배질서 속에 남아있는 구시대적인 잔재와 다원화된 사회에 대한 정부의 대응력 미숙, 비정부조직과 정부조직 간의 갈등은 여러 사회적 갈등 양상을 자아내고 있다. 이런 부조화와 갈등의 환경에는 사회주의 몰락과 같은 시대적이고 환경적 변화라는 원인과 새로운 통치의 질서 확립에 대한 고민이 부족하며 다원화되고 혼잡한 사회에서의 이해관계 조율이 과거의 방법으로는 해결되지 않음을 뜻한다. 따라서 한국사회의 발전을 위해 시민사회 단체가 무조건 정부정책에 찬성 내지는 반대만을 하는 조직이 될 것이 아니라 정부, 시장과 함께 보다 미래 지향적이고 실용적인 관계를 설정할 필요성이 있다(이동수 외, 2008).

2) 한국 시민사회의 발전

1987년 이전에도 흥사단, 공해문제연구소, YWCA 등과 같은 NGO가 활동하고 있었지만, 1987년 6월 항쟁 이후 1989년 경실련의 출범과 역할은 한국 시민사회의 정치적 특색을 보여준다. 경실련은 정책제안과 국가권력에 대한 견제를 통해 시민적 지지를 얻으며 광범위한 영향력을 행사하였다. 사실 노태우 정부 말기와 김영삼 정부 초기에 금융실명제의 실시, 토지공개념의 도입, 고위공무원 재산등록, 한국은행의 독립, 국가안전기획부의 개혁, 지방자치제의 실시, 정치개혁 등 수많은 정책들은 대부분 경실련이라고 하는 하나의 NGO에서 나왔다(박상필, 2001: 230–34). 국가권력을 억누르는 시민사회의 역할은

2000년 총선시민연대의 국회의원 낙선운동에서 고점을 찍으면서 점차 기울고 있으나, 정당이 제 임무를 수행하지 못하는 상황에서 '대의의 대행'이라는 한국 시민사회의 역할은 정도의 차이는 있을 순 있지만 오늘날까지 진행되고 있다. 물론 재벌가를 중심으로 모여 대기업의 비중이 큰 한국에서는 기업에 대한 시민사회의 견제역할 또한 강할 수밖에 없다. 1987년 6월 항쟁 이후 민주주의의 발전과 국가의 민주화가 주된 과제였고, 이러한 과제의 해결이 상당부분 시민사회에게 넘겨졌다는 점에서 시민사회의 정치적 역할이 중요하였다. 경제성장과 정치적 발전이 계속 이루어지고 있는 상황에서 개인들의 삶의 질 증대를 향한 관심은 늘어날 수밖에 없는 것이다. 그럼에도 아직 한국의 공공복지는 매우 열악하다. 2010년까지만 해도 공공복지 지출이 GDP의 10%를 넘지 않았던 복지 빈국의 처지에서 많은 복지서비스를 시민사회에서 생산하지 않을 수 없었다. 이런 역할은 한국 NGO의 활동영역 변화에서도 나타난다. 2005년으로 기점으로 하여 복지서비스 생산 NGO가 주창활동 NGO를 능가하였다. 실제로 한국에서는 다양한 복지서비스가 NGO를 비롯하여 학교, 비영리병원, 복지관, 종교단체 등에서 이루어지고 있다. 다양한 기관에 대해 정부의 지원이 이루어지고 있지만, 일정한 비용은 회비, 기부금, 서비스요금으로 시민사회에서 충당되고 있다. 한국 시민사회의 발전 과정은 정권의 변화에 따라 역동성, 주도권, 거버넌스, 신뢰 등에서 커다란 변화가 생긴다는 독특한 특성이 있다.

3) 한국 시민사회의 전망

이제 시민들은 더 이상 지도자나 조직에 의해 '지도를 수용하는' 존재로 남아 있지 않은 가운데, '저항'의 흐름은 권력에 대해 어떻게 대항하며 주기적으로 폭발하는 저항의 힘을 어떻게 일상적인 혁신의 힘으로 이어갈 수 있을지에 대한 고민이 필요하다. 더구나 그동안 시민사회가 이어온 시도들이 (지방)정부에 의해 정책으로 채택되는 제도화의 흐름 속에, '호혜'의 흐름은 시민사회 주체들이 정부의 '하위기관'처럼 되는 것, '자율'과 '문제해결'의 흐름의 경우는 정부가 해야 할 일에 시민사회의 주체들이 '활용'되고 자율성이 방해되는 것에 대한 우려들을 안고 있다. 이제 이 고민을 해결하고, 남은 여정을 준비하기 위한 시간이 필요한 시기이다. 여기서 향후 시민사회의 과제에 대한 화두들을 '주도성', '자기혁신', '자산'라는 키워드로 짚어 보고자 한다.

(1) 시민사회의 주도성

시민사회는 시장과 정부가 보유한 자본과 권력의 질서를 견제하는 사회의 '균형추'는 여정을 위한 역할을 수행한다. 이와 관련되어 한국 시민사회는 민주화에 앞장서며, 시민운동을 중심으로 경제개혁, 정치개혁의 성과를 이끌어냈다. 하지만 2000년대 후반 보수적인 정권이 들어서면서 정부에 영향력을 행사하는 개혁활동은 많은 부분 동력을 상실했고, 활동방식이 시민들의 일상적인 삶과 활동으로부터 '괴리'되어 있다는 반성도 나왔다. 이러한 과정 속에서 시민사회의 대항적 활동은 '촛불집회'와 같은 심각한 정치적 문제가 불거질 때마다 간헐적으로 폭발하는 양상으로 환원하는 듯하다. '호혜'의 흐름은 참여하는 주체들의 헌신적인 노력으로 시민들에게 많은 도움을 제공해 왔지만, 그것은 늘 시장이나 정부를 '보완'하는 의미를 넘어서지 못하고 있다. '자율'의 흐름은 사회가 관료제와 시장경쟁의 논리로 치우칠 때마다 희망적인 대안을 시도하고 제시해 왔지만, 그것의 사회적 확산에 있어서 다소 '고립'된 양상을 보여 왔다. '문제해결'의 흐름 역시 복잡한 문제들을 해결하기 위한 신선한 대안들을 제시하고 있지만, 문제의 근원이 되는 조건이나 구조를 바꾸는 일에는 상대적으로 관심을 쏟지 않는 양상이다. 최근 들어 시민사회는 현대사회가 마주친 복잡하고 다양한 문제들을 해결하는 데 중요한 역할을 수행할 영역 또는 주체로 얘기되지만, 어디까지나 시장이나 정부가 중심이며 시민사회는 주변적인 위상이 부여되고 있다. 이러한 관점은 시민사회 주체들의 바람과 논의로부터 시작한 것이라기보다는 정부나 시장영역의 주체들 또는 그들의 입장을 대표하는 논객들에 의해 구성된 것이다. 1990년대 말 영국 노동당 정부의 새로운 정책방향인 '제3의 길'의 핵심은 향후 사회문제의 해결에 있어서 시민사회에 적극적인 역할을 부여한다는 것이며, 이를 위해 정부와 시장, 그리고 시민사회의 균형 있는 발전을 정책목표로 제시한 바 있다. 하지만 현재 한국 시민사회에는 점점 더 많은 역할이 부여되고 있지만, 그에 걸맞은 권한과 위상은 설정되지 않고 있다. 우선은 시민사회에 관한 담론이 사회적으로 주류화될 수 있도록 해야 한다. 여기에는 양성평등의 가치실현을 위해 여성운동을 중심으로 추진됐던 성주류화의 경험이 참고가 될 수 있다. 무엇보다 시민사회에 관한 담론이 정부나 시장이 아닌 시민사회의 관점에서 형성될 수 있도록 시민사회에서 활동하는 주체들의 주도적인 노력이 필요하다. 아울러 실천의 과정에 있어서 단지 '좋은 일, 옳은 일'을 한다는 인식을 넘어, 시민사회의 '주도성'을 높이기 위한 방안의 모색이 필요하다.

(2) 시민사회의 자기혁신

시민사회는 자기혁신을 통해 한국 시민사회가 발전할 수 있도록 기여할 수 있도록 노력해야 한다. 그동안 시민사회운동은 전문화되고 소송, 노동, 환경, 정책제안 등 전반적인 영역에서 시민사회가 할 수 있는 다양한 활동들을 해왔다. 이처럼 시민사회운동은 일시적인 활동이 아니라 장기적인 시야로 바라보며 끊임없이 혁신해 나아가야 한다. 시민운동은 시민들의 강한 지지에서 나온다. 시민운동은 오프라인 활동에서는 강한 모습을 보이나, 온라인 활동에서는 기대에 미치지 못하는 모습을 보인다. 온라인 시민운동이 전개되는 과정에서 정보력과 온라인 소통의 잠재력을 시민운동 참여자들이 충분히 활용하지 못하고 있는 모습을 보여준다. 이러한 모습에서 시민단체들은 대안제시 능력, 전문성 등을 바탕으로 온라인에서도 시민운동이 결집할 수 있도록 온라인 활동에도 집중해야 한다.

그리고 국내의 문제뿐만 아니라 환경문제, 세계화, 다양성, 세계시장 등 여러 문제들을 고려하여 국내에서 한정된 민족적 틀에서 벗어나 범지구적 시야에서 문제들을 바라보며 다루어야 할 필요가 있다.

(3) 시민사회의 자산

시민사회에 점차 부여되는 사회적 역할을 시민사회 주체들이 잘 수행하기 위해서는 충분한 자산 역시 빼놓을 수 없다. 시민사회는 늘 자원의 부족을 겪고 있다. 초창기 시민사회는 해외 국가와 시민사회의 원조, 그리고 독지가들의 지원을 토대로 자원을 형성해왔지만 해외원조가 중단되고, 시민들의 기부 및 단체참여 문화가 발달하지 않은 상태에서 많은 시민사회단체들은 만성적인 재정난에 시달려 왔다. 물론 시민사회로 흘러드는 자원의 절대량은 확충돼 왔지만, 폭발적으로 증가하는 단체와 그들의 활동규모에 비하면 매우 부족한 것이 현실이다. 또한 자원이 많은 부분 규모와 활동력을 갖춘 일부 단체들에 쏠리는 이른바 '양극화' 현상으로 대다수의 작고 새롭게 생겨나는 단체들의 재정적 어려움은 해소되지 않고 있다. 이러한 상황에 숨통을 틔운 것이 시민사회 공익활동에 대한 정부의 재정지원이었다. 하지만 단체들의 자율성 침해와 활동의 제도화라는 우려와 비판이 따르고 있다. 심지어 단체들의 공익활동에 대한 지원이 정부의 '시혜'로 이해되는 경우도 많다. 이와 관련해 시민사회 주체들은 근본적 가치인 자율성을 지키기 위해 정부의 지원을 받지 않고 시민들의 기부나 회비로만 운영해야 한다는 논리는 현실성이 없어 보인다. 서구에서도 단체들의 무조건적인 독립성은 '신화'에 가깝다는 논리가 설득력을 얻고 있고, 실제 단체들에 대한 지원규모도 꾸준히 증가하고 있다. 향후 시민사회 주체들의 공공재정 사용에 관한 담론도 갱신될 필요가 있다. 공공의 문제 해결에는 정부도, 시장도, 그리고 시민사회도 나설 수 있는 것으로, 시민사회 주체들의 공공재정 사용은 정당성을 지닐 수 있다. 또한, 공공재정의 원천인 세금 역시 시민들이 납부하는 것이다. 문제는 시민사회 주체들이 공공재정을 정부의 입김에 영향을 받지 않으면서도, 책임성 있게 사용할 수 있는 합리적인 방식을 찾는 데 있다. 나아가 시민사회 고유의 자산을 형성하려는 방안도 모색할 필요가 있다. 이와 관련해 전통적인 기부와 회비 외에도 다양한 방식들이 실험되고 있다. 토지나 건축물과 같은 공공 사유자산의 공동신탁을 통해 시민사회 주체들이 활용할 수 있게 한다거나, 시민사회 주체들이 영리사업을 벌이고 그 수익금을 시민사회 공익활동에 투자하는 방안도 생각해 볼 수 있다. 후자와 관련해서는 영국의 공동체 이익회사(Community Interest Company, CIC) 제도가 참고될 수 있다. 시민사회 고유의 자산을 형성하는 것은 그것의 자율성을 지키며, 좋은 인재들의 유입을 촉진함으로써 활동역량의 증진으로 이어질 수도 있다. 나아가 시민사회 자체가 시장경제와 공공경제와 견줄 만한 독자적인 경제생태계로 발전할 수도 있다. 이와 관련해 제러미 리프킨의 다음과 같은 전망은 우리의 상상력을 자극한다. "미래에는 제3섹터(시민사회)가 정부나 시장 영역보다 더 많은 고용을 창출할 것이다."

11 비영리조직 국제개발

1. 국제개발협력의 정의

1) 공적개발원조(ODA; Official Development Assistance)

공적개발원조(ODA)란 정부를 비롯한 공공기관이 개발도상국의 경제발전과 사회복지 증진을 목표로 제공하는 원조를 의미하며, 개발도상국 정부 및 지역, 또는 국제기구에 제공되는 자금이나 기술협력을 포함하는 개념으로 정의할 수 있다. 이와 같은 ODA의 정의는 경제협력개발기구 개발원조위원회(OECD DAC; Organization for Economic Cooperation and Development, Development Assistance Committee)가 1961년 출범한 이후 통일되어 사용되고 있다.

2) 국제개발협력(International Development Cooperation)

국제개발협력이란 선진국과 개발도상국 간, 개발도상국 상호 간, 개발도상국 국내에서 발생하는 개발 격차를 줄이고 개발도상국의 빈곤과 불평등을 해소하여 개발도상국의 사람들이 세계인권선언이 주창한 천부적 인권을 누릴 수 있도록 하기 위한 국제사회의 구체적인 노력과 행위를 국제개발협력(International Development Cooperation), 또는 줄여서 개발 협력(Development Cooperation)이라고 한다. 그런데 개발도상국들이 당면한 개발 격차, 빈곤과 불평등은 해당 개발도상국은 물론 국제사회 전반의 정치, 경제, 사회, 문화, 역사적 요인 등에 기인하므로 단기간에 해소될 수 있는 성질의 것은 아니다. 따라서 국제개발협력은 개발도상국들의 개발을 저해하는 제반 시스템을 중장기적 관점에서 개선할 수 있도록 추진되어야 한다(KOICA ODA 교육원, 2016).

3) 공적개발원조(Official Development Assistance, ODA)의 체계

지원방법	지원형태	지원방법	내 용
양자간 협력	무상원조	증여, 기술협력, 프로젝트원조, 식량원조, 긴급재난구호, NGOs 지원	법적 채무를 동반하지 않는 현금 또는 현물의 이전으로 공여된 원조자금에 대해 수원국의 상환의무가 없는 원조
	유상원조	양허성 공공차관	법적 채무를 동반하는 현금 또는 현물의 이전으로 공여된 원조자금에 대한 수원국의 상환의무가 있는 원조
다자간 협력	-	국제기구 분담금 및 출자금	여러 공여국들이 세계은행(World Bank)과 유엔개발계획(UNDP)같은 국제기구를 통해 출자금, 양허성 차관을 수원국에게 지원하는 간접 원조 방식

2. 국제개발협력의 목적

1) 빈곤퇴치

개발 원조를 핵심으로 하는 국제개발협력의 가장 보편적인 목적은 개발도상국의 빈곤문제 해결이라 할 수 있다. 공여국이나 기관에 따라서는 빈곤감소 외에도 경제성장, 민주주의 확산, 평화와 안정 유지, 지속가능한 개발과 같은 다양한 상위목적을 가지고 개발협력 활동을 수행한다. 그러나 가장 많은 공여국이 채택하고 있는 목적은 빈곤감소이며, 빈곤퇴치는 경제, 사회, 정치, 안보, 환경 측면 개발이 다각적으로 이루어져야 달성될 수 있다는 면에서 위와 같은 목적들은 서로의 달성에 긍정적인 영향을 미친다고 할 수 있다.

2) 새천년개발목표(MDGs : Millennium Development Goals)

2000년 UN총회에서 189개국이 채택한 새천년개발목표(MDGs: Millennium Development Goals)는 국제적으로 가장 널리 합의된 개발협력 목표로서, 절대빈곤과 기아퇴치, 보편적 초등교육 달성, 남녀평등 및 여성권익 향상, 아동사망률 감소, 모자보건 향상, HIV/AIDS와 말라리아 및 기타 각종 질병 퇴치, 지속가능한 환경보전, 개발을 위한 범지구적 파트너십 구축 등 8개의 목표와 21개의 세부목표를 제시하고 있다.

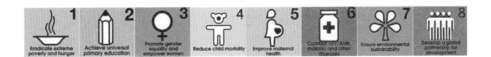

3) 지속가능개발목표(SDGs : Sustainable Development Goals)

지속가능개발목표(SDGs)는 MDGs의 후속의제로서, 2016~2030년까지 세계가 빈곤 종식을 위한 대대적인 노력을 촉구하고자 설정한 발전 계획을 의미한다. 2015년 9월 유엔총회에서 MDG 이후의 새로운 개발 목표인 SDGs가 채택되었으며, 지속가능개발목표는 17개의 목표와 169개의 세부목표를 담고 있다.

1. OECD DAC 회원국

OECD에 속해 있는 개발원조위원회(Development Assistance Committee, DAC)는 공적개발원조 공여국들의 대표적인 협의체로서 30개 회원으로 구성되어 있다. 2016년 DAC 회원국 전체 ODA 규모는 명목상 1,426억 달러이다. GNI(국민총소득, Gross National Income)대비 ODA비율은 평균 0.32%이며, 유엔이 제시한 ODA 목표치인 GNI대비 0.7%를 넘어서는 회원국은 노르웨이, 룩셈부르크, 스웨덴, 덴마크이다. DAC 회원국 중 ODA 지원규모 상위 5개국은 미국(335억 달러), 영국(180억 달러), 독일(246억 달러), 일본(103억 달러), 프랑스(95억 달러) 순이다. DAC회원국들은 매년 ODA 실적을 DAC에 보고하여 회원국 전체의 ODA 실적을 집계하고 있다. DAC은 ODA 실적파악 외에도 ODA의 효과성을 제고하기 위하여 ODA의 양적확대와 질적 제고를 위한 다양한 노력을 기울이고 있다.

2. DAC 회원국들의 가입연도

연도	가입국	국가 수
1961년 (창립연도)	벨기에, 캐나다, 프랑스, 독일, 이탈리아, 일본, 네덜란드, 포르투갈, 영국, 미국, EU	11개국
1960년대	노르웨이(1962), 덴마크(1963), 스웨덴(1965), 오스트리아(1965), 호주(1966), 스위스(1968)	6개국
1970년대	뉴질랜드(1973), 핀란드(1975)	2개국
1980년대	아일랜드(1985)	1개국
1990년대	포르투갈(1991), 스페인(1991), 룩셈부르크(1992), 그리스(1999)	4개국
2000년대 이후	한국(2010), 체코공화국(2013), 아이슬란드(2013), 폴란드(2013), 슬로바키아(2013), 슬로베니아(2013), 헝가리(2016)	7개국

* 포르투갈은 1960년 DAC 가입 후 1974년에 탈퇴, 1991년 재가입

3. DAC 회원국 지원현황

DAC 회원국별 ODA 순지출액(Net Disbursement)으로 볼 때 미국은 2019년 330억 달러 가량을 원조한 최대 공여국이다. 다음으로는 241억 달러 가량의 원조 규모를 기록한 독일, 영국, 일본, 프랑스 순으로 원조를 제공하였다. 한국의 원조규모는 2019년 기준 25억 달러로, 29개(EU 제외, EU포함 30개) DAC 회원국 중 15위에 위치해 세계 경제 침체 속에서도 한국의 ODA 확대 추세가 지속되고 있다.

●● 그림 11-1 2019년 DAC 회원국 ODA 규모(순지출 기준, USD 백만)

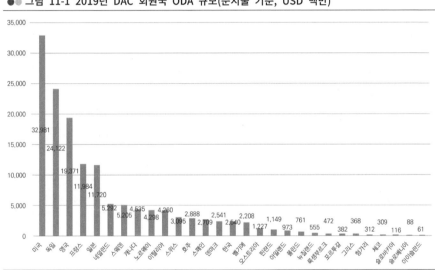

국민총소득(GNI) 대비 ODA 비율로 볼 때, 룩셈부르크, 노르웨이, 스웨덴, 덴마크 등 북유럽 국가들은 UN의 권고인 0.7%를 초과 달성하여 경제수준 대비 높은 ODA 비율을 보이고 있다. 그러나 DAC 회원국 전체 평균은 2019년 기준 0.38%로 UN 권고 비율의 절반을 밑돌고 있어, 국제사회의 인식 제고와 조치가 필요하다는 점을 알 수 있다. 우리나라 역시 UN 권고 비율보다 다소 낮은 2019년 0.15%의 수치를 보이고 있으나 2030년까지 0.30% 목표를 달성하고자 노력하고 있다.

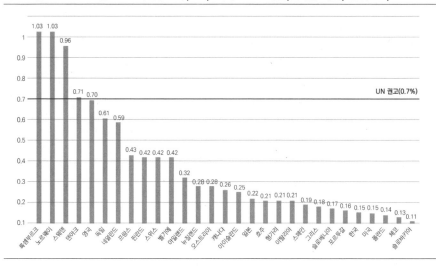

●● 그림 11-2 2019년 DAC 국민총소득(GNI) 대비 ODA 비율(순지출 기준, 단위: %)

4. 국제개발협력 역사

국제사회에서 개발협력은 제2차 세계대전 직후 유럽 재건을 위한 미국의 마샬플랜을 그 시초로 보고 있다. 1960년대에는 주요 선진국들이 원조전문기관을 설립하였으며, 1970년대에 들어 빈곤감소 및 불평등 해결 문제에 초점을 맞추기 시작하였다. 하지만 1980년대에는 신자유주의의 영향으로 개발협력 논의가 다소 침체되고, 채무문제 해결이 부각되었으며 1990년대에는 사회주의 경제의 자본주의 전환이 이슈가 되었다. 21세기에 들어서며 개발협력 논의는 범세계적인 대응이 필요한 이슈로 부각되고 있다.

1) 제2차 세계대전 후

공적개발원조(ODA)는 제2차 세계대전 이후 아프리카, 아시아, 남미 등 많은 식민지 국가가 독립하면서 이들 국가에 만연한 빈곤문제 해결을 위해 국제사회의 공동 노력이 필요하다는 주장과 함께 시작되었다. 1945년 UN 헌장에서 '경제, 사회, 문화 및 인권과 관련된 문제 해결을 위한 국제적 협력 증진'을 천명하고, 이후 세계식량농업기구(FAO), 세계보건기구(WHO), UN아동기금(UNICEF) 등 전문적인 긴급구호 기구가 설립되었다. 이러한 기구를 통해 1950년대에 식민지 지배에서 벗어난 신생독립국에 긴급구호가 이루어지며 ODA가 본격화되었으며, 이는 이후 다자원조의 근간이 되었다. 한편, 양자원조는 냉전체제 하에서 미국과 소련이 서유럽과 동유럽에 대한 전후복구를 경쟁적으로 지원하면서 본격화되었다.

2) 1960년대

UN은 1961년 제16차 정기총회에서 1960년대를 '제1차 개발의 10년'으로 선언하고, 개발도상국이 매년 5%의 경제성장을 달성할 수 있도록 선진국 국민총생산(GNP)의 1%를 개발도상국 원조에 사용하도록 촉구하였다. 개발에 대한 국제사회의 관심은 1961년 OECD DAC의 창설로 이어졌으며, 이후 OECD DAC은 개발원조 정책의 주요 이슈를 공론화하고, 회원국을 중심으로 국가별 원조통계를 표준화하여 비교하고 분석하는 등 ODA 대표 논의기구로 자리매김하였다. 1960년대에는 세계적인 산업화 기조와 함께 대규모 산업 프로젝트에 집중되어, 신생독립국의 사회기반시설, 즉 도로와 철도 등 인프라 건설에 초점이 맞추어졌다. 그러나 인프라 구축 등 산업화를 통한 경제성장이 빈곤문제를 해결할 수 있다는 낙관적인 견해에도 불구하고 개발도상국의 빈곤문제는 크게 개선되지 않았다.

3) 1970년대

1970년대에, 처음으로 원조가 빈곤감소 및 실업 감소라는 명확한 목적과 연결되기 시작하였다. 이는 경제성장이라는 간접적 방법으로는 빈곤감소 및 불평등이 해결되는 것이 불충분하므로, 빈곤퇴치를 위해 보다 더 직접적으로 빈곤층을 대상으로 해야 할 필요가 있다는 인식에 기반을 둔 것으로, 세계은행은 "성장과 재분배"에, ILO 및 UNDP는 인간의 기본적 욕구(BHN: Basic Human Needs) 충족에 초점을 맞추었다. 이러한 관점에 따라 소농을 대상으로 하는 지역 기반 통합농촌개발 프로젝트가 활성화되었고, NGO의 역할이 확대되었으며 봉사자가 파견되기 시작하였습니다.

4) 1980년대

1980년대에 원조 기관들의 주요 관심은 성장의 주요 걸림돌을 제거하는 것으로 바뀌었다. 선진국에서는 신자유주의적 시각에서 공공부문의 축소가 이루어졌고, 이는 개도국에 대해서도 비슷한 공공개혁을 요구하는 것으로 나타났다. 멕시코와 브라질의 국가지불유예 선언이 계기가 되어 민간부문 확장, 무역자유화, 정부지출 감소를 목표로 한 구조조정프로그램이 실시되었다. 이러한 프로그램은 교육, 보건과 같은 핵심적 공공서비스 제공의 축소를 야기하였고, 협력국의 개발 환경을 고려하지 않은 일률적인 처방이라는 비판이 일기도 하였다. 1980년대 중반 이후에는 공여국들의 경제 위기극복과 공공부문 확장, 저소득국의 상황악화로 인해 ODA가 다시 증가하였고, 일본이 가장 큰 공여국으로 부상하였다. 또한, 사하라 이남 아프리카에 대한 주요 보고서들이 출판되었고, 대규모 재난 사건이 급증하면서 NGO를 통한 긴급 구호가 크게 확대되었다.

5) 1990년대

1990년대에는 냉전이 막을 내리면서 이념적 경쟁 수단으로써의 원조에서 벗어나게 되었으며, 구소련 체제전환국들에 대한 관심도 커지기 시작하였다. 이 시기는 민주화 지원과 같이 원조에 있어 정치적 차원이 강화되었으며, 1992년 유엔환경 개발에 관한 회의(리우회의)를 계기로 환경과 지속가능한 개발에 대한 관심도 증가하였다. 세계화의 진전과 함께 고채무빈국 이니셔티브(HIPC Initiative)형성을 비롯하여, 인권, 인구, 아동, 여성, 식량 관련 국제 결의문이 채택되어 추후 국제개발협력의 기반을 다지게 되었다. 또한, 이 시기는 섹터 프로그램, 정책 대화, 건전한 국가행정(Good Governance)을 갖춘 개도국에의 원조집중현상, 역량개발에 대한 관심증가가 나타났으며 선진국들의 재정적자, 원조효과에 대한 회의감, 환경 분야로의 재원이동 등으로 원조액수가 감소했으나, 인도적 지원은 늘어났다.

6) 2000년대

2000년대 들어서는 새천년개발목표(MDGs)가 수립되면서 공적개발원조의 핵심목표가 절대빈곤퇴치임을 재확인하였다. 세계은행과 IMF도 부채탕감 및 양허성 차관 지원조건으로, 거시경제개혁, 구조조정, 사회정책전략을 포함하는 빈곤감소 전략 보고서를 요구하게 되었다. 이 시기에는 9.11테러 이후 테러리즘, 대량 난민발생과 같은 문제가 대두되는 분쟁/취약국가에 대한 안보지원이 크게 증가했으며, 재난구호에 대한 관심도 확대되었다. 그리고 몬테레이 UN 개발재원회의, 항공권연대기금 등 혁신적 개발재원 마련을 위한 회의들이 개최되었다. 원조효과성 향상에 체계적으로 기여할 수 있는 구체적 목표와 지표가 파리선언으로 도출되었으며, 이에 따라 국제사회는 예산지원 등의 프로그램형 접근법과 비구속성 원조를 강화하기로 하였다.

7) 2010년대

2010년대에 들어서는 다시 원조가 무역, 투자, 송금 등 다른 재원과 함께 개발에 기여하는 바에 무게가 실리며 "원조와 원조 이상(Aid and Beyond)"의 논의로 나아가고 있다. 더불어 기후변화, 분쟁취약성, 공정무역 등 최근 부각되는 범지구적 과제를 효과적으로 다루기 위해 중국과 같은 신흥공여국 및 기업, 재단, CSO를 포함하는 민간개발자금의 비전통적 원조 주체를 효과적으로 활용하는 새로운 원조체제에 대한 구상도 진행되고 있다.

제3절 한국의 ODA

1. 한국 ODA의 역사

1) 수원국으로서의 역사

한국은 해방 이후 90년대 후반까지 약120억 달러의 공적개발원조를 받았으며, 특히 1946~1980년까지 미국의 가장 많은 원조를 받은 수원국 중 하나이다. 우리나라에 제공된 원조는 긴급구호부터 구조조정프로그램까지 시대적 요구에 따라 성격을 달리하면서, 경제 사회 개발에 일조하였다.

(1) 1950년대

1950년대 한국전쟁 직후에 이루어진 원조는 전쟁으로 초토화되어 민간투자의 유인이 취약국이었던 우리나라로 유입되는 유일한 외국자본이었다. 이 시기의 원조는 재난에 대처하기 위한 긴급구호에 집중되었으며 군사적 방어, 안정 및 재건에 초점을 맞추었고, 의식주를 해결할 수 있는 물자 및 식량원조 중심의 소비재 지원이 주를 이루었다. 또한, 경공업 육성을 위한 중간재 지원도 있었다. 이 시기 한국은 원조자금에 높은 의존도를 보였으며, 주요 공여국은 미국으로, 우리나라는 미국으로부터 5억 5천 30만 달러에 이르는 원조를 받았다.

(2) 1960년대

1960년대에는 경제구조 전환기로서 성장 및 투자가 화두였다. 대부분이 무상원조였던 이전 복구시기와는 달리, 1960년대부터는 양허성차관이 도입되어 대기업 등을 중심으로 사회간접시설 구축, 전략적 수출 및 수입대체 산업 육성을 위한 프로젝트 원조와 자본재 지원이 이루어졌다. 개발 재원으로서 원조의 상대적 중요성이 줄어들었으며, 공여국도 미국 외에 일본의 비중이 증가하였다.

(3) 1970~1980년대

1970~1980년대에는 대규모 개발사업과 중화학공업 발전의 추진을 위해 도입된 과도한 외채부담에 대한 우려 속에서, 과거 단위사업 중심의 프로젝트 차관은 특정 부문의 종합적 개발을 위한 섹터차관 및 경제 및 산업 전반의 구조를 조정하기 위한 구조조정차관으로 전환하게 되었다. 1970년대 후반부터 1980년대까지 한국이 지원받은 차관 중 비양허성 자금의 비율상승과 함께 원조규모가 감소하고, 미국을 대체하는 일본의 역할대두 및 독일, IBRD, ADB 등 공여기관의 다원화가 나타났다.

(4) 1990~2000년대

1990년대에는 원조 수원국에서 순수 원조 공여국으로의 원조지위전환기로, 한국은 1995년 세계은행의 차관 졸업국이 되었으며 2000년 DAC 수원국 리스트에서도 제외되었다.

●● 표 11-1 한국의 수원 역사: 원조 전환기에 따른 구분

기간	목적 및 욕구	형태 및 양식	분야 및 구성	원조 의존도	주 공여자
1945~1952 해방직후 ~전쟁기	긴급구호	증여(100%) 구호물품	교육 토지개혁	원조가 주요 외화유입 수단	미국
1953~1962	군사적 방어 안정 재건사업	증여(98.5%) 물자 기술협력	농업 군사원조 물자, 식량지원 소비/중간재	높은 원조 의존도	미국 UN
1963~1979	전환기 성장 및 투자	양허성 차관(70%)	사회간접자본 수입대체 및 수출 지향적 사업 프로젝트원조 및 중간 및 자본재	절대/상대적 원조 중요성 감소	미국 일본
1980~1992	과도한 채무 안정 및 성장 균형	비양허성 차관	섹터차관	IDA수원국 명단 졸업	일본 독일 국제금융 기구
1993~2003	금융위기	IMF 구제금융	구조조정 프로그램	ODA 수원국 명단 졸업	IMF IBRD

출처: 정우진(2010), "Successful Asian Recipient Countries: Case Studies of Korea and Vietnam" 국제개발협력 2010년 3호

2) 공여국으로서의 역사

(1) 1960년대

우리나라는 1963년부터 개발도상국을 대상으로 개발 원조를 시작하는 원조공여국으로 활동하였다. 한국은 성공적인 경제발전에 대한 국제사회의 관심에 대응하여 1963년 미국국제개발처(USAID) 원조자금에 의한 개발도상국 연수생의 초청사업을 시작하게 되었다. 이후 1965년부터는 우리 정부 자금으로 개발도상국 훈련생 초청사업을 실시하였으며, 1967년에는 해외로 전문가를 파

견하기 시작하였다. 1967년에도 외무부 주관으로 UN 및 기타 국제기구와의 협력 사업으로 외국인 초청프로그램을 실시하였다.

(2) 1970년대

1970년대 중반까지는 주로 유엔기구 등의 자금을 지원받아 개발 원조를 실시하였으나, 우리 경제가 성장하자 개도국으로부터의 원조수요가 매년 증가하여 점차 우리 정부 자금에 의한 원조규모가 확대되었다. 1975년 노동부에서는 개도국 기능공 초청연수를 시작하였고 1977년 외무부에서는 최초로 9억 원의 예산을 확보하여 우리나라 기자재를 개도국에 공여함으로써 물자지원사업을 시작하였다.

(3) 1980년대

1982년부터 한국개발연구원(KDI)이 개도국 주요 인사를 초청하여 우리의 개발 경험에 대한 교육을 실시하는 국제개발연찬사업(IDEP)을 시작하였다. 1984년에는 건설부에서 현재의 개발조사사업에 해당하는 무상건설기술 용역사업을, 노동부에서는 직업훈련원 설립 지원 사업을 시작하였다. 1986년 아시안게임과 1988년 서울올림픽에 즈음하여 외채 감축과 국제수지 흑자의 실현으로 우리나라의 개발원조가 본격화되었다. 우리의 경제규모 증가와 국제무대에서의 위상 제고로 그에 상응하는 국제적 책임 수행이 요청되었으며 대외 무역의존도가 높은 우리나라로서는 개도국에 대한 수출증진 및 우리 기업의 진출기반을 마련하기 위해서도 ODA 증대를 통한 개도국과의 협력강화 필요성이 증대되었다.

1987년 재무부가 300억 원을 출연하여, 대외경제협력기금(EDCF: Economic Development Cooperation Fund)을 창설하고 기금의 운용을 한국수출입은행에 위탁하였다. 1989년 EDCF은 나이지리아에서 최초 차관계약 체결이 되었으며 1989년 UNESCO 한국청년해외봉사단원 파견 사업이 시작되었다.

(4) 1990년대

1991년에는 무상원조 전담기관으로 외무부 산하 한국국제협력단(KOICA: Korea International Cooperation Agency)을 설립하여 개도국에 대한 본격적인 원조제공의 기반을 구축하였다. 그리고 KOICA가 1992년 프로젝트사업과 1995년 국제협력요원파견 및 민간원조단체(NGO)지원 사업을 시작하였다.

1992년 세계은행(World Bank) 및 1993년 아시아개발은행(ADB)과 협조융자 협약이 체결되었으며 1995년에는 한국국제협력단 주관으로 국제협력연수센터(ICTC)가 개원되었고, 베트남에서 KOICA와 한국수출입은행간 최초 연계지원 승인을 얻었다.

한국은 1996년 29번째 회원국으로 OECD에 가입하여 빈곤저개발 상태의 신생도상국 중에서 최초로 경제협력체 회원국에 합류하는 등 공여국으로서 국제 원조 사회에 한걸음 다가섰다.

(5) 2000년대

2000대에 우리나라에서는 원조 공여에 대한 국민적 관심이 제고되면서 원조의 급격한 양적 확대가 이루어졌다. 2001년 9.11테러사건 이후 아프가니스탄 전쟁 발발, 2003년 이라크전 발발, 2004년 남아시아 쓰나미 발생 등으로 원조공여에 대한 국민적 인식이 높아졌으며 2005년에는 우리나라의 미주개발은행(IDB: Inter-American Development Bank) 가입으로 다자간 원조 확대를 위한 새로운 전기가 마련되었고, 우리나라 공적개발원조 규모는 7억 달러를 돌파하였다. 또한, 2006년 최초로 한 아프리카 장관급 경제협력회의(KOAFEC)를 개최하여 아프리카에 우리나라의 경제개발경험을 전수하고, 한국 아프리카간 경제협력 활성화에 이바지하였으며 2006년에는 국무총리실 산하 국제개발협력회가 설치되었고 2009년에는 대한민국 정부파견 해외봉사단 단일 브랜드 "World Friends Korea"가 출범되었다.

(6) 2010년대

2010년 한국은 선진 공여국의 포럼인 국제개발위원회(DAC)의 24번째 회원국이 되었으며, G20에서 서울개발컨센서스를 이끌어내는 데 주도적인 역할을 하였다. 또한 2011년 부산 세계개발원조총회를 주최함으로써 효과적인 개발을 위한 새로운 글로벌 컨센서스 형성에 기여하고 있다.

●● 표 11-2 한국 ODA의 수원 · 공여 역사 및 특징

시기	수원역사	공여역사	특징
1940	1945년 미국의 행정구호 원조		긴급구호 및 결제 원조 구호물품 증여 전후 재건사업
1950	1950년 UN의 민간구호 및 재건 원조 1953년 미국의 경제부흥 원조 1958년 국립의료원 설립		
1960	1966년 KIST 설립	1963년 개발도상국 연수생 초청훈련 최초 실시	개발차관 중심의 경제 성장 - 공여기관 다원화 - 산업화 및 투자
1970	1970년 경부고속도로 완공 1973년 포항재철 준공	1977년 물자공여사업 실시	
1980	1976년 대전직업훈련원, 한백창원직업훈련원 설립	1987년 EDCF 창설	
1990	1997년 IMF 구제금융 신청	1991년 KOICA 설립	원조기관 설립 및 공여국으로 전환 - 개도국 대상 원조프로그램 확대 수원국 지위 졸업
2000	2000년 DAC 수원국 명단 제외	2006년 국제개발협력위원회 설립 2009년 대한민국 해외봉사단 통합브랜드(WFK) 출범	
2010		2010년 국제개발협력기본법 제정. OECD DAC 가입 2011년 부산 세계개발원조 총회(HLF-4)개최 2016년 국제원조투명성 기구(IATI) 가입	선진 공여국으로의 도약 -추진 체계 정비 · OECD DAC 가입

2. 한국 ODA 현황

경제협력개발기구(OECD)에서 발표한 OECD개발원조위원회(DAC) 회원국 29개국에 대한 2018년도 ODA 잠정통계 자료에 따르면 DAC 회원국 전체 ODA 규모는 1,530억 달러이며, 경제규모 대비 원조수준을 나타내는 GDN(국민총소득) 대비 ODA비율은 평균 0.31%이다.

한국의 2019년 ODA 지원규모(순지출 기준)는 전년 대비 약 5% 증가한 25.40억 달러로, GNI대비 ODA 비율은 2019년 0,15%로 전체 29개 DAC회원국 중 25위(2018년 26위)를 차지하였다.

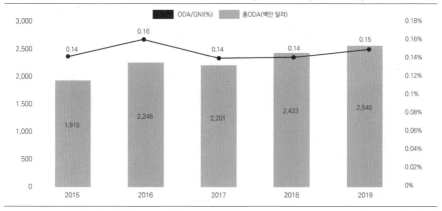

한국의 원조규모는 지속해서 증가하고는 있으나, 그 절대적 규모 측면에서 OECD/DAC회원국 가운데 원조 강대국(미국, 독일, 영국, 일본, 프랑스)과는 견줄 수 없다. 한국의 원조규모는 원조 중견국들(스웨덴, 네덜란드, 캐나다, 노르웨이, 호주)의 규모에 비해 약 1/3에 해당한다(이성우 외, 2021).

1) 지원형태별

한국의 양자간 원조 대 다자간 원조 지원 비율은 75:25의 비율 유지를 목표로 추진되고 있으며, 2021년에는 양자간 75.1%, 다자간 24.9%의 비율로 지원되었다.

특히, 양자간 원조는 1996년 이후 지속 증가추세를 보여 왔으며, 2019년에는 전년 지원액 대비 6.1% 증가한 1,911백만 달러를 기록하였다. 다자간 원조는 작년 대비 0.76% 증가한 628.57달러이며, 2017년 소폭 하락하였으나 최근 5년간 전반적으로 증가하는 추세이다.

한국의 다자원조의 비율은 압도적으로 낮다. 다자원조는 일반적으로 정치적 중립성과 신뢰성이 더 두텁게 보장된다. 다자원조는 규모의 경제를 통하여 원조 분절화 현상을 방지하는 효율성 측면에서 뿐만 아니라, 원조 소외지역이나 단기간에 성과를 보이기 어려운 분야, 또는 특정 목표에 대하여 원조를 집중할 수 있어 양자원조만으로 해결하기 어려운 사안을 보완할 수 있다는 장점을 가진다고 인식된다(정현주 외, 2020).

●● 그림 11-4 '18~'21년간 양자간 원조와 다자간 원조의 비중(증여동가액 기준, 백만 달러)

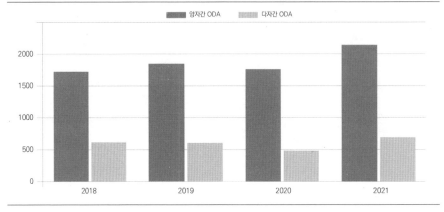

출처: OECD Statistics

2) 무상원조와 유상원조

한국의 양자간 원조는 2002년까지 무상원조보다 유상원조가 더 큰 비중을 차지하였으나 2003년 아프가니스탄과 이라크 등 분쟁지역에 대한 원조 확대를 기점으로 유상원조가 약 30%, 무상원조가 약 70% 수준으로 유·무상원조의 지원 추세가 역전되기 시작하였다.

2021년 기준 한국의 유·무상원조의 지원비중은 유상원조가 36.3%, 무상원조가 63.7%를 차지하였다.

●● 그림 11-5 '21년 무상원조와 유상원조의 비중(증여동가액 기준, %)

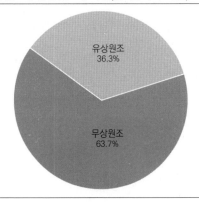

출처: OECD Statistics

3) 분야별

우리나라의 분야별 ODA는 사회인프라 및 서비스 분야에 중점적으로 지원되어 왔으며, 2021년 지원 비중을 기준으로 사회인프라 및 서비스가 52%로 전체 양자 지원액의 절반이 넘는 재원이 배분되어 있다.

●● 그림 11-6 '21년 분야별 ODA 지원 비율(증여동가액 기준, %)

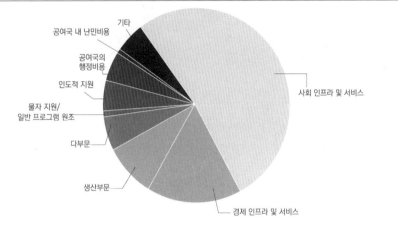

출처: OECD Statistics

4) 지역별

한국의 ODA지원은 지리적 접근성과 문화적 친밀성을 바탕으로 아시아 지역에 대한 지원을 중점적으로 수행해왔으며, 2010년 수립된 「ODA 선진화 방안」을 토대로 아시아 중심의 지원을 유지하되 아프리카 비중을 점진적으로 확대한다는 지역별 정책기조로 추진되고 있다.

2021년에는 아시아에 10.14억 달러, 아프리카에 5.22억 달러를 지원하여, 두 지역에 대한 지원 비중이 전체 양자 원조 중 71.6%를 차지하였다(증여등가액 기준).

●● 그림 11-7 '21년 지역별 ODA 지원 비율(증여동가액 기준, %)

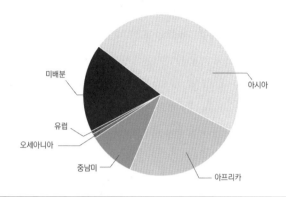

출처: OECD Statistics

●● 그림 11-8 '18~'21년 지역별 ODA 지원 추이(증여동가액 기준, 백만 달러)

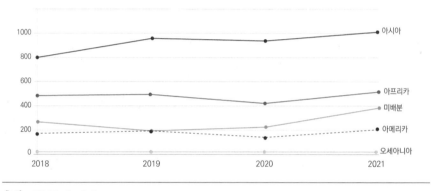

출처: OECD Statistics

3. 한국의 ODA사업 추진체계

OECD DAC 회원국들은 각 국가마다 조직 및 운영의 측면에서 정책체계가 상이하며, 원조 이념 및 철학, 역사, 조직, 정책적 특성에 따라 서로 상이한 운영체계를 시행해오고 있다. 예컨대 OECD DAC 회원국들 역시 프랑스, 독일, 일본, 영국을 제외한 대부분의 국가들은 모두 외교부 중심의 통합적 원조관리 정책을 기본 골격으로 유지하고 있다. 하지만 한국의 국제개발협력 정책은 담당부서와 시행기관을 구분함으로써 다양한 차원에서 분절화 문제가 지적되고 있다. '국제개발협력 기본법(법률 제12767호)'에서 국제개발협력의 시행기관을 "국제협력과 관련된 사업을 실시하는 중앙행정기관, 지방자치단체 및 공공기관(제2조 8항)"으로 규정하고 있다. 이에 따라 양자 원조 중에서 무상원조는 외교부의 관리 감독하에서 한국국제협력단(KOICA: Korea International Cooperation Agency)의 주도로 각 행정부서와 지방자치단체들이 독자적으로 프로그램을 계획 및 운영하고 있다. 양자 원조 가운데 유상원조는 기획재정부의 주도하에 한국수출입은행의 대외경제협력기금(EDCF: Economic Development Cooperation Fund)이 담당하고 있다. 한편, 다자원조의 경우도 다양한 부서가 관련되어 있는데. 세계은행(World Bank)과 같은 국제금융기구에 대한 출연이나 출자금의 경우 기획재정부의 주도하에 한국은행이 재정 집행을 담당하고 있으며, UN 등의 국제기구에 대한 분담금은 외교통상부를 비롯한 각 행정부서에서 재원을 마련하도록 하고 있다(임유진·김효정, 2017).

●● 표 11-3 한국의 ODA사업 추진체계

구분	협력형태		실시기관	담당부서
양자원조	무상원조		한국국제협력단 (KOICA)	외교부
			기타부처 및 기관, 지방자치단체	
	유상원조		한국수출입은행 (EDCF)	기획재정부
다자원조	국제기구 출연, 출자금	국제개발금융기구	한국은행	기획재정부
	국제기구 분담금	UN외	외교부를 포함한 각 정부 부처	

한국의 2018년 다자간 원조는 2017년 대비 6.4%증가한 623.80백만 달러를 기록하였으며, UN에 대한 출연은 감소하였고, 세계은행과 지역개발은행에 대한 출연과 출자는 증가하였다.

●● 그림 11-9 한국의 다자간 원조 현황

구분	2018년
UN기구	97.90
세계은행그룹	204.34
지역개발은행	273.69
기타 다자기구	47.87
총 다자간 원조	623.8

*단위: 백만 달러

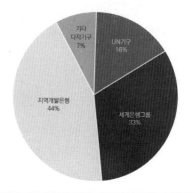

12 비영리조직 설립 실무

비영리단체 및 법인 정관 예시

1. 재단법인 정관준칙

제1장 총칙

1. 법인의 명칭을 정하되, 명칭 앞에 "재단법인"이라는 문구를 넣어야 한다.
2. 법인의 목적을 정한다.
3. 법인의 사무소의 위치를 정한다.
4. 법인의 목적을 달성하기 위한 사업을 종목별로 구체적으로 정한다.

제2장 임원

1. 임원의 종류와 수를 정하되, 특별한 사유가 없는 한 이사는 5명 이상, 감사는 2명 이하로 정하고, 상임이사의 수를 정한다.
2. 임원의 임기는 이사는 3년으로 정함을 원칙으로 한다.
3. 임원이 임기 중 궐위될 경우 그 보충방법을 정하되, 그 임기는 전임자의 남은 임기로 하도록 한다.
4. 임원은 이사회에서 선출하도록 정한다.

5. 임원의 결격사유와 상임 임원의 겸직 금지에 관한 사항을 정한다.

6. 대표자의 직무는 법인을 대표하고, 법인의 업무를 총괄하는 것으로 정한다.

7. 이사의 직무는 이사회에 출석하여 법인의 업무에 관한 사항을 의결하며, 이사회 또는 대표자로부터 위임받은 사항을 처리하는 것으로 정한다.

8. 대표자의 유고 시 또는 궐위 시의 직무대행에 관한 사항을 정한다.

9. 감사의 직무는 다음의 것으로 정한다.

   1) 법인의 재산상황 및 업무를 감사하는 일

   2) 이사회의 운영과 그 업무에 관한 사항을 감사하는 일

   3) 가목 및 나목의 감사결과 부정 또는 부당한 점이 있음을 발견한 때에는 이사회에 그 시정을 요구하고 주무관청에 보고하는 일

   4) 다목의 시정요구 및 보고를 하기 위하여 필요한 때에는 이사회의 소집을 요구하는 일

   5) 법인의 재산 상황과 업무에 관하여 이사회 또는 대표자에게 의견을 진술하는 일

제3장 이사회

1. 이사회의 기능은 다음과 같이 정한다.

   1) 법인의 예산·사업계획·결산·차입금 및 재산의 취득·처분과 관리에 관한 사항

   2) 정관의 개정에 관한 사항 3) 법인의 해산에 관한 사항 4) 임원의 선출 및 해임에 관한 사항 5) 정관의 규정에 따라 그 권한에 속하는 사항

2. 대표자 또는 이사의 의결권 없는 경우를 다음과 같이 정한다.

   1) 법인과 대표자 또는 이사 간의 법률상의 소송의 개시 및 해결에 관한 사항

   2) 금전 및 재산의 수수를 수반하는 사항으로서 대표자 또는 이사 자신과 법인의 이해가 상반되는 사항

3. 서면결의에 관하여 규정한다.

제4장 재산 및 회계

1. 법인의 재산은 기본재산 및 운영재산으로 구분하고, 기본재산은 법인의 목적사업 수행에 관계되는 부동산 또는 동산으로 하되, 그 목록을 정관의 별지에 구체적으로 열거하도록 정한다.

2. 재산의 관리에 관한 사항을 규정하되 기본재산을 양도·증여·교환 또는 담보로 제공하거나 의무의 부담 또는 권리의 포기를 하고자 할 때에는 이사회의 의결을 거치도록 정한다.

3. 법인의 유지 및 운영에 필요한 경비는 기본재산의 과실, 사업수입 및 기타의 수입으로 충당하도록 정한다.

4. 법인의 사업계획 및 세입세출예산은 매회계연도 개시 전 2개월 이내에 수립·편성하고, 당해 연도의 사업실적서 및 수지결산서는 회계연도 종료 후 2개월 이내에 작성하도록 정한다.

5. 매회계연도의 잉여금은 다음 연도에 이월 사용하는 것을 제외하고는 이를 기본재산에 편입하거나 이사회의 의결에 따라 법인의 목적사업에 사용하도록 정한다.

6. 임원의 보수에 관하여 정하되, 상임위원을 제외한 임원에 대하여는 보수를 지급하지 아니함을 원칙으로 정한다.

7. 법인의 회계연도는 정부 회계연도에 따르도록 정한다.

제5장 부칙

1. 법인이 정관을 개정하고자 할 때에는 이사회에서 이사 정수의 3분의 2 이상의 찬성으로 의결하도록 정한다.

2. 법인을 해산하고자 할 때에는 이사 정수의 3분의 2 이상의 찬성으로 하도록 정한다.

3. 법인을 해산한 경우의 잔여재산에 대한 처분방법을 정한다.

2. 재단(사단)법인 정관

제1장 총 칙[1]

제1조(목적) 이 법인은 민법 제32조 및 ○○○○○소관 비영리법인의 설립 및 감독에 관한 규칙에 따라　　　를 수행함으로써　　　함을 목적으로 한다.

제2조(명칭) 이 법인은 "사단(재단)법인 ○○○○"라 한다.

제3조(사무소의 소재지) ① 이 법인의 주사무소는 ○○도　○○시　○○로　○○번길에 둔다. ② 필요한 경우 분사무소(지회)를 둘 수 있다.

제4조(사업)

1. 이 법인은 제1조의 목적을 달성하기 위하여 다음의 목적사업을 행한다.

　　1) 법학 연구

　　2)　······

　　3) 기타 법인의 목적달성에 필요한 사업

2. 제1항의 목적사업의 경비에 충당하기 위하여 다음의 수익사업을 행할 수 있다

　　1) ○○수익사업

　　2) ······

3. 제2항의 수익사업을 경영하고자 하는 경우에는 미리 주무관청의 승인을 받아야 한다.

제5조(법인의 이익) 이 법인의 목적사업과 수익사업에서 얻은 이익은 개인에게 귀속시킬 수 없다.

제2장 사 원

(재단법인의 정관에는 사원의 내용이 없어도 관계없음)

제6조(사원자격)

---

1) 충청남도 공익활동지원센터(2019: 134), 단체설립을 위한 종합 실무 안내서 Newn 설립신공.

1. 이 법인의 사원은 본 회의 취지에 찬동하고 소정의 입회원서를 제출하여 이사회의 승인을 얻어야 한다. 다만, 창립 총회시의 사원은 창립총회에서 결정한다.

2. 이 법인에는 개인뿐만 아니라 단체도 사원이 될 수 있다.

제7조(사원의 권리와 의무) 이 법인의 사원은 회비를 납부할 의무를 가지며 기타 이 정관이 정하는 권리와 의무를 갖는다.

제8조(사원의 탈퇴) 이 법인의 사원은 임의로 탈퇴할 수 있다.

제9조(사원의 제명) 이 법인의 사원으로서 이 법인의 목적에 배치되는 행위 또는 명예·위신에 손상을 가져오는 행위를 하였을 때에는 이사회의 의결로써 이사장이 제명할 수 있다.

제3장 임 원

제10조(임원의 종류와 정수)

1. 이 법인에 다음의 임원을 둔다.

　　1) 이사 ○○명　　2) 감사 ○명　※ 감사는 2인 이하로 정한다.

2. 제1항 제1호의 이사에는 이사장을 포함한다.

제11조(상임이사)

1. 제4조에 규정한 사업을 전담하게 하기 위하여 이사장은 이사회의 의결을 거쳐 이사 중 1인을 상임이사로 임명할 수 있다.

2. 상임이사의 업무분장에 관하여는 이사장이 정한다.

제12조(임원의 임기)

1. 이사의 임기는 4년, 감사의 임기는 2년으로 한다. 다만, 최초의 임원 반수의 임기는 그 반에 해당하는 기간으로 정한다.

2. 임원의 임기 중 결원이 생긴 때에는 총회에서 보선하고, 보선에 의하여 취임한 임원의 임기는 전임자의 잔여기간으로 한다.

제13조(임원의 선임방법)

1. 임원은 총회에서 선임하여 취임한다.

2. 임기가 만료된 임원은 임기만료 2개월 이내에 후임자를 선출하여야 하며, 임원이 궐위된 경우에는 궐위된 날부터 2개월 이내에 후임자를 선

출하여야 한다.

3. 임원이 다음 각 호의 어느 하나에 해당하는 행위를 한 때에는 총회의 의결을 거쳐 해임할 수 있다.

1) 본 회의 목적에 위배되는 행위 2) 임원간의 분쟁·회계부정 또는 현 저한 부당 행위   3) 본회의 업무를 방해하는 행위

4. 임원선출이 있을 때에는 임원선출이 있는 날부터 3주 이내에 관할법원 에 등기를 마친 후 주무관청에 통보하여야 한다.

제14조(임원의 결격사유) 다음 각 호의 어느 하나에 해당하는 자는 임원 이 될 수 없다.

1. 금치산자 또는 한정치산자

2. 파산자로서 복권이 되지 아니한 자

3. 법원의 판결 또는 다른 것에 의하여 자격이 상실 또는 정지된 자

4. 금고 이상의 실형의 신고를 받고 그 집행이 종료되거나 집행이 면제된 날부터 3년이 지나지 아니한 자

5. 금고 이상의 형의 집행유예선고를 받고 그 유예기간 중에 있는 자

제15조(이사장의 선출방법과 그 임기)

1. 이사장은 이사회에서 선출한다. 다만, 이사장이 궐위되었을 때에는 지 체 없이 후임 이사장을 선출하여야 한다.

2. 이사장의 임기는 이사로 재임하는 기간으로 한다.

제16조(이사장 및 이사의 직무)

1. 이사장은 이 법인을 대표하고 법인의 업무를 통리한다.

2. 이사는 이사회에 출석하여 이 법인의 업무에 관한 사항을 심의·의결 하며, 이사회 또는 이사장으로부터 위임받은 사항(상임이사에게 위임한 사항을 제외한다)을 처리한다.

제17조(이사장의 직무대행) 이사장이 사고가 있을 때에는 이사 중 최연장 자인 이사가 이사장의 직무를 대행한다.

제18조(감사의 직무) 감사는 다음 각 호의 직무를 수행한다.

1. 법인의 재산 상황을 감사하는 일

2. 이사회의 운영과 그 업무에 관한 사항을 감사하는 일

3. 재산 상황 또는 업무의 집행에 관하여 부정 또는 부당한 점이 있음을 발견한 때에는 이를 이사회, 총회에 그 시정을 요구하고 그래도 시정치 않을 때에는 감독청에 보고하는 일

4. 제3호의 보고를 하기 위하여 필요한 때에는 총회 또는 이사회의 소집을 요구하는 일

5. 법인의 재산 상황 또는 총회, 이사회의 운영과 그 업무에 관한 사항에 대하여 총회, 이사장 또는 이사회에서 의견을 진술하는 일

6. 총회 및 이사회의 회의록에 기명·날인하는 일

제4장 총 회

(재단법인의 정관에는 총회의 내용이 없어도 관계없음)

제19조(총회의 기능) 총회는 다음의 사항을 의결한다.

1. 임원의 선출에 관한 사항

2. 정관 변경에 관한 사항

3. 법인의 해산에 관한 사항

4. 기본재산의 처분에 관한 사항

5. 예산 및 결산의 승인

6. 사업계획의 승인

7. 기타 중요한 사항

제20조(총회의 소집)

1. 총회는 정기총회와 임시총회로 나누되 정기총회는 연 1회, ○○월 중에, 임시총회는 이사장이 수시 소집하고 그 의장이 된다.

2. 이사장은 회의안건을 명기하여 7일 전에 각 사원에게 통지하여야 한다.

3. 총회는 제2항의 통지사항에 한하여만 의결할 수 있다.

4. 총회는 개인식별이 가능한* 원격 통신 수단을 통해 개최할 수 있다.[2]

(*총회 개최 방식 등 구체 사안은 비영리법인 관리감독기관인 주무관청과 협의요함)

---

2) 국무조정실(2020.12.23), 비영리법인 온라인 총회 상시적 허용 보도참고자료.

제21조(총회의 의결정족수)

1. 총회는 재적사원 과반수의 출석으로 개회한다.

2. 총회의 의사는 출석한 사원 과반수의 찬성으로 의결한다.

제22조(총회소집의 특례)

1. 이사장은 다음 각 호의 1에 해당하는 소집요구가 있을 때에는 그 소집 요구 일로부터 20일 이내에 총회를 소집하여야 한다.

   1) 재적이사 과반수가 회의의 목적사항을 제시하여 소집을 요구한 때

   2) 제18조 제4호의 규정에 의하여 감사가 소집을 요구한 때

   3) 사원 3분의 1이상이 회의의 목적 사항을 제시하여 소집을 요구한 때

2. 총회 소집권자가 궐위되거나 또는 이를 기피함으로써 총회소집이 불가 능할 때에는 재적이사 과반수 또는 사원 3분의 1이상의 찬성으로 감독 청의 승인을 얻어 총회를 소집할 수 있다.

3. 제2항에 의한 총회는 출석이사 중 연장자의 사회아래 그 의장을 지명 한다.

제23조(총회의결 제척사유) 의장 또는 사원이 다음 각 호의 1에 해당하는 때에는 그 의결에 참여하지 못한다.

1. 임원취임 및 해임에 있어 자신에 관한 사항

2. 금전 및 재산의 수수를 수반하는 사항 등 사원 자신과 법인과의 이해 가 상반되는 사항

제5장 이 사 회

제24조(이사회의 기능) 이사회는 다음의 사항을 심의·결정한다.

1. 업무집행에 관한 사항 2. 사업계획 운영에 관한 사항 3. 예산 및 결 산서 작성에 관한 사항 4. 총회에서 위임받은 사항 5. 이 정관에 의하여 그 권한에 속하는 사항 6. 기타 중요한 사항

제25조(의결정족수)

이사회는 재적이사 과반수의 출석으로 개회하고 출석이사 과반수의 찬성 으로 의결한다.

26조(의결제척 사유) 이사장 또는 이사가 다음 각 호의 1에 해당하는 때

에는 그 의결에 참여하지 못한다.

1. 임원의 취임 및 해임에 있어 자신에 관한 사항을 의결할 때
2. 금전 및 재산의 수수를 수반하는 사항 등 자신과 법인의 이해가 상반될 때

제27조(이사회의 소집)

1. 이사회는 이사장이 소집하고 그 의장이 된다.
2. 이사회를 소집하고자 할 때에는 적어도 회의 7일전에 목적사항을 명시하여 각 이사에게 통지하여야 한다.
3. 이사회는 제2항의 통지사항에 한하여서만 의결할 수 있다. 다만, 재적이사 전원이 출석하고 출석이사 전원의 찬성이 있을 때에는 통지하지 아니한 사항이라도 이를 부의하고 의결할 수 있다.

제28조(이사회소집의 특례)

1. 이사장은 다음 각 호의 1에 해당하는 소집요구가 있을 때에는 그 소집요구일로부터 20일 이내에 이사회를 소집하여야 한다.
   1) 재적이사 과반수로부터 회의의 목적사항을 제시하여 소집을 요구한 때
   2) 제17조 제4호의 규정에 의하여 감사가 소집을 요구한 때
2. 이사회 소집권자가 궐위되거나 또는 이를 기피함으로써 7일 이상 이사회 소집이 불가능할 때에는 재적이사 과반수의 찬성으로 감독청의 승인을 얻어 소집할 수 있다.
3. 제2항에 의한 이사회의 운영은 출석 이사 중 연장자의 사회 아래 그 회의의 의장을 선출하여야 한다.

제29조(서면의결 금지) 이사회의 의사는 서면의결에 의할 수 없다.

제6장 재산 및 회계

제30조(재산의 구분)

1. 이 법인의 재산은 기본재산과 운영재산으로 구분한다.
2. 기본재산은 법인의 목적사업 수행에 관계되는 부동산 또는 동산으로서 법인설립 시 그 설립자가 출연한 재산과 이사회에서 기본재산으로 정

한 재산으로 하며 그 목록은 별지목록 1과 같다.

3. 운영재산은 기본재산 이외의 재산으로 한다.

제31조(재산의 관리)

1. 기본재산을 매도, 증여, 임대, 교환하거나, 담보에 제공하거나 의무부
담 또는 권리의 포기를 하고자 할 때에는 이사회의 의결과 총회의 승
인을 받아야 한다.

2. 법인이 매수, 기부채납, 기타의 방법으로 재산을 취득할 때에는 지체
없이 이를 법인의 재산으로 편입조치하여야 한다.

3. 기본재산 및 운영재산의 유지, 보존 및 기타 관리(제1항 및 제2항의 경우
를 제외한다)에 관하여는 이사장이 정하는 바에 의한다.

제32조(재산의 평가) 이 법인의 모든 재산의 평가는 취득 당시의 시가에
의한다.

제33조(경비의 조달방법 등) 이 법인의 유지 및 운영에 필요한 경비는 기
본재산으로 부터 생기는 과실금, 각종 기부금, 사업수익, 사원의 회비 및 기타
의 수입으로 조달한다.

제34조(회계의 구분)

1. 이 법인의 회계는 목적사업회계와 수익사업회계로 구분한다.

2. 제1항의 경우에 법인세법의 규정에 의한 법인세 과세대상이 되는 수익
과 이에 대응하는 비용은 수익사업회계로 계리하고, 기타의 수익과 비
용은 목적사업회계로 계리한다.

3. 제2항의 경우에 목적사업회계와 수익사업회계로 구분하기 곤란한 비
용은 법인세에 관한 법령의 규정을 준용하여 배분한다.

제35조(회계원칙) 이 법인의 회계는 사업의 경영성과와 수지상태를 정확
하게 파악하기 위하여 모든 회계거래를 발생의 사실에 의하여 기업회계의 원
칙에 따라 처리한다.

제36조(회계연도) 이 법인의 회계연도는 정부의 회계연도에 따른다.

제37조(예산외의 채무부담 등) 예산외의 채무의 부담 또는 채권의 포기는
이사회의 의결과 총회의 승인을 받아야 한다.

제38조(임원 등에 대한 재산대여 금지)

1. 이 법인의 재산은 이 법인과 다음 각 호의 1에 해당하는 관계가 있는 자에 대하여는 정당한 대가 없이 이를 대여하거나 사용하게 할 수 없다.
    1) 이 법인의 설립자 2) 이 법인의 임원 3) 제1호 및 제2호에 해당하는 자와 민법 제777조의 규정에 의한 친족관계에 있는 자 또는 이에 해당하는 자가 임원으로 있는 다른 법인 4) 이 법인과 재산상 긴밀한 관계가 있는 자

2. 제1항 각호의 규정에 해당되지 아니하는 자의 경우에도 법인의 목적에 비추어 정당한 사유가 없는 한 정당한 대가 없이 대여하거나 사용하게 할 수 없다.

제39조(예산서 및 결산서 제출) 이 법인은 매 회계연도 종료 후 2월 이내에 다음 각 호의 서류를 이사회의 의결과 총회의 승인을 얻어 감독청에 제출한다.

1. 다음 사업연도의 사업계획 및 수지예산서
2. 당해 사업연도의 사업실적 및 수지결산서
3. 당해 사업연도말 현재의 재산목록

제7장 사무부서

제40조(사무국) 1. 이사회장의 지시를 받아 본회의 사무를 처리하기 위하여 사무국을 둘 수 있다. 2. 사무국에 사무국장 1명과 필요한 직원을 둘 수 있다.

3. 사무국장은 이사회의 의결을 거쳐 회장이 임명하거나 해임한다.
4. 사무국의 조직 및 운영에 관한 사항은 이사회의 의결을 거쳐 별도로 정한다.

제8장 보 칙

제41조(정관변경) 이 법인의 정관을 변경하고자 할 때에는 총회에서 재적사원 3분의2 이상의 찬성으로 의결하여 다음 각 호의 서류를 첨부하여 감독청의 허가를 받아야 한다.

1. 변경사유서 1부

2. 정관개정안(신·구대조표를 포함한다) 1부

3. 정관의 변경에 관한 총회 또는 이사회회의록 등 관련서류 1부

4. 기본재산의 처분에 따른 정관변경의 경우에는 처분의 사유, 처분재산
   의 목록, 처분의 방법 등을 기재한 서류 1부.

제42조(해산) 이 법인을 해산하고자 할 때에는 총회에서 재적사원 3분의
2 이상의 찬성으로 의결하며, 청산인은 파산의 경우를 제하고는 그 취임 후 3
주간 내에 해산의 사유 및 연월일, 청산인의 성명 및 주소와 청산인의 대표권
을 제한한 때에는 그 제한을 감독청에 신고하여야 한다.

제43조(잔여재산의 귀속) 이 법인이 해산할 때의 잔여재산은 ○○○○에
귀속된다.

제44조(시행세칙) 회비징수에 관한 사항 등 이 정관의 시행에 관하여 필
요한 사항은 이사회에서 정하여 총회의 승인을 얻어야 한다.

제45조(설립당초의 임원 및 임기) 이 법인 설립 당초의 임원 및 임기는
다음과 같다.

부 칙

제1조(시행일) 이 정관은 주무관청의 허가를 받은 날(20○○년 ○월 ○
일)부터 시행한다. (※ 부칙은 개정정관마다 표시하되 개정정관의 부칙에는 개정 정관
의 허가연월일을 기재한다.)

[별지 제1호서식]

비영리민간단체 등록(변경)신청서

(앞쪽)

접수번호	접수일자		처리기간 20일(변경 시 10일)
신청인	성명(한글)		생년월일
	(한자)		
	대표자와의 관계		연락처
	주소		
단체	명칭		연락처
	소재지		
	대표자 성명		대표자 생년월일
	대표자 주소		대표자 연락처
	주된 사업		

「비영리민간단체 지원법」 제4조제1항, 같은 법 시행령 제3조제1항 및 제4항에 따라 위와

같이 등록(변경)을 신청합니다.

년   월   일

신청인   (서명 또는 인)

귀하

| 첨부서류 | 〈등록 신청 시〉
1. 회칙 1부
2. 당해 연도 및 전년도의 총회 회의록 각 1부
3. 당해 연도 및 전년도의 사업계획·수지예산서, 전년도의 결산서 각 1부
4. 회원명부(회원의 주소와 연락처가 작성되어야 하며, 회원이 100인 이상인 경우에는 100인까지 작성 후 "외 ○○인"으로 표기하여야 합니다) 1부
　※ 법인의 경우에는 제출서류 중 회원명부만 제출
5. 최근 1년 이상의 공익활동실적을 증명할 수 있는 자료 1부

〈등록변경 신청 시〉
1. 단체의 명칭 변경 또는 주된 사업을 변경한 경우에는 등록변경신청서 및 회칙 각 1부
2. 대표자·관리인 또는 주된 사무소의 소재지를 변경한 경우에는 등록변경신청서 1부 | 수수료
없음 |

---

3) 법제처(2021), 비영리민간단체 지원법 시행령.

●

제   호

비영리민간단체 등록증

1. 단 체 명:

2. 소 재 지:

3. 대 표 자

  ○ 성   명:

  ○ 생년월일:

  ○ 주   소:

4. 주 된 사 업:

5. 최초등록일:

「비영리민간단체 지원법」 제4조제1항 및 같은 법 시행령 제3조제2항·제5항 에 따라 위와 같이 등록하였음을 증명합니다.

년   월   일

중앙행정기관의 장
시·도지사

비영리법인 서식(법제처, 2020)

[별지 제1호서식]

법인 설립허가 신청서

접수번호		접수일		처리일		처리기간	20일

신청인	성명		생년월일 (외국인등록번호)	
	주소		전화번호	

법 인	명칭		전화번호	
	소재지			
대표자	성명		생년월일 (외국인등록번호)	
	주소		전화번호	

「민법」 제32조 및 「보건복지부 및 질병관리청 소관 비영리법인의 설립 및 감독에 관한 규칙」 제3조에 따라 위와 같이 법인 설립허가를 신청합니다.

년   월   일

신청인   (서명 또는 인)

귀하

신청(신고)인 제출서류	1. 설립발기인의 성명·생년월일·주소·약력을 적은 서류(설립발기인이 법인인 경우에는 그 명칭, 주된 사무소의 소재지, 대표자의 성명·생년월일·주소와 정관을 적은 서류) 1부 2. 정관 1부 3. 재산목록(재단법인의 경우에는 기본재산과 운영재산으로 구분하여 적어야 합니다) 및 그 증명서류와 출연 신청이 있는 경우에는 그 사실을 증명하는 서류 각 1부 4. 해당 사업연도분의 사업계획 및 수입·지출 예산을 적은 서류 1부 5. 임원 취임 예정자의 성명·생년월일·주소·약력을 적은 서류 및 취임승낙서 각 1부 6. 창립총회 회의록(설립발기인이 법인인 경우에는 법인 설립에 관한 의사 결정을 증명하는 서류) 1부 ※ 제3호의 서류 중 담당 공무원 확인사항인 증명 서류는 제출하지 않아도 됩니다.	수수료 없음
담당 공무원 확인사항	재산목록에 적힌 재산의 토지(건물) 등기부	

처리절차

신청서 작성	→	접 수	→	확 인	→	결 재	→	허가증 작성	→	허가증 발급
신청인		보건복지부 · 질병관리청(비영리법인의 설립 및 감독 업무 담당부서)								

표준정관례에 따른 사회적협동조합 설립 점검 사항(김정훈, 2018)

필수기재사항(협동조합기본법 제86조 제1항) 반드시 포함

- 법 제86조제1항 각호의 사항은 반드시 정관에 포함되어야 하나, 그 외의 사항은 자유롭게 규정
- 협동조합의 운영 및 사업에 필요한 사항을 모두 정관에 규정할 필요는 없으며, 필요한 경우 정관에 정하는 바에 따라 규약 또는 규정을 마련(법 제17조 준용)

법 제86조(정관)

제86조(정관) ① 사회적협동조합의 정관에는 다음 각 호의 사항이 포함되어야 한다.

1. 목적
2. 명칭 및 주된 사무소의 소재지
3. 조합원 및 대리인의 자격
4. 조합원의 가입, 탈퇴 및 제명에 관한 사항
5. 출자 1좌의 금액과 납입 방법 및 시기, 조합원의 출자좌수 한도
6. 조합원의 권리와 의무에 관한 사항
7. 잉여금과 손실금의 처리에 관한 사항
8. 적립금의 적립방법 및 사용에 관한 사항
9. 사업의 범위 및 회계에 관한 사항
10. 기관 및 임원에 관한 사항
11. 공고의 방법에 관한 사항
12. 해산에 관한 사항
13. 출자금의 양도에 관한 사항
14. 그 밖에 총회·이사회의 운영 등에 필요한 사항

1. 제1조(설립과 명칭)

    사회적협동조합 설립 명칭은 어떤 것을 할 것인가?

2. 제4조(사무소의 소재지)

    사무소의 주된 소재지는 어디로 할 것인가?

3. 제9조(조합원의 자격 및 유형)

    조합원의 유형을 어떻게 할 것인가?

4. 제17조(출자)

　　1좌의 출자금액은 얼마로 할 것인가?

　　설립동의자의 수는 총 몇 명인가?(출자금 납입 총액 확인 필요)

5. 제43조(임원의 정수)

　　이사는 몇 명으로 구성할 것인가?

　　이사장과 감사 예상 선출자가 있는가?

　　조합원 외의 자를 구성할 것인가?

6. 제55조(사업의 종류)

　　지역사업형, 위탁사업형, 기타 공익 증진형, 취약계층 배려형 중 선택 필요

　　주 사업을 판단하는 기준은 무엇으로 할 것인가?

　　기타 사업으로 진행할 사업이 있는가?

7. 제56조(소액대출), 제57조(상호부조)

　　소액대출과 상호부조 사업을 할 것인가?

사회적협동조합 표준정관[4)]

제1장 총칙

제1조(설립과 명칭) 이 조합은 협동조합기본법에 의하여 설립하며, ○○ 사회적협동조합이라 한다.

• 조합은 사업 분야와 내용, 사업구역, 조합원의 구성 등을 고려하여 다른 협동조합(연합회) 및 사회적협동조합(연합회), 이종협동조합연합회와 구별되는 명칭을 사용하여야 한다.

제2조(목적) ○○사회적협동조합(이하 '조합'이라 한다)은 자주적·자립적·자치적인 조합 활동을 통하여 ＿＿＿＿＿＿＿을 목적으로 한다.

제3조(조합의 책무) 1. 조합은 조합원 등의 권익 증진을 위하여 교육·훈

---

4) 한국사회적기업진흥원(2021: 76), 협동조합 정관의 작성방법 및 작성예시.

련 및 정보 제공 등의 활동을 적극적으로 수행한다.

2. 조합은 다른 협동조합, 다른 법률에 따른 협동조합, 외국의 협동조합 및 관련 국제기구 등과의 상호 협력, 이해 증진 및 공동사업 개발 등을 위하여 노력한다.

제4조(사무소의 소재지) 조합의 주된 사무소는 ○○시·도에 두며, 이사회의 의결에 따라 필요한 곳에 지사무소를 둘 수 있다.

제5조(사업구역) 조합의 사업구역은 ○○○로 한다.

• 사업 분야와 내용, 조합원의 자격 등을 고려하여 사업구역을 정하며, 여러 개의 행정구역에 걸쳐 있는 경우에는 이를 모두 적는다.

• 사업의 범위와 내용에 따라 '국내외' 또는 '전국'으로 정할 수도 있다.

• 지역사업형 사회적협동조합은 필수적으로 기재하여야 하며, 주 사업 이행 대상 지역 행정구역(예: ○○동/구)단위로 사업구역을 기재할 것을 권장

제6조(공고방법) 1. 조합의 공고는 주된 사무소의 게시판(지사무소의 게시판을 포함한다) 또는 조합의 인터넷 홈페이지(www.ooo.com)에 게시하고, 필요하다고 인정하는 때에는 ○○특별시·광역시·특별자치시·도·특별자치도에서 발간되는 일간신문 및 중앙일간지에 게재할 수 있다.

2 제1항의 공고기간은 7일 이상으로 하며, 조합원의 이해에 중대한 영향을 미칠 수 있는 내용에 대하여는 공고와 함께 서면으로 조합원에게 통지하여야 한다.

제7조(통지 및 최고방법) 조합원에 대한 통지 및 최고는 조합원명부에 기재된 주소지로 하고, 통지 및 최고기간은 7일 이상으로 한다. 다만, 조합원이 따로 연락받을 연락처를 지정하였을 때에는 그곳으로 한다.

제8조(공직선거 관여 금지) 1. 조합은 공직선거에 있어서 특정 정당을지지·반대하거나 특정인을 당선되도록 하거나 당선되지 아니하도록 하는 일체의 행위를 하여서는 아니 된다.

2. 누구든지 조합을 이용하여 제1항에 행위를 하여서는 아니 된다.

제9조(규약 또는 규정) 조합의 운영 및 사업실시에 관하여 필요한 사항으로서 이 정관으로 정한 것을 제외하고는 규약 또는 규정으로 정할 수 있다.

제2장 조합원

제10조(조합원의 자격 및 유형) 1. 조합의 설립목적에 동의하고 조합원으로서의 의무를 다하고자 하는 자는 조합원이 될 수 있다.

• 사회적협동조합은 사업 분야와 내용, 사업구역, 조합원의 구성 등을 고려하여 조합의 설립 목적 및 특성에 부합되는 자로 조합원의 자격을 정관으로 제한할 수 있다.(법 제21조 제2항)

2. 조합원의 유형은 다음 각 호와 같다.

    1) 생산자조합원: 조합의 ㅇㅇㅇ 사업 등에 관련 재화 또는 서비스를 공급하는 등 함께 사업수행에 참여하는 자

    2) 소비자조합원: 조합이 ㅇㅇㅇ 사업 등으로 생산한 재화나 서비스를 공급받거나 이용하는 자

    3) 직원조합원: 조합에 고용된 자

    4) 자원봉사자조합원: 조합에 무상으로 필요한 서비스 등을 제공하는 자

    5) 후원자조합원: 조합에 필요한 물품 등을 기부하거나 자금 등을 후원하는 자

제11조(조합원의 가입) 1. 조합원의 자격을 가진 자가 조합에 가입하고자 할 때에는 가입신청서를 제출하여야 한다.

2. 조합은 제1항에 따른 신청서가 접수되면 신청인의 자격을 확인하고 가입의 가부를 결정하여 신청서를 접수한 날부터 2주 이내에 신청인에게 서면 또는 전화 등의 방법으로 통지하여야 한다.

3. 제2항의 규정에 따라 가입의 통지를 받은 자는 조합에 가입할 자격을 가지며 납입하기로 한 출자좌수에 대한 금액을 가입 후 ㅇ개월 내에 조합에 납부함으로써 조합원이 된다.

4. 조합은 정당한 사유 없이 조합원의 자격을 갖추고 있는 자에 대하여 가입을 거절하거나 가입에 관하여 다른 조합원보다 불리한 조건을 붙일 수 없다.

제12조(조합원의 고지의무) 조합원은 제11조제1항에 따라 제출한 가입신

청서의 기재사항에 변경이 있을 때 또는 조합원의 자격을 상실하였을 때에는 지체 없이 조합에 이를 고지하여야 한다.

제13조(조합원의 책임) 조합원의 책임은 납입한 출자액을 한도로 한다.

제14조(탈퇴) 1. 조합원은 조합에 탈퇴의사를 알리고 조합을 탈퇴할 수 있다.

2. 조합원은 다음 각 호의 어느 하나에 해당하는 때에는 당연히 탈퇴된다.

　　1) 조합원의 자격이 없는 경우 2) 사망한 경우 3) 성년후견개시의 심판을 받은 경우 4) 조합원인 법인이 해산한 경우

제15조(제명) 1. 조합은 조합원이 다음 각 호의 어느 하나에 해당하면 총회의 의결을 얻어 제명할 수 있다.

　　1) 출자금 및 경비의 납입 등 조합에 대한 의무를 이행하지 아니한 경우

　　2) ○년 이상 계속해서 조합의 사업을 이용하지 아니한 경우

　　3) 조합의 사업과 관련된 법령·행정처분·정관 및 총회의결사항, 규약·규정을 위반한 경우

　　4) 고의 또는 중대한 과실로 조합의 사업을 방해하거나 신용을 상실하게 하는 행위를 한 경우

2. 조합은 제1항에 따라 조합원을 제명하고자 할 때에는 총회 개최 10일 전에 그 조합원에게 제명의 사유를 알리고 총회에서 의견을 진술할 기회를 주어야 한다.

3. 제2항에 따른 의견진술의 기회를 주지 아니하고 행한 총회의 제명 의결은 해당 조합원에게 대항하지 못한다.

4. 조합은 제명결의가 있었을 때에 제명된 조합원에게 제명이유를 서면으로 통지하여야 한다.

제16조(탈퇴·제명조합원의 출자금환급청구권) 1. 탈퇴 조합원(제명된 조합원을 포함한다. 이하 이 조와 제17조에서 같다)은 출자금의 환급을 청구할 수 있다.

2. 조합은 탈퇴 조합원이 조합에 대한 채무를 다 갚을 때까지는 제1항에 따른 출자금 환급을 정지할 수 있다. 다만, 탈퇴 조합원이 조합에 대하여 채무가 있을 때에는 제1항에 따른 환급금과 상계할 수 있다.

3. 제1항에 따른 청구권은 탈퇴(제명을 포함한다. 이하 이 조와 제17조에서 같다) 당의 회계연도의 다음 회계연도부터 청구할 수 있다.

4. 제1항에 따른 청구권은 제3항에 따라 청구권을 행사할 수 있는 날부터 2년간 행사하지 아니하면 시효로 인하여 소멸된다.

제17조(탈퇴조합원의 손실액 부담) 1. 조합은 조합의 재산으로 그 채무를 다 갚을 수 없는 경우에는 탈퇴 조합원의 출자금의 환급분을 계산할 때, 탈퇴 조합원이 부담하여야 할 손실액의 납입을 청구할 수 있다.

2. 제1항에 따른 손실액의 납입 청구에 관하여는 제16조제4항을 준용한다.

제3장 출자와 경비부담 및 적립금

제18조(출자) 1. 조합원은 ○좌 이상의 출자를 하여야 하며 출자 1좌의 금액은 ○○원으로 한다. • 출자 1좌의 금액은 균일하게 정하여야 한다.

2. 한 조합원의 출자좌수는 총 출자좌수의 100분의 30을 초과해서는 아니된다.

3. 출자금은 ○○일까지 납입한다.

4. 조합에 납입할 출자금은 조합에 대한 채권과 상계하지 못한다.

5. 출자는 현물로도 할 수 있고, 현물출자의 경우 규약이 정하는 바에 따라 출자액을 계산한다. 이 경우 현물출자자는 출자의 납입기일에 출자의 목적인 재산의 전부를 조합 또는 조합에서 지정한 장소에 납입하여야 한다.

※ 의료복지사회적협동조합의 경우

제18조(출자) 1. 조합원은 ○좌 이상의 출자를 하여야 하며 출자 1좌의 금액은 ○○○원으로 하며, 조합원 1인당 최저출자금은 5만 원 이상이어야 한다. 다만, 다음 각 호에 해당하는 자는 그러하지 아니한다.

2. 한 조합원의 최고출자금은 출자금 납입총액의 10퍼센트 이내여야 한다. 다만, 2인 이상의 조합원이 6촌 이내의 혈족, 4촌 이내의 인척, 배우자(사실상의 혼인관계에 있는 자 포함)일 경우에는 그 2인 이상의 조합

원 출자금 총액이 총 출자금 납입총액의 10퍼센트 이내여야 한다.

3. 조합에 납입할 출자금은 조합에 대한 채권과 상계하지 못한다.

4. 출자는 현물로도 할 수 있고, 현물출자의 경우 규약이 정하는 바에 따라 출자액을 계산한다. 이 경우 현물출자자는 출자의 납입기일에 출자의 목적인 재산의 전부를 조합 또는 조합에서 지정한 장소에 납입하여야 한다.

5. 출자금 납입총액이 1억 원 이상이면서 총자산 대비 100분의 50 이상이어야 한다.

• 인가관청의 승인을 받은 경우 총자산 대비 .출자금 납입총액의 비율을 100분의 50 미만으로 할 수 있다.

제19조(출자증서등의 교부) 1. 조합의 이사장은 조합원이 제18조의 규정에 의하여 최초 출자금을 납입한 때 및 조합원이 요구할 때에는 다음 각 호의 사항을 적은 출자증서 또는 출자를 확인할 수 있는 증표에 기명날인하여 조합원에게 발급하여야 한다.

1) 조합의 명칭 2) 조합원의 성명 또는 명칭 3) 조합 가입 연월일
4) 출자금의 납입 연월일 5) 출자금액 또는 출자좌수 6) 발행 연월일

2. 조합의 이사장은 매년 정기총회 ○일 후까지 조합원의 출자금액 변동 상황이 있는 경우에는 조합원에게 알려주어야 한다. 이 경우 우편, 전자통신매체 등을 이용하여 통지할 수 있다.

제20조(출자금등의 양도와 취득금지) 1. 조합원 지위의 양도 또는 조합원 출자금의 양도는 총회의 의결을 받아야 한다.

2. 조합원이 아닌 자가 출자금을 양수하려고 할 때에는 가입의 예에 따른다.

3. 출자금의 양수인은 그 출자금에 관하여 양도인의 권리의무를 승계한다.

4. 조합원은 출자금을 공유하지 못한다.

5. 조합은 조합원의 출자금을 취득하거나 이를 질권의 목적으로 하여서는 아니 된다.

제21조(출자금액의 감소의결) 1. 조합은 부득이한 사유가 있을 때에는

조합원의 신청에 의하여 출자좌수를 감소할 수 있다.

2. 조합은 출자 1좌 금액의 감소 또는 출자좌수의 감소(이하 "출자감소"라 한다)를 의결한 경우에는 그 의결을 한 날부터 14일 이내에 대차대조표를 작성한다.

3. 조합은 제2항에 따른 의결을 한 날부터 14일 이내에 채권자에 대하여 이의가 있으면 조합의 주된 사무소에 이를 서면으로 진술하라는 취지를 공고하고, 이미 알고 있는 채권자에게는 개별적으로 최고하여야 한다.

4. 제3항에 따른 이의신청 기간은 30일 이상으로 한다.

5. 그 밖의 출자감소의 절차와 방법에 관하여는 별도의 규약으로 정할 수 있다.

제22조(출자감소 의결에 대한 채권자의 이의) 1. 채권자가 제21조의 이의신청 기간에 출자감소에 관한 의결에 대하여 이의를 신청하지 아니하면 출자감소를 승인한 것으로 본다.

2. 채권자가 이의를 신청하면 조합은 채무를 변제하거나 상당한 담보를 제공하여야 한다.

제23조(경비 및 사용료와 수수료) 1. 조합은 사업운영을 위하여 조합원 및 조합의 사업을 이용하는 자에게 다음 각 호의 경비 및 사용료와 수수료를 부과 및 징수할 수 있다.

1) 기본회비   2) ○○할 목적으로 ○○에게 징수하는 특별회비
2) ○○사용료   4) ○○수수료

2. 제1항에 따른 경비 및 사용료와 수수료의 부과대상, 부과금액, 부과방법, 징수시기와 징수방법은 규약으로 정한다.

3. 조합원은 제1항에 따른 경비 및 사용료와 수수료를 납입할 때 조합에 대한 채권과 상계할 수 없다.

4. 제2항의 부과금에 있어서 조합원 등에 대한 부과금액의 산정기준 사항에 변경이 있어도 이미 부과한 금액은 변경하지 못한다.

제24조(과태금) 1. 조합은 조합원이 출자금 또는 경비 등의 납입의무를 그 기한까지 이행하지 아니하는 경우에는 과태금을 징수할 수 있다.

2. 조합원은 제1항에 따른 과태금을 조합에 대한 채권과 상계할 수 없다.

3. 과태금의 금액 및 징수방법은 규약으로 정한다.

제25조(법정적립금) 1. 조합은 매 회계연도 결산의 결과 잉여금이 있는 때에는 해당 회계연도 말 출자금 납입총액의 3배가 될 때까지 잉여금의 100분의 30 이상을 적립하여야 한다.

2. 제1항의 법정적립금은 손실금의 보전에 충당하거나 해산하는 경우 외에는 사용하여서는 아니 된다.

제26조(임의적립금) 1. 조합은 매 회계연도의 잉여금에서 제25조에 따른 법정적립금을 빼고 나머지가 있을 때에는 총회에서 결정하는 바에 따라 매 회계연도 잉여금의 100분의 ○○ 이상을 임의적립금으로 적립할 수 있다. 임의적립금의 적립범위는 정관에 정해야 한다.

2. 임의적립금은 총회에서 결정하는 바에 따라 사업준비금, 사업개발비, 교육 등 특수목적을 위하여 지출할 수 있다.

제28조(대의원총회) 1. 조합원의 수가 200인을 초과하는 경우 총회에 갈음하는 대의원 총회를 둘 수 있다.

제29조(대의원의 의무 및 자격상실) 1. 대의원은 성실히 대의원총회에 출석하고, 그 의결에 참여하여야 한다.

2. 대의원총회는 대의원이 다음 각 호의 어느 하나에 해당하는 행위를 할 때에는 그 의결로 대의원자격을 상실하게 할 수 있다. 이 경우 해당 대의원에게 서면으로 자격상실 이유를 의결일 7일 전까지 통지하고, 총회 또는 대의원총회에서 의견을 진술할 기회를 주어야 한다.

1) 대의원총회 소집통지서를 받고 정당한 사유 없이 계속하여 3회 이상 출석하지 아니하거나 대의원총회에 출석하여 같은 안건에 대한 의결에 2회 이상 참가하지 아니한 경우

2) 부정한 방법으로 대의원총회의 의사를 방해한 경우

3) 고의 또는 중대한 과실로 이 조합의 명예 또는 신용을 훼손시킨 경우

제30조(정기총회) 정기총회는 매년 1회 회계연도 종료 후 3개월 이내에 이사장이 소집한다.

제31조(임시총회) 1. 임시총회는 다음 각 호의 어느 하나에 해당하는 경

우에 이사장이 소집한다.

  1) 이사장 및 이사회가 필요하다고 인정할 때

  2) 조합원이 조합원 5분의 1 이상의 동의를 받아 소집의 목적과 이유를 적은 서면을 제출하여 이사장에게 소집을 청구한 때

  3) 감사가 조합의 재산상황이나 업무집행에 부정한 사실이 있는 것을 발견하고 그 내용을 총회에 신속히 보고할 필요가 있다고 인정하여 이사장에게 소집을 청구한 때

2. 이사장은 제1항 제2호(제57조 규정에 따른 해임 요구를 포함한다) 및 제3호의 청구를 받으면 정당한 사유가 없는 한 2주 이내에 소집절차를 밟아야 한다.

3. 제1항 제2호 및 제3호의 규정에 의하여 총회의 소집을 청구하였으나 총회를 소집할 자가 없거나 그 청구가 있는 날부터 2주 이내에 이사장이 총회의 소집절차를 밟지 아니한 때에는 감사가 7일 이내에 소집절차를 밟아야 한다. 이 경우 감사가 의장의 직무를 수행한다.

4. 감사가 제3항의 기한 이내에 총회의 소집절차를 밟지 아니하거나 소집할 수 없는 경우에는 제1항 제2호의 규정에 의하여 총회의 소집을 청구한 조합원의 대표가 이를 소집한다. 이 경우 조합원의 대표가 의장의 직무를 수행한다.

제32조(총회의 소집절차) 1. 이사장은 총회 개최 7일 전까지 회의목적·안건·일시 및 장소를 우편 또는 전자통신매체 등으로 각 조합원에게 통지하여야 한다.

2. 이사장이 궐위 또는 부득이한 사유로 총회를 소집할 수 없을 때에는 제53조에서 정하고 있는 순으로 이를 소집한다.

제32조의2(조합원제안권) 1. 조합원이 조합원 5분의 1 이상의 동의를 받아 이사장에게 총회일의 2주 전에 서면으로 일정한 사항을 총회의 목적사항으로 할 것을 제안(이하 '조합원제안'이라 한다)할 수 있다.

2. 이사장은 제1항에 의한 조합원제안이 있는 경우에는 이를 이사회에 보고하고, 이사회는 조합원제안의 내용이 법령 또는 정관을 위반하는 경우를 제외하고는 이를 총회의 목적사항으로 하여야 한다. 이 경우 조

합원제안을 한 자가 청구하면 총회에서 그 제안을 설명할 기회를 주어야 한다.

제33조(총회의 의결사항) 다음 각 호의 사항은 총회의 의결을 얻어야 한다.

1. 정관의 변경
2. 규약의 제정과 변경 또는 폐지
3. 임원의 선출과 해임
4. 사업계획 및 예산의 승인
5. 결산보고서(사업보고서, 대차대조표, 손익계산서, 잉여금처분안 또는 손실금처리안등을 말한다. 이하 같다)의 승인
6. 감사보고서의 승인
7. 협동조합의 합병·분할·해산, 휴업 또는 계속
8. 조합원의 제명
9. 탈퇴 조합원(제명된 조합원을 포함한다)에 대한 출자금 환급
10. 그 밖에 이사장 또는 이사회가 필요하다고 인정하는 사항

제35조(특별의결사항) 다음 각 호의 사항은 조합원 과반수의 출석과 출석조합원 3분의 2 이상의 찬성으로 의결한다.

1. 정관의 변경
2. 조합의 합병·분할·해산 또는 휴업 또는 계속
3. 조합원의 제명
4. 탈퇴 조합원(제명된 조합원을 포함한다)에 대한 출자금 환급

제36조(의결권 및 선거권) 1. 조합원은 출자좌수에 관계없이 각각 1개의 의결권과 선거권을 갖는다.

2. 조합원은 대리인으로 하여금 의결권 및 선거권을 행사하게 할 수 있다. 이 경우 그 조합원은 출석한 것으로 본다.
3. 제37조의 자격을 갖춘 대리인이 의결권 또는 선거권을 행사할 때에는 대리권을 증명하는 서면을 의결권 또는 선거권을 행사하기 전에 조합이 정하는 양식에 따라 미리 조합에 제출하여야 한다.

제37조(대리인이 될 자격) 전조 제2항에 따른 대리인은 다른 조합원 또는

본인과 동거하는 가족(조합원의 배우자, 조합원 또는 그 배우자의 직계 존속·비속과 형제자매, 조합원의 직계 존속·비속 및 형제자매의 배우자를 말한다)이어야 하며, 대리인이 대리할 수 있는 조합원의 수는 1인에 한정한다.

제38조(총회의 의사록) 1. 총회의 의사에 관하여 의사록을 작성하여야 한다.

2. 의사록에는 의사의 진행 상황과 그 결과를 적고 의장과 총회에서 선출한 조합원 3인 이상이 기명날인하거나 서명하여야 한다.

제39조(총회의 운영규약) 정관에 규정하는 외에 총회의 운영에 관하여 필요한 사항은 총회운영규약으로 정한다.

제40조(총회의 회기연장) 1. 총회의 회기는 총회의 결의에 의하여 연장할 수 있다.

2. 제1항의 규정에 의하여 속행된 총회는 제32조제1항의 규정을 적용하지 아니한다.

제41조(이사회) 1. 조합에 이사회를 둔다. 조합원이 10인 미만인 경우에는 총회 의결에 따라 이사회를 두지 않을 수도 있다. 2. 이사회는 이사장 및 이사로 구성한다. 3. 이사장은 이사회를 소집하고 그 의장이 된다. 4. 이사회의 소집은 회의일 7일전까지 회의의 목적, 안건, 일시 및 장소를 기재한 서면을 각 이사에게 통지하여야 한다. 다만 긴급을 요하여 이사회 구성원 과반수의 동의가 있을 때에는 소집절차를 생략할 수 있다. 5. 이사는 이사장에게 이사회 소집을 요구할 수 있다. 이사장이 정당한 사유 없이 이사회 소집을 거절하는 경우에는 다른 이사가 이사회를 소집할 수 있다.

6. 감사는 필요하면 회의의 목적사항과 소집이유를 서면에 적어 이사장에게 제출하여 이사회 소집을 청구할 수 있다. 이 경우 감사가 청구를 하였는데도 이사장이 지체 없이 이사회를 소집하지 아니하면 그 청구한 감사가 이사회를 소집할 수 있다.

7. 제5항과 제6항의 경우 이사장이 의장의 직무를 행할 수 없을 경우에는 제52조에 정한 순서대로 이사장의 직무를 대행할 이사가 그 직무를 대행한다.

제42조(이사회의 의결사항) 1. 이사회는 다음 각 호의 사항을 의결한다.

　　1) 조합의 재산 및 업무집행에 관한 사항　　2) 총회의 소집과 총회에 상정할 의안

　　3) 규정의 제정과 변경 및 폐지　4) 사업계획 및 예산안 작성　5) 간부 직원의 임면승인　6) 그 밖에 조합의 운영에 중요한 사항 또는 이사장이 부의하는 사항

2. 이사회는 제60조 각 호의 사업을 수행하기 위하여 필요한 위원회를 설치 운영할 수 있다.

3. 제2항의 위원회 구성 및 운영에 관하여는 별도 규정으로 정한다.

제43조(이사회의 의사) 1. 이사회는 구성원 과반수의 출석으로 개회하고 출석이사 과반수의 찬성으로 의결한다.

2. 이사의 개인 이익과 조합의 이익이 상반되는 사항이나 신분에 관련되는 사항에 관여 당해이사는 이사회의 의결에 관여할 수 없다. 이 경우 의결에 참가하지 못하는 이사는 의결정족수에 포함되지 아니한다.

제44조(이사회의 의사록) 이사회의 의사에 관하여는 의사의 경과와 그 결과를 기재한 의사록을 작성하고 참석 이사 전원이 이에 기명날인하거나 서명하여야 한다.

제5장 임원과 직원

제45조(임원의 정수) 1. 조합의 임원으로 이사장 1명을 포함한 3명 이상 ○○명 이내의 이사와 1명 이상 ○명 이내의 감사를 둔다.

2. 제1항의 임원 중 이사회의 호선에 의해 상임임원을 둘 수 있다.

제46조(임원의 선임)　1. 이사 및 감사는 총회가 조합원 중에서 선출한다. 다만 이사회의 추천에 따라 조합원 외의 자를 선출할 수 있다.

2. 이사장은 이사 중에서 총회에서 선출한다. 다만 부이사장, 전무이사 및 상무이사 등은 이사회가 이사 중에서 호선할 수 있다.

3. 임원의 결원에 따른 보궐선거는 결원이 발생한 날로부터 ○개월 이내로 하여야 한다.

4. 임원의 임기만료 또는 사임으로 제45조에 따른 임원의 정수를 충족하

지 못하는 경우, 퇴임한 임원은 새로운 임원이 선임될 때까지 임원의 권리·의무가 있다.

5. 제1항~제4항의 선거 방법, 절차 등에 관하여는 별도의 선거관리규정으로 정한다.

제47조(선거운동의 제한) 1. 누구든지 자기 또는 특정인을 조합의 임원 또는 대의원으로 당선되도록 하거나 당선되지 아니하도록 할 목적으로 다음 각 호의 어느 하나에 해당하는 행위를 할 수 없다.

　1) 조합원(조합에 가입신청을 한 자를 포함한다. 이하 이 조에서 같다)이나 그 가족(조합원의 배우자, 조합원 또는 그 배우자의 직계 존속·비속과 형제자매, 조합원의 직계 존속·비속 및 형제자매의 배우자를 말한다. 이하 이 조에서 같다) 또는 조합원이나 그 가족이 설립·운영하고 있는 기관·단체·시설에 대한 다음 각 목의 어느 하나에 해당하는 행위
　　① 금전·물품·향응이나 그 밖의 재산상의 이익을 제공하는 행위
　　② 공사의 직을 제공하는 행위
　　③ 금전·물품·향응, 그 밖의 재산상의 이익이나 공사의 직을 제공하겠다는 의사표시 또는 그 제공을 약속하는 행위

　2) 후보자가 되지 못하도록 하거나 후보자를 사퇴하게 할 목적으로 후보자가 되려는 사람이나 후보자에게 제1호 각 목에 규정된 행위를 하는 행위

　3) 제1호 또는 제2호의 이익이나 직을 제공받거나 그 제공의 의사표시를 승낙하는 행위 또는 그 제공을 요구하거나 알선하는 행위

2. 임원 또는 대의원이 되려는 사람은 선거일 공고일 부터 선거일까지의 기간 중에는 선거운동을 위하여 조합원을 호별로 방문하거나 특정 장소에 모이게 할 수 없다.

3. 누구든지 조합의 임원 또는 대의원 선거와 관련하여 연설·벽보, 그 밖의 방법으로 거짓의 사실을 공표하거나 공연히 사실을 적시하여 후보자를 비방할 수 없다.

4. 누구든지 임원 또는 대의원 선거와 관련하여 다음 각 호의 방법 이외의 선거운동을 할 수 없다.

1) 선전 벽보의 부착   2) 선거 공보의 배부   3) 소형 인쇄물의 배부   4) 합동 연설회 또는 공개 토론회의 개최   5) 전화(문자메시지를 포함한다)·팩스·컴퓨터 통신(전자우편을 포함한다)을 이용한 지지 호소

제48조(선거관리위원회의 구성·운영) 1. 조합의 임원 및 대의원 선거를 공정하게 관리하기 위하여 본 조합에 선거관리위원회(이하 "위원회"라 한다)를 구성·운영할 수 있다.

2. 위원회는 이사회의 의결을 거쳐 위원장 1인을 포함한 ○명 이내의 위원으로 구성한다. 이 경우 당해 선거에 임원으로 후보등록한 자는 위원이 될 수 없다.

3. 위원의 위촉기간은 위촉일로부터 ○년으로 한다.

4. 위원장은 위원회를 대표하고 위원회를 소집하여 이를 주재한다.

5. 위원장은 중요한 사항에 대하여는 위원회에 부의하여 처리하여야 하며, 위원회는 구성원 과반수의 출석으로 개의하고 출석자 과반수의 찬성으로 의결한다.

6. 위원회는 다음 각 호의 사무를 관장한다.
   1) 후보자의 자격심사   2) 선거인 명부의 확정   3) 후보자 추천의 유·무효 판정   4) 선거공보의 작성과 선거운동방법 결정 및 계도   5) 선거관리, 투표관리 및 개표 관리   6) 투표의 유·무효의 이의에 대한 판정   7) 선거관련 분쟁의 조정   8) 선거운동 제한 규정 위반여부 심사 및 조치   9) 당선인의 확정
   10) 그 밖에 선거에 필요한 사항

7. 위원회는 의사의 진행상황 및 그 결과를 적은 의사록을 작성하고, 참석위원이 기명날인하여야 한다.

8. 위원은 선거관리사무를 행함에 있어 공정을 기하여야 한다.

9. 그밖에 위원회의 기능·구성 및 운영 등에 관하여 필요한 사항은 선거관리규정으로 정할 수 있다.

제49조(임원 등의 결격사유) 1. 다음 각 호의 어느 하나에 해당하는 자는 이 조합의 임원이나 임원의 직무를 수행할 사람이 될 수 없다.

1) 피성년후견인

2) 파산선고를 받고 복권되지 아니한 사람

3) 금고 이상의 실형을 선고받고 그 집행이 끝나거나(집행이 끝난 것으로 보는 경우를 포함한다) 집행이 면제된 날부터 3년이 지나지 아니한 사람

4) 금고 이상의 형의 집행유예를 선고받고 그 유예기간 중에 있는 사람

5) 금고 이상의 형의 선고유예를 받고 그 선고유예기간 중에 있는 사람

6) 형법 제303조 또는 성폭력범죄의처벌등에관한특례법 제10조에 규정된 죄를 범한 사람으로서 300만 원 이상의 벌금형을 선고받고 그 형이 확정된 후 2년이 지나지 않은 사람

7) 법원의 판결 또는 다른 법률에 따라 자격이 상실 또는 정지된 사람

2. 제1항 각호의 사유가 발생하면 해당 임원이나 임원의 직무를 수행할 사람은 당연히 퇴직한다.

3. 제2항에 따라 퇴직된 임원이나 임원의 직무를 수행할 사람이 퇴직 전에 관여한 행위는 그 효력을 상실하지 아니한다.

제50조(임원의 임기) 1. 임원의 임기는 ○년으로 한다.

2. 임원은 연임할 수 있다. 다만, 이사장은 두 차례만 연임할 수 있다.

3. 결원으로 인하여 선출된 임원의 임기는 전임자의 임기종료일까지로 한다.

제51조(임직원의 겸직금지) 1. 이사장은 다른 조합의 이사장을 겸직할 수 없다.

2. 이사장을 포함한 이사와 직원은 감사를 겸직할 수 없다.

3. 조합의 임직원은 국회의원 또는 지방의회의원을 겸직할 수 없다.

4. 임원 총수의 3분의 1을 초과하여 임원은 이 조합의 직원을 겸직할 수 없다. 다만, 조합원의 수가 10인 이하인 조합은 해당 기간 동안 그러하지 아니한다.

제52조(이사장 및 이사의 직무) 1. 이사장은 조합을 대표하고 이사회의 결정에 따라 조합의 업무를 집행한다.

2. 이사는 이사장을 보좌하며 조합의 업무를 집행한다.

3. 이사장이 부득이한 사유로 직무를 수행할 수 없을 때에는 미리 이사회

가 정한 순서대로 그 직무를 대행하고 해당자가 2인 이상일 경우에는 연장자 순으로 한다.

4. 제3항의 경우와 이사장이 권한을 위임한 경우를 제외하고는 이사장이 아닌 이사는 조합을 대표할 수 없다.

제52조의2(이사의 경업금지) 1. 이사는 조합원 전원의 동의를 받지 아니하고는 자기 또는 제3자의 계산으로 조합의 영업부류에 속한 거래를 하지 못하며, 같은 종류의 영업을 목적으로 하는 다른 회사의 이사 또는 집행임원이 되지 못한다.

2. 이사가 전항의 규정에 위반하여 거래를 한 경우에 그 거래가 자기의 계산으로 한인 때에는 조합은 이를 조합의 계산으로 한 것으로 볼 수 있고, 제3자의 계산으로 한 것인 때에는 그 이사에 대하여 조합은 이로 인한 이득의 양도를 청구할 수 있다.

3. 전항의 규정은 조합의 그 이사에 대한 손해배상의 청구에 영향을 미치지 못한다.

4. 제2항의 권리는 다른 이사 과반수의 결의에 의하여 행사하여야 하며, 다른 이사의 1인이 그 거래를 안 날로부터 2주간을 경과하거나 그 거래가 있은 날로부터 1년을 경과하면 소멸한다.

제52조의3(이사와 협동조합 간의 거래) 이사는 조합원 과반수의 결의가 있는 경우에만 자기 또는 제3자의 계산으로 조합과 거래를 할 수 있다. 이 경우에는 민법 제124조를 적용하지 아니한다.

제53조(감사의 직무) 1. 감사는 연 ○회 이상 조합의 업무집행 상황, 재산 상태, 장부 및 서류 등을 감사하여 총회에 보고하여야 한다.

2. 감사는 예고 없이 조합의 장부나 서류를 대조 확인할 수 있다.

3. 감사는 이사장 및 이사가 법령·정관·규약·규정 또는 총회의 의결에 반하여 업무를 집행한 때에는 이사회에 그 시정을 요구하여야 한다.

4. 감사는 총회 또는 이사회에 출석하여 의견을 진술할 수 있다.

5. 제1항의 감사보고서 제출에 있어서 감사가 2인 이상인 경우 감사의 의견이 일치하지 아니할 경우에는 각각 의견을 제출할 수 있다.

제54조(감사의 대표권) 조합이 이사장을 포함한 이사와 소송을 하는 때에

는 감사가 조합을 대표한다.

제55조(임원의 의무와 책임) 1. 임원은 법령과 조합의 정관, 규약, 규정 및 총회와 이사회의 의결을 준수하고 조합을 위하여 성실히 그 직무를 수행하여야 한다.

2. 임원이 법령 또는 정관을 위반하거나 그 임무를 게을리 하여 조합에 손해를 가한 때에는 연대하여 그 손해를 배상하여야 한다.

3. 임원이 고의 또는 중대한 과실로 그 임무를 게을리 하여 제3자에게 손해를 끼친 때에는 제3자에게 연대하여 그 손해를 배상하여야 한다.

4. 제2항 및 제3항의 행위가 이사회의 의결에 의한 것일 때에는 그 의결에 찬성한 이사도 제2항 및 제3항의 책임이 있다.

5. 제4항의 의결에 참가한 이사로서 명백한 반대의사를 표시하지 아니한 자는 그 의결에 찬성한 것으로 본다.

6. 제2항부터 제5항까지의 규정에 따른 구상권의 행사는 감사 및 이사에 대하여는 이사장이, 이사장에 대하여는 감사가, 전체 임원에 대하여는 조합원 5분의 1 이상의 동의를 받은 조합원 대표가 한다.

제56조(임원의 보수등) 상임임원의 보수 및 상임임원을 제외한 임원의 여비 기타 실비변상에 대해서는 규정으로 정한다.

제57조(임원의 해임) 1. 조합원은 조합원 5분의 1 이상의 동의로 총회에 임원의 해임을 요구할 수 있다. 이 경우 해임에 동의하는 조합원은 해임의 이유를 서면으로 총회의 의장에게 제출하여야 한다.

2. 총회의 의장은 부득이한 사유가 없는 한 30일 내에 총회 소집절차를 거쳐 해임의안을 상정하여야 한다.

3. 의장은 총회 개최 10일 전에 해당 임원에게 해임 이유를 서면으로 통보하고, 총회에서 의견을 진술할 기회를 주어야 한다.

4 이사장 해임을 의결하는 총회에서는 제52조에 정한 순서대로 의장의 직무를 대행한다.

5. 임원의 해임을 의결하는 총회에서 해당 임원은 의결에 참가할 수 없다.

6. 임원의 해임 사유, 해임 절차 등에 관하여 기타 필요한 사항은 규약으로 정한다.

제58조(운영의 공개) 1. 조합은 결산결과의 공고 등 운영사항을 적극 공개하여야 한다.

2. 조합은 정관·규약·규정과 총회·이사회의 의사록, 회계장부 및 조합원 명부를 주된 사무소에 비치하여야 한다.

3. 결산보고서는 정기총회 7일 전까지 주된 사무소에 비치하여야 한다.

4. 조합원과 조합의 채권자는 이사장에게 제2항 및 제3항의 서류의 열람 또는 그 사본을 청구할 수 있다.

5. 조합은 제4항의 청구가 있을 때에는 정당한 이유 없이 이를 거부하지 못한다.

6. 조합은 결산일로부터 4개월 이내에 기획재정부장관이 지정하는 인터 넷 사이트에 다음 각 호의 자료를 게재하여야 한다.

　　1) 정관, 규약, 규정　　2) 사업결산 보고서　　3) 총회, 대의원총회 및 이사회의 활동상황　　4) 사업결과 보고서　　5) 소액대출 및 상호 부조 사업현황

제58조의2(기부금의 공개) 1. 조합은 회계연도 종료일로부터 3개월 이내 에 조합 홈페이지 및 국세청의 인터넷 홈페이지에 기부금의 모금액 및 활용실적을 공개하여야 한다.

2. 조합의 이사장은 매년 또는 기부자가 요구할 때 기부자의 기부금 현황 을 알려주어야 한다. 이 경우 기부자가 인터넷 홈페이지를 통해 기부 내역을 조회하고 관련 증빙을 출력할 수 있는 전산설비를 구축하거나 우편, 전자통신매체 등을 이용하여 통지할 수 있다.

3. 기부금은 별도의 통장을 통해 수입 및 지출을 관리한다.

4. 기부금을 받은 경우에는 기부금 영수증을 발급하고 기부자별 기부금 영수증 발급내역을 작성하여 5년간 보관하여야 한다.

제59조(직원의 임면 등) 1. 직원은 이사장이 임면한다. 다만, 간부직원은 이사회의 결의를 거쳐 이사장이 임면한다.

2. 직원의 임면, 급여, 기타 직원에 관하여 필요한 사항은 규정으로 정한다.

제6장 사업과 집행

제60조(사업의 종류) 1. 이 조합은 ○○○형(주 사업 유형 제시 권고)으로 그 목적을 달성하기 위하여 다음 각 호의 사업을 주 사업으로 하여야 하고, 주 사업은 협동조합 전체 사업량의 100분의 40 이상이어야 한다.

 1) ○○○ 사업   2) ○○○ 사업

2. 이 조합은 그 목적을 달성하기 위하여 다음 각 호의 사업을 기타 사업으로 할 수 있다.

 1) ○○○ 사업   2) ○○○ 사업   3) 조합원과 직원에 대한 상담, 교육·훈련 및 정보제공 사업   4) 조합 간 협력을 위한 사업 5) 조합의 홍보 및 지역사회를 위한 사업

3. 조합의 사업은 관계 법령에서 정하는 목적·요건·절차·방법 등에 따라 적법하고 타당하게 시행되어야 한다.

4. 이 조합이 주 사업의 목적 및 판단기준을 적용하기 위하여 수행할 사업유형은 '○○○○형(주사업유형 기재)'으로서 '○○○일 것(판단기준 기재)'으로 한다.

제61조(소액대출) 1. 조합은 상호복리 증진을 위하여 제60조의 주 사업 이외의 사업으로 조합원을 대상으로 납입 출자금 총액의 3분의 2를 초과하지 않는 범위에서 소액대출을 할 수 있다.

2. 조합원 가입 후 ○개월이 경과한 조합원에 한해서 대출자격을 가진다.

3. 제1항에 따른 소액대출을 할 때 조합원 1인당 최대한도는 ○원으로 한다.

4. 소액대출 이자율은 ○%로 한다.

5. 소액대출 연체이자율은 ○%로 한다.

6 대출 종류, 대출 종류별 이자율 및 연체이자율, 대출절차와 상환 등 소액대출 사업 운영에 대한 세부 사항은 별도의 규약으로 정한다.

7 조합은 정기적으로 대출 조합원의 채무상환능력과 금융거래내용 등을 감안하여 적정한 수준의 대손충당금을 적립·유지하여야 하며, 대손충당의 구체적 적립수준 등에 관해서는 별도의 규약으로 정한다.

8 소액대출 사업은 제60조에 따른 주 사업 및 기타 사업과 구분하여 따로 회계 처리되어야 한다.

제62조(상호부조) 1. 조합은 조합원 간 상부상조를 목적으로 조합원들이 각자 나눠 낸 상호부조회비를 기금으로 적립하여 그 기금으로 상호부조회비를 낸 조합원에게 혼례, 사망, 질병 등의 사유가 생긴 경우 일정 금액의 상호부조금을 지급한다.

2. 조합원 가입 후 ○개월이 경과한 조합원 가운데 심사위원회의 승인을 얻은 조합원에 한해서 상호부조사업 참여자격을 가진다.

3. 조합원 1인당 상호부조의 범위는 ○원 이내로 한다.

4. 제1항의 상호부조회비는 ○원으로 한다. 상호부조 사업에 참여하는 조합원은 상호부조 회비를 매월 납부하여야 한다.

5. 상호부조 계약은 조합의 상호부조사업부 또는 계약 사업부와 조합원 간에 직접 이루어지도록 해야 하며, 제3의 판매조직이나 금융기관과의 제휴를 통한 계약은 허용되지 않는다.

6. 상호부조 회비 적립금의 운영은 지나친 위험에 노출되지 않도록 하여야 한다. 이를 위해 예금 및 국공채 이외의 주식, 회사채, 기타 시장성 증권에 투자하여서는 아니 된다.

7. 상호부조계약의 양식, 상호부조 회비의 사용, 상호부조 회비의 환급 등 사업 운영에 대한 세부 사항은 별도의 규약으로 정한다.

8. 상호부조 사업은 제60조에 따른 주 사업 및 기타 사업과 구분하여 따로 회계 처리되어야 한다.

제63조(사업의 이용) 1. 조합은 조합원이 이용하는 데에 지장이 없는 범위에서 다음 각 호의 경우 조합원이 아닌 자에게 사업을 이용하게 할 수 있다.

　1) ○○○　　2) ○○○

제64조(사업계획과 수지예산) 1. 이사회는 매 회계연도 경과 후 3개월 이내에 해당 연도의 사업계획을 수립하고 동 계획의 집행에 필요한 수지예산을 편성하여 총회의 의결을 받아야 한다.

2. 제1항에 따른 사업계획과 예산이 총회에서 확정될 때까지는 전년도 예

산에 준하여 가예산을 편성하여 집행할 수 있다. 이 경우 총회의 사후 승인을 받아야 한다.

3. 이사회가 총회에서 확정된 사업계획과 예산을 변경한 때에는 차기 총회에서 사후 변경승인을 받아야 한다.

제7장 회계

제65조(회계연도) 조합의 회계연도는 매년 ○월 ○일부터 ○월 ○일까지로 한다.

제66조(회계) 1. 조합의 회계는 일반회계와 특별회계로 구분한다.

2. 당해 조합의 사업은 일반회계로 하고, 특별회계는 조합이 특정사업을 운영할 때, 특정자금을 보유하여 운영할 때, 기타 일반회계와 구분 경리할 필요가 있을 때 설치한다.

제67조(특별회계의 설치) 특별회계는 다음 각 호의 사업 또는 자금을 운영하기 위하여 설치한다.   1. ○○사업   2. ○○자금

제68조(결산 등) 1. 조합은 정기총회일 7일 전까지 결산보고서를 감사에게 제출하여야 한다.

2. 조합은 제1항에 따른 결산보고서와 감사의 의견서를 정기총회에 제출하여 승인을 받아야 한다.

제69조(손실금의 보전) 1. 조합은 매 회계연도의 결산 결과 손실금(당기손실금을 말한다)이 발생하면 미처분이월금, 임의적립금, 법정적립금 순으로 이를 보전하고, 보전 후에도 부족이 있을 때에는 이를 다음 회계연도에 이월한다.

2. 조합은 제1항에 따른 손실금을 보전하고 제25조에 따른 법정적립금 등을 적립한 이후에 발생하는 잉여금은 임의적립금으로 적립하여야 하고, 이를 조합원에게 배당할 수 없다.

제8장 합병·분할 및 해산

제70조(합병과 분할) 1. 조합은 합병계약서 또는 분할계획서를 작성한 후 총회의 의결을 얻어 합병 또는 분할할 수 있다.

2. 합병 또는 분할로 인하여 존속하거나 설립되는 조합은 합병 또는 분할로 소멸되는 조합의 권리·의무를 승계한다.

제71조(해산) 1. 조합은 다음 각 호의 어느 하나에 해당하는 사유가 발생하였을 때에는 해산하고 해산절차는 민법 등 관련 법령에 의한다.

　1) 총회의 의결　　2) 합병·분할 또는 파산　　3) 설립인가의 취소

2. 이사장은 조합이 해산한 때에는 지체 없이 조합원에게 통지하고 공고하여야 한다.

제72조(청산인) 1. 조합이 해산한 때에는 파산으로 인한 경우를 제외하고는 이사장이 청산인이 된다. 다만, 총회에서 다른 사람을 청산인으로 선임하였을 경우에는 그에 따른다.

2. 청산인은 취임 후 지체 없이 재산 상태를 조사하고 재산목록과 대차대조표를 작성하여 재산처분의 방법을 정하여 총회의 승인을 얻어야 한다.

3. 청산사무가 종결된 때에는 청산인은 지체 없이 결산보고서를 작성하여 총회의 승인을 얻어야 한다.

4. 제2항 및 제3항의 경우에 총회를 2회 이상 소집하여도 총회가 구성되지 아니할 때에는 출석 조합원 3분의 2 이상의 찬성이 있으면 총회의 승인이 있은 것으로 본다.

제73조(청산 잔여재산의 처리) 조합이 해산 후 채무를 변제하고 청산 잔여재산이 있을 때에는 다음 각 호의 어느 하나에 귀속한다.

1. 상급 사회적협동조합연합회　2. 유사한 목적의 사회적협동조합　3. 비영리법인·공익법인　4. 국고

부칙

이 정관은 소관 중앙부처 장의 인가를 받은 날부터 시행한다.

발기인　　○　○　○　　(인)

발기인　　○　○　○　　(인)

발기인　　○　○　○　　(인)

발기인　　○　○　○　　(인)

발기인　　○　○　○　　(인)

■ 협동조합 기본법 시행규칙 [별지 제18호서식] 〈개정 2020. 9. 29.〉[5]

<table>
<tr><td colspan="2">[ ] 사회적협동조합
[ ] 사회적협동조합연합회</td><td colspan="2">설립인가 신청서</td></tr>
<tr><td>접수번호</td><td>접수일</td><td colspan="2">처리기간   60일</td></tr>
<tr><td rowspan="2">설립
신청인</td><td>성명(법인명)</td><td colspan="2">생년월일(법인등록번호)</td></tr>
<tr><td>주소</td><td colspan="2">전화번호</td></tr>
</table>

<table>
<tr><td rowspan="6">법 인</td><td>조합명(연합회명)</td><td colspan="2">전화번호</td></tr>
<tr><td>소재지</td><td colspan="2"></td></tr>
<tr><td>이사장(회장) 성명(법인명)</td><td colspan="2">주민등록번호(법인등록번호)</td></tr>
<tr><td>전화번호</td><td colspan="2">전자우편주소</td></tr>
<tr><td>주소</td><td colspan="2"></td></tr>
</table>

<table>
<tr><td rowspan="4">설립신청
내용</td><td>설립동의자 수(명)</td><td>출자금 납입총액(원)</td><td>창립총회 개최일</td></tr>
<tr><td></td><td></td><td></td></tr>
<tr><td>1인당 최저출자금(원)
* 보건의료사업을 하는 사회적협동조합의
경우에만 작성</td><td colspan="2">총자산 대비 출자금 납입총액의 비율(%)
* 보건의료사업을 하는 사회적협동조합의
경우에만 작성</td></tr>
</table>

<table>
<tr><td>주사업
유형
(*사회적
협동조합만
작성)</td><td>[ ] 지역사업형(「협동조합 기본법」 제93조제1항 제1호)
[ ] 취약계층 사회서비스 제공형(「협동조합 기본법」 제93조제1항 제2호)
[ ] 취약계층 고용형(「협동조합 기본법」 제93조제1항 제3호)
[ ] 위탁사업형(「협동조합 기본법」 제93조제1항 제4호)
[ ] 기타 공익증진형(「협동조합 기본법」 제93조제1항 제5호)</td></tr>
</table>

「협동조합 기본법」 제85조제1항 또는 제114조제1항에 따라 위와 같이 설립인가를 신청합니다.

년   월   일

신청인   (서명 또는 인)

기획재정부장관 또는 관계 중앙행정기관의 장   귀하

<table>
<tr><td rowspan="2">첨부서류</td><td>1. 정관 사본 1부
2. 창립총회 개최 공고문 1부
3. 창립총회 의사록 사본 1부
4. 임원 명부(임원약력 포함) 1부
5. 사업계획서 1부
6. 수입 · 지출 예산서 1부
7. 출자 1좌당 금액과 조합원 또는 회원별로 인수하려는 출자좌수를 적은 서류 1부
8. 발기인 및 설립동의자(또는 설립에 동의한 사회적협동조합) 명부 1부
9. 합병 또는 분할을 의결한 총회의사록(「협동조합 기본법」 제101조제1항 및 제115조
   제3항에 따른 합병 또는 분할로 인해 설립되는 경우만 해당하며, 합병 또는 분할로
   인해 존속하거나 설립되는 사회적협동조합 및 사회적협동조합연합회가 승계해야 할
   권리 · 의무의 범위가 의결사항으로 적혀 있어야 합니다) 사본 1부
10. 주 사업의 내용이 설립인가 기준을 충족하는 것을 증명하는 서류(사회적협동조합의
    경우에만 제출합니다)</td><td>수수료
없음</td></tr>
</table>

---

5) 법제처(2020), 협동조합 기본법 시행규칙.

처리절차				
신청서 작성	접 수	서류 확인 및 검토	결 재	설립인가증 발급
신청인	처리기관 (기획재정부장관 · 관계 중앙행정기관 의 장)	처리기관 (기획재정부장관 · 관계 중앙행정기관의 장)	처리기관 (기획재정부장관 · 관계 중앙행정기 관의 장)	

■ 협동조합 기본법 시행규칙 [별지 제19호서식] 〈개정 2020. 9. 29.〉

사회적협동조합 사업계획서

(3쪽 중 1쪽)

조직 개요	조합명		업종(표준산업분류번호)	
	설립 연월일		업태	
	인가번호		사업자등록번호	
	연합회 가입 현황			
	주소	주사무소		
		제1 지사무소		
		제2 지사무소		
	출자금			
		백만원		
	주 사업 유형	[ ]지역사업형 [ ]취약계층 사회서비스 제공형 [ ]취약계층 고용형 [ ]위탁사업형 [ ]기타 공익증진형		

조직 연혁	연월일	주요 내용

설립 목적	

의사결정 기구	[ ]조합원 총회 [ ]대의원 총회 [ ]이사회 ※ 중복 표시 가능

조직도	

임원 현황	직위	성명	경력	직원 겸직 여부

조합원 현황 ※ 해당 유형 에만 표기	생산자	소비자	직원	자원봉사자	후원자	계
	명	명	명	명	명	명

직원 고용 계획	성별	남성	명	여성	명	계	명
	고용 형태	정규직	명	비정규직	명	계	명
	취약계층 고용	취약계층	명	비취약 계층	명	계	명

작성방법
최초 설립인가 신청 시 조직 개요에 조합명, 주소, 출자금만 적어주시기 바랍니다.

210㎜×297㎜[백상지 80g/㎡]

Chapter 12 비영리조직 설립 실무 269

해당 연도 사업계획 (* 해당 내용만 작성)

① 지역사업형 (판단기준: 사업비/서비스 공급 비율 중 택일)

구 분		사업비 (원)		서비스 공급(인원수/시간/회 중 택일)	
		직전 연도 결산	해당 연도 예산	직전 연도 실적	해당 연도 계획
총 계 (A)					
지역 사업	소 계(B)				
	○○사업				
	ㅁㅁ사업				
	…				
기타 사업	소 계				
	○○사업				
	ㅁㅁ사업				
	…				
지역사업 비율(C=B/A)(%)					

② 취약계층 사회서비스 제공형 (판단기준: 사회서비스 공급 비율)

구 분	사회서비스 공급 (인원수/시간/회 중 택일)	
	직전 연도 실적	해당 연도 계획
총 계 (A)		
취약계층 (B)		
기 타		
취약계층 비율 (C=B/A)(%)		

③ 취약계층 고용형 (판단기준: 인건비/직원수 비율 중 택일)

구 분	인건비 (원)		직원수 (명)	
	직전 연도 결산	해당 연도 예산	직전 연도 결산	해당 연도 예산
총 계 (A)				
취약계층 (B)				
기 타				
취약계층 비율 (C=B/A)(%)				

④ 위탁사업형 (판단기준 : 사업비 비율)

구 분		사업비 (원)	
		직전 연도 결산	해당 연도 예산
총 계 (A)			
위탁사업	소 계(B)		
	○○사업 (위탁기관)		
	□□사업 (위탁기관)		
	…		
자체사업	소 계		
	○○사업		
	□□사업		
	…		
위탁사업 비율(C=B/A)(%)			

⑤ 기타 공익증진형 (판단기준 : 사업비 / 서비스 공급 비율 중 택일)

구 분		사업비 (원)		서비스 공급 (인원/시간/회 중 택일)	
		직전 연도 결산	해당 연도 예산	직전 연도 실적	해당 연도 계획
총 계 (A)					
공익 사업	소 계(B)				
	○○사업				
	□□사업				
	…				
기타 사업	소 계				
	○○사업				
	□□사업				
	…				
공익사업 비율(C=B/A)(%)					

작성방법

최초 설립인가 신청 시 해당 연도 예산 또는 해당 연도 계획을 적어주시기 바랍니다.

[ ] 사회적협동조합	
[ ] 사회적협동조합연합회	수입 · 지출 예산서
[ ] 이종협동조합연합회	

회계연도 : 000년도

<table>
<tr><td rowspan="11">조직

개요</td><td colspan="2">조합명(연합회명)</td><td colspan="2">업종(표준산업분류번호)</td></tr>
<tr><td colspan="2">설립 연월일</td><td colspan="2">업태</td></tr>
<tr><td colspan="2">인가번호</td><td colspan="2">사업자등록번호</td></tr>
<tr><td rowspan="3">주소</td><td>주사무소</td><td colspan="2"></td></tr>
<tr><td>제1 지사무소</td><td colspan="2"></td></tr>
<tr><td>제2 지사무소</td><td colspan="2"></td></tr>
<tr><td colspan="2">출자금</td><td colspan="2"></td></tr>
<tr><td colspan="2"></td><td colspan="2" align="right">백만원</td></tr>
<tr><td>주 사 업 유형</td><td colspan="3">[ ]지역사업형 [ ]취약계층 사회서비스 제공형</td></tr>
<tr><td>* 사회적협동조합만 작성</td><td colspan="3">[ ]취약계층 고용형 [ ]위탁사업형 [ ]기타 공익증진형</td></tr>
</table>

	수입	(단위:원)			지출	(단위: 원)	
구분		금액	구성비(%)	구분		금액	구성비(%)
주 사업	○○사업			주 사업	○○사업		
	"				"		
	"				"		
	"				"		
기타사업	○○사업			기타사업	○○사업		
	"				"		
	"						
사업비 합계				사업비 합계			
사업외 수입	이자수익			경상비 (판매비와 관리비)	인건비		
	후원금 등				취약계층 인건비		
	"				운영비 등		
	"				"		
출자금				사업외 비용	이자비용		
차입금					잡손실 등		
	"				"		
	"			출자금 반환			
	"			차입금 상환			
	"			예비비 등			
합계				합계			

작성방법

1. 최초 설립인가 신청 시 조직 개요에 조합명(연합회명), 주소, 출자금만 적어주시기 바랍니다.
2. 예시된 항목 외의 수입 또는 지출 항목이 있을 경우 모두 적습니다.
3. 사회적협동조합연합회 및 이종협동조합연합회의 사업구분, 금액, 구성비는 주 사업 란에 적어주시기 바랍니다.
4. 사회적협동조합이 「협동조합 기본법 시행규칙」 제12조제1항제3호가목에 따라 전체 인건비 총액 중 취약계층인 직원에게 지급한 인건비가 40% 이상일 것을 판단 기준으로 하는 경우 인건비와 취약계층 인건비 항목을 구분하여 작성하시기 바랍니다.
5. 주 사업 및 기타사업은 정관으로 정한 사업명에 준해 작성합니다.

13 비영리기관의 운영철학

　　모든 기관이나 단체가 창립 될 때, 뜻을 가진 사람에 의해서 창립된다. 많은 사람들이 어떤 문제에 공감하고, 나름대로의 활동을 하고 있다고 하더라고 앞장서는 지도자가 없다면 기관은 만들어지지 않는다. 누군가 한명이 나서서 "우리 같이 이런 일을 해보자"라고 사람들에게 제안을 했다면 지도자로서 이미 첫 번째 의무를 다했다고 볼 것이다(이일하, 2011).

　　그렇다면 비영리기관이란 무엇인가? 이윤을 남기기 위해 조직된 사업체가 아닌 기관을 뜻하지만 이러한 설명으로는 비영리기관의 중요한 특징이 무엇인지 자세히 알 수가 없다. 경영 목적이 뚜렷하며 구체적인 경제 수단들과 관련된 영리기관들과는 달리 비영리기관은 '공익'이라는 추상적인 개념을 추구하기 때문에 운영 목적이 모호할 수 있다. 영리기관에서는 일반적으로 경영인이 자신이 일을 잘하고 있는지 아닌지를 알 수 있지만 비영리기관은 운영의 주요 목적이 이윤을 남기는 것이 아니라 공익을 위해 일하는 것이기 때문에 비영리기관을 운영하는 사람이 자신이 일을 원활하게 하고 있는지 파악하기 어려울 수 있다(토마스 울프, 2012).

1. 공익을 추구하는 비영리기관

비영리기관과 영리기관의 근본적인 차이는 추구하는 목적에 있다. 영리기관의 첫 번째 목표는 분명하다. '이윤을 남기는 것', 영리기관은 소유형태도 여러 가지이다. 개인이 소유하거나 주주 그룹 등이 공동으로 소유하는 형태 등으로, 하지만 대부분의 비영리기관은 공익을 추구하기 때문에 소유의 개념이 없으며, 공익을 추구하기 때문에 소유주가 있을 수 없으며 소유와 그에 따르는 사익은 공익과 공존할 수 없다.

그렇다고 비영리기관이 돈을 벌지 못하는 것은 아니다. 영리기관처럼 돈을 벌 수도 있고 실제로 벌기도 한다. 그러나 번 돈은 기관이 세워진 공익의 목적을 위해 쓰여져야 한다. 그렇기 때문에 이 결론도 결국은 공익을 위해 사업을 하는 것이라고 볼 수 있다. 비영리기관은 목적을 정하여 성공을 평가하는 기준이 영리기관보다 어렵다고 볼 수 있다. 영리기관은 쉽고 단순히 성공을 평가할 때, 많은 이윤을 남기냐에 따라 성공을 평가하는 부분이 크다. 하지만 비영리기관은 공익사업이기 때문에 성공의 척도가 명확하게 나오지 않아, 공공서비스의 목적을 분명하게 설명하고 어떤 기관이며 무엇을 하기 위해 설립되었는가를 설명을 할 뿐만 아니라 공익사업을 지속적으로 추구하면서 성공을 평가할 수 있는 목적을 명시할 수 있는 설립취지문을 작성해야 한다. 설립취지문을 작성할 때 중요한 것은 비영리기관의 목적을 광범위하게 설정하는 것과 프로그램, 서비스, 활동에 대하여 기관이 추구할 방향에 대해서 구체적으로 제시해주어야 한다.

설립취지문을 작성했다고 거기서 끝이 아니고 추후에 수정도 가능하기 때문에 정기적으로 설립취지문을 수정, 검토하여 비영리기관이 나아가야 할 방향을 명확하게 하는 것이 좋다. 따라서 비영리기관의 첫째 과제는 공공서비스의 목적을 분명히 설명하는 것이다. 어떤 기관이며 무엇을 하기 위해 설립되었는지를 분명하게 설명할 뿐만 아니라 지속적으로 추구하면서 성공을 평가할 수 있도록 기관의 목적을 명시하여야 한다(토마스 울프, 2012).

2. 명확한 법적 정체성

비영리기관은 명확한 법적 정체성이 필요하다. 순수한 민간 활동을 벌이 겠다고 이유로 등록은 거부하는 건 좋은 명분에도 불구하고 책임성, 투명성이 결여되기 때문이다. TV를 보다보면 열악한 환경에서 아이들을 돌보거나, 보조 금을 착복하여 고발당하는 프로그램 등을 볼 수 있다. 이런 사유가 아니더라 도 미인가로 활동하는 기관은 사회적으로 인정받을 수 없으며, 무엇을 하는 기관인지도 명확히 하기 어려울 뿐만 아니라 목적의 대한 책임을 확인할 만한 방법도 없다. 비영리기관은 누구나 설립할 수 있지만 순수한 민간 활동의 동 기가 법적 정체성을 면제시켜 주지는 않는다.

우리나라는 '민법 제32조(비영리법인의 설립과 허가)'를 통하여 민간기관의 설립을 보장해주고 있다. 또한 '비영리민간단체지원법'으로 사업의 목적과 내 용이 분명하면 기관으로 등록하도록 보장하고 있다(이일하, 2011).

3. 분명한 목적의식의 설정

비영리기관이나 공익사업에 관심이 있는 사람들은 대개 '사람도 도우면서 돈도 벌 수 있다'라는 단순한 이유로 시작하는 사람도 있고, 무언가 큰 뜻을 가지고 공익사업을 시작하는 사람도 있을 것이다. 두 사람의 공통점은 이타주 의를 통해 자신의 사명이 충족된다는 것이다. 남을 돕거나, 후원모집을 하거나 지역사회를 위해 헌신하는 일 등을 통해서 말이다. 하지만 실제 현장에서 봉 사나 후원모집, 공익사업 등을 단순히 목적 없이 진행할 경우 빠른 속도로 소 진현상을 겪게 될 것이다. 처음에는 이타주의라는 미끼에 이끌려 비영리기관 에서 일하고 봉사하며, 공익사업을 진행 할 지는 몰라도, 이들을 계속 붙잡아 두는 것이 이타주의가 돼서는 안 된다. 그렇기 위해선 '명분'에 충실해야 하는 것이 첫 번째 원칙이고, 달성하고자 하는 성과가 명확해야 한다는 것이 두 번 째 원칙이다. 단순히 직업, 사업이라는 생각이 들기 시작하면 소진은 더욱 빨 라지기 때문에 두 가지 원칙을 기준으로 같은 목적의식을 나눠 공유하는 노력 이 필요할 것이다.

비영리기관의 목적이 사람을 돕는 일이라는 것은 분명한 사실이다. 하지만 어려운 사람만을 돕는 건 아니다. 공익사업이고 공공서비스를 하기 때문에 사회구성원 전부를 도울 수 있다. 정부기관에게는 사회구성원 전부를 대상으로 해야 하는 암묵적이거나 명문화된 의무가 있다. 다시 말하자면 정부기관은 도움을 필요로 하는 모든 이들에게 서비스를 제공해야 하는 의무가 있다. 따라서 서비스를 제공받는 사람들의 수와 지역, 사회경제분포, 서비스제공의 효과성, 효율성을 통해 성공을 양적으로 평가할 수 있다. 비영리기관의 경우에도 이러한 수치가 유의미할 수 있지만 이는 성공의 간접적인 척도일 뿐이다. 따라서 비영리기관은 모든 사회구성원에게 서비스를 제공하기보다는 지역사회에 어떤 서비스를 제공할 것인지를 정하고, 그 후 제공 받을 대상을 찾고 모집하여 서비스를 제공하고 수시로 개선하고 살펴주는 허브 같은 역할을 해야 된다. 위를 기준으로 어떤 기관이며 무엇을 하기 위해 설립되었는가를 설명할 뿐만이 아니라 지속적으로 운영이 되고 성공을 평가할 수 있도록 기관의 목적을 정확히 명시해야 할 것이다(낸시 루블린, 2012).

4. 투명성

비영리기관에서는 '투명성'은 가장 우선되는 가치이다. 기관을 설립한 몇 사람의 이익이 아니라 다수의 이익을 추구하며 그에 따른 면세혜택 등은 다시 사회에 환원될 것을 기대하기 때문에 주어지는 것이다. 뿐만 아니라 기관이 가는 길이 투명하게 보인다면 사회는 그에 맞는 사업에 찬성하고 참여할 것이다. 비영리기관이 투명하게 모든 걸 밝히지 않고 사업을 한다고 말하면 활동할 수 있는 기회가 사라질 뿐만 아니라 그로 인한 불신감이 생길 것이다. 투명성이라는 용어를 재정의 투명성에 국한하여 한정하는 보는 것도 잘못된 일이다. 비영리기관이 궁극적으로 가고자하는 방향, 목적이 누가 보더라도 알 수 있을 정도로 명확하게 드러나야 한다(이일하, 2011).

5. 활동의 명분 및 목표

클라이언트의 의견과 욕구를 받아들여 계획하고 진행하는 프로그램은 정말 좋다. 하지만 비영리기관은 보조금과 후원금 등으로 운영되는 기관이기 때문에 성과의 가치를 두어야 한다. 그렇기 때문에 효율성과 효과성의 적절한 배분이 정말 중요하다. 한쪽으로 기울어진 운영은 좋지 않으며 그로 인하여 프로그램을 잘 진행하였더라도 좋지 않은 평가를 받을 수 있다. 예를 들어 효과성이 충분한 프로그램을 진행하였지만 효율성이 부족하여 좋지 않은 평가가 나왔다면 기관에서는 나쁘지 않았다고 평가하고 수정할 부분에 대해서 코멘트가 나오겠지만, 다음 회기 프로그램으로 선정될 확률이 낮다. 반대로 비용을 최소화한 프로그램을 진행하였을 시 이용자의 욕구나 의견을 충분히 받아들이기 힘들기 때문에 효과성 부분에서 의문을 가질 수 있으며, 최소화한 비용조차 부정당할 확률이 높다. 이용자의 만족도나 기관의 평가가 동시에 충족될 수 있는 명분과 목표를 명확하게 설정해야 할 것이다.

① 기관의 '명분'
② 프로그램을 진행해야하는 '명분'
③ 목표 설정
④ 클라이언트의 욕구조사 및 의견 공유
⑤ 위의 목표를 충족하는 프로그램안 작성(김홍구, 2016).

6. 비영리기관의 계획수립

비영리기관의 목적은 공익을 위하여 일하는 것이다. 그렇기 때문에 계획을 세워야 하는 내용이 불분명할 수 있다. 비영리기관이 공익을 위해서 일하는 것은 모두가 알지만 어떠한 방식으로 서비스를 제공해야 할지 목적에 따라 다를 수 있기 때문에 기관의 투명성도 살리고, 성과도 지속적으로 나오고, 명분과 목표가 정확하게 나올 수 있도록 정부기관이나 지역사회에 의견을 맞출 필요가 있다. 그렇기 위해선 계획을 지속적인 과정으로 인정해야 할 것이며 정당한 절차를 밟아야 한다.

① 목표와 한계 설정

② 상황을 제한하는 요소 파악

③ 상황을 제한하는 요소 변화

④ 행동계획의 설정

⑤ 행동계획의 이행

⑥ 행동계획의 평가

⑦ 행동계획의 반복

계획은 위와 같이 단계를 순차적으로 이행하는 것으로 본다(토마스 울프, 2012).

7. 서비스 대상

모든 비영리기관의 목적은 사회구성원을 위해 서비스를 제공한다는 것이다. 하지만 목적의식의 설정에서도 이야기했지만 사회구성원을 위해 서비스한다는 것은 정부기관에서 지원을 하고 있으며, 비영리기관에게 그 목적은 너무 넓다. 비영리기관은 서비스를 제공하는 대상을 지정하는 것이 중요하다. 그렇기 때문에 서비스를 제공할 대상의 선택이 문제가 될 수 있다. 대상을 너무 좁게 잡는다던가, 대상에 속하는 사람을 비영리기관의 운영에 참여시키지 않는다면 부정적인 결과가 있을 수 있다. 그러므로 서비스를 제공할 대상을 정한 후엔 이사회와 직원, 그리고 활동을 통하여 조직의 구조를 갖추는 것이 좋다. 지역사회에서 비영리기관의 구체적인 이미지가 결정되고, 홍보활동이나 프로그램 활동을 통하여 예비 서비스대상자들이나 후원자들에게 알릴 수 있다. 서비스를 제공할 대상을 정할 때 몇까지 고려할 요소는 다음과 같다.

① 서비스 대상의 이해

② 서비스 대상의 참여

③ 서비스 대상에 대한 프로그램과 활동(토마스 울프, 2012).

8. 지속적인 운영, 활동

비영리기관은 프로그램 운영이나 활동 시 지역사회에 영향력을 미칠 만한 지속적이고 연속적인 활동을 전제로 한다. 단발성 프로그램(이벤트)이 나쁘다는 뜻은 아니지만, 만약 특정기간을 목적으로 활동하는 프로그램이라면 목적을 달성 후에도 영향력을 발휘할 만한 다른 사업으로 전환하여 지속적인 활동을 하는 것이 바람직하다. 전문가들은 현재 비영리기관이 직면한 문제에 대하여 우려하고 있다. 예전보다 사회는 빠르게 변화하고 있고, 경쟁이 늘어났으며 고객들은 더 다양해졌다. 사회의 관심이 높아지고 후원자들이 더 많은 것을 기대하고 있는 사실에 대하여 비영리기관은 빠르게 대처하고 이러한 환경에서 살아남는 것은 변화에 어떻게 적응하는가에 달려있다(토마스 울프, 2012).

9. 중장기 계획을 먼저 세워라

개별 단위의 사업계획을 짜기 위해선 일단 비영리기관이 가야 할 방향을 정하는 중장기 계획을 설정해야 한다. 10년을 기준으로 계획을 설정한다고 하면 단계별로 사업규모, 예산규모, 고객규모 등의 예상 범위를 가지고 있어야 개별 단위의 사업계획을 올바르게 계획할 수 있다.

중장기 계획의 틀을 마련했다면 개별 사업계획을 작성해야 하는데, 사업의 목표가 중장기 계획에 부합하는지 확인하여야 한다. 개별 사업계획의 목표가 중장기 계획과 전혀 다른 방향으로 잡았다면, 중장기 계획과 전혀 다른 결과를 가져올 수 도 있다. 따라서 중장기계획과 같은 방향을 향하고 있는가를 생각하여 개별 단위의 사업계획을 작성해야 한다.

사업계획 작성 시 사업을 시작하려는 지역에 유사한 기관이 있는지, 그리고 어떤 자원과 정부기관은 어떻게 지원을 하고 있는지 조사를 하여 그것을 통해 지역사회 자원에 전체적인 흐름을 파악하는 것이 중요하며, 만약에 비슷한 사업을 하는 비영리기관이 협조적이라면 협력하는 것이 매우 효율적이다. 이런 사전교류로 인한 지원대상자의 중복지원을 피하고 보완적인 역할을 한다면 사업을 수행하는 데 수월할 것이다.

사업계획이나 기초조사를 통하여 긴급 상황이 발생하더라도 바로 도울 수 있는 태세를 갖추어야 할 것이며 이를 위해선 협력관계를 구축한 기관과의 정보공유로 예산 확보, 인력확보를 해야 한다(이일하, 2011).

제2절 비영리기관의 이사회

이사선출에 있어서 모든 기관이 그런 것은 아니지만 그저 내세우기 위해 유명인사들로만 이사회를 구성하거나, '타 기관의 이사직을 받아주면 우리 기관의 이사를 맡아주겠다' 식의 주고받기 거래형식의 이사취임을 하는 기관이 아직까지도 있다.

따라서 법적으로만 보자면 비영리기관과 영리기관의 이사회는 다르지 않게 보인다. 하지만 비영리기관의 이사회 철학을 알면 많이 다를 것이다. 비영리기관의 이사회에서 제일 중요한 것은 '대의와 열정을 바탕으로 운영'이라고 정의할 수 있다(낸시 루블린, 2012).

1. 이사회의 책임, 의무

이사회가 책임을 지고 수행해야 하는 분야는 다음과 같다.
① 비영리기관의 정관준수, 목적설정, 운영방침 설정
② 비영리기관의 프로그램의 전반적인 진로 설정 및 장기계획 수립
③ 비영리기관의 재무관련 방침
④ 비영리기관의 후원금 조성을 위한 재정유지
⑤ 비영리기관의 이사장 선정, 평가, 사임
⑥ 비영리기관의 홍보

비영리기관의 이사회는 정책을 수립할 책임이 있으며, 규칙과 규정, 절차를 명시한 문서를 작성하고 수정할 수 있다. 이사가 제일 먼저 볼 서류는 정관이다. 비영리기관의 특징과 존재 이유가 정관에 명시되어 있기 때문에 이사들

은 기본운영구조는 변호사의 자문을 받지만, 목적을 명시하는 부분은 이사들이 수립, 결정하여 작성한다. 또 정관을 3년에 한번 이상을 재검토해야 하며, 수정된 사항을 개정안으로 명시하여 정부에 제출하는 것도 이사회의 의무다. 정관 외에 부속정관이라는 비영리기관의 운영규칙을 명시한 작성해야 한다. 부속정관도 정관과 같이 정기적으로 검토하여 법적인 분쟁이 없도록 하여야 한다. 단기, 중기, 장기계획을 수립하는 것도 이사회의 의무이며, 포괄적, 구체적 목적을 포함한다. 목적을 세우면 그 목적을 이루기 위한 행동 및 계획을 작성할 수 있다. 일반적인 수행계획은 비영리기관의 직원들이 작성하여 이사회가 검토하는 것으로 한다. 그리고 계획이 작성되면 그 목적이 달성되는지는 평가하는 과정을 수립한다. 이사들이 의무를 이해하는 것도 중요하지만 또한 이사들이 무엇을 해서는 안 되는지를 이해하는 것도 중요하다. 이사들은 다음의 사항을 실행하면 안 된다.

① 비영리기관의 일상업무를 직접 수행하는 것
② 대표자 이외의 직원을 채용하는 것
③ 직원들과 협의 없이 프로그램에 관한 구체적인 결정을 내리는 것
(토마스 울프, 2012).

2. 이사회의 구성

이사회의 구성원은 이사의 의무를 원활히 수행하는 데 필요한 기술과 지식을 갖추어야 한다. 다음과 같은 분야의 전문지식이 필요할 수 있다.

① 비영리기관의 이사로써 업무수행
② 조직적인 기획
③ 재무회계
④ 사업체, 기업, 개인, 정부, 재단 등으로부터의 후원금 조성
⑤ 인사관리
⑥ 비영리기관의 계약, 인사의 관한 법률지식
⑦ 대외홍보

이사들은 또한 자신들이 속한 비영리기관이 후원하는 프로그램과 활동에 대해 잘 알고 있어야 하고 모든 이사들은 기관의 목적을 지지해야 한다. 이사회는 폭넓은 비전을 가지고 지역과 공공서비스의 참된 의미를 알리기 위해 지역사회의 다양한 배경을 가진 사람들과 다양한 분야에 속한 사람들을 대변해야 한다. 또한 특정 비영리기관의 경우에는 특별한 전문기술과 배경을 가진 이사들을 필요로 하는 경우도 있다. 예를 들면 비영리기관이 시설을 소유하거나 건물을 운영, 관리한다면 건축가나 건설업자를 이사로 임명하는 것 역시 바람직할 수 있다.

특별한 전문기술을 가진 사람들을 이사로 임명하는 이유는 일반 직원들의 업무에 간섭하도록 하기 위한 것이 아니라 이사회에게 기관을 감독하는 기능을 부여하기 위한 것이다. 이러한 전문지식을 가지고 있는 이사들은 이사회가 방침을 수립하고 직원들의 건의안을 처리하고 대안들 중 선택을 하는 데 도움을 준다.

3. 이사 선정

신중을 다하여 이사를 선출하였더라도 기관의 소극적인 활동 및 기여를 못하는 이사가 있을 수 있다. 이를 최소화하기 위한 방법이 몇 가지 있다.

① 임기 제한

모든 비영리기관의 이사는 이사로써 무기한으로 봉사할 수 없다. 이사의 임기와 재임을 횟수로 제한하여 임기는 3년으로 하며, 재임기회를 1회 정도 주는 방법이다. 3년 후에 이사는 재선 대상으로 오르며 재선이 될 수도, 안 될 수도 있으며 재선이 돼서 6년을 했다면 이사직을 1년 이상 그만 두어야 다시 이사가 될 수 있는 자격이 된다. 이렇게 이사를 교체하는 이유는 소극적인 활동과 기여를 못하는 이사를 열정, 헌신적인 이사로 교체하기 위한 것이다.

② 회의참석

회의를 불참하는 이사는 이사회의 업무를 직접적으로 방해하는 것과 다를 게 없다. 회의에 정기적으로 참석했는가는 이사의 책무를 수행하면서 이사로서의 주의를 충분히 기울였는지에 대해 판단하는 법적 기준이 될 수 있다.

비영리기관에서 이사에게 회의참석요구는 명문화된 방침이 되어야 하며, 만약 일 년에 두 번 이상 정당한 사유 없이 회의에 불참하면 이사직을 그만두게 하는 방침을 이사회가 채택할 수 있다.

③ 평가, 면직

모든 비영리기관은 아니지만 이사들이 서로의 업무수행에 대하여 평가하는 기관도 있다. 예를 들자면 형식에 얽매이지 않고 무기명으로 평가서를 제출하여 비능률적인 이사가 있는지를 파악하는 것이다. 특정 이사가 다른 이사들로부터 안 좋은 평가를 받고 있다는 사실을 알게 되었다면 조치를 취해야 한다. 이런 경우 다수결 투표나 그 밖에 절차로는 면직이 힘들며, 그만두라고 권고는 할 수 있다. 따라서 임기를 제한하는 방법으로 자연스럽게 이사를 교체하면 이사를 면직하거나 강제로 그만두게 하는 어려운 결정을 피할 수 있다. 하지만 이사의 임기가 무한정인 경우 평가를 통해 면직하거나 이사가 스스로 그만두게 할 수밖에 없을 것이다. 그렇기 때문에 위에 임기제한이 굉장히 중요하다(토마스 울프, 2012).

제3절 / 직원의 구성

직원을 관리하는 일은 매우 복잡하고 어렵다. 특히 채용, 승진, 해고 등의 과정은 매우 큰 책임이 따르며 이와 관련 된 수많은 규칙과 규정 및 인사를 관리하는 직원을 따로 둘 정도다. 직원을 채용할 때 새로 채용하는 분야의 업무는 무엇이며 어떠한 자격을 갖춘 사람이 필요한지 충분히 파악하고 분명히 하여야 한다. 직원을 해고할 시에는 그에 합당한 증거를 제시해야 할 것이며, 그 이유가 나열된 서류를 준비해야 한다. 직원의 승진 시에도 전문성, 경험, 근속 연수 등 수많은 사항을 고려해야 한다(낸시 루블린, 2012).

1. 직원 채용절차

직원을 채용하려는 경우에는 기본적인 사항을 정해야 한다.

① 경험이 부족하지만 똑똑하며 일을 잘 배울 수 있는 사람을 채용할 것
  인가?

② 채용하려는 사람의 경력이 해당 업무와 관련이 없지만, 비영리기관의
  경력이라면 이 사람을 채용할 것인가?

③ 채용하려는 사람이 받은 교육이 해당 업무와 관련이 없지만, 석사, 박
  사 학위를 받았거나 학력이 높은 사람이면 채용할 것인가?

위의 3가지 경우는 비영리기관뿐만 아니라 영리기관의 기본적인 사항과
도 일치한다. 비영리기관은 대개 인력이 부족하다. 그렇기 때문에 기본적인 기
준을 정하기 전에 직원들을 급하게 채용하려 한다. 신규직원이나 대체직원을
채용하는 데 있어서 위 예의 내용이 아니더라도 기관의 기본적인 사항을 정하
고 적용하여 신중하게 채용해야 한다(토마스 울프, 2012).

2. 인사방침

작은 비영리기관이라도 직원, 조직의 인사방침은 매우 중요하다. 기관을
효율적으로 운영하기 위하여 역할, 책무, 권한 등에 대한 명확한 구분이 필요
하다.

① 상하관계와 직무체계가 한눈에 보이는 조직도 작성

② 직무 및 직위를 명시

③ 급여, 복리후생

비영리기관의 규모가 클수록 조직도가 특히 중요하다. 대표가 모든 직원
들을 전부 감독하고 지시할 수 없기 때문에 권한위임과 함께 책임도 같이 위
임하여야한다. 기관에서는 권한을 중시하기 때문에 처음 권한체계를 세울 때
세심한 주의를 기울여야 하며, 상관은 부하직원을 관리하는 능력이 필요하다.

또한 여러 명의 상관을 두는 것도 좋지 않다. 예를 들어 상관이 2명인데 2명의 의견이 일치하지 않는다면 그 부하직원들도 곤란한 상황이 나올 수 있다. 그리고 권한에 제한을 두어야 월권을 방지할 수 있다(토마스 울프, 2012).

3. 인사매뉴얼

이사회가 기관의 모든 목표를 정하고 구체적인 방침과 절차를 결정한 후에는 이를 취합하여 현 직원과 직원이 될 사람들이 볼 수 있도록 해야 한다. 또한 인사매뉴얼은 지속적으로 업데이트해야 한다. 직무기술서처럼 일 년에 한 번 이상 검토하야 하며, 인사매뉴얼이 명확하게 갖추어져 있다면 직원들의 사기를 높이는 데에도 도움이 되고 절차상 모호한 문제가 발생하는 것도 방치한다. 매뉴얼을 작성하기 전에 원활히 운영되는 다른 비영리기관의 인사매뉴얼을 참조하여 중요한 요소들을 참조할 수 있다.

① 인사방침, 절차, 혜택
② 고용
③ 근무시간과 환경
④ 급여
⑤ 직원 혜택
⑥ 보험, 퇴직, 그 외의 혜택
⑦ 일반적인 방침과 절차
⑧ 문제제기
⑨ 해고

4. 직무기술

직무기술서는 아래와 같은 사항을 수록하여야 한다.
① 업무에 대한 일반적인 설명
② 해당직원이 누구에게 보고하고, 감독하는지에 대한 설명
③ 구체적인 책무, 역할의 목록

업무가 일상적이고 규칙적인 큰 규모의 비영리기관은 직무기술서 작성하는 데 어려움이 없겠지만, 규모가 작은 비영리기관은 이를 정하는 데 어려울 수 있다. 또한 직무기술서의 중요성에 대해서 논란이 많다. 직무기술서가 필요가 없다는 의견도 있다. 직무기술서를 작성하는 데 시간이 오래 걸리고 직원들과의 협의를 통하여 몇 번의 초안도 거쳐야 한다. 또한 직원간의 업무 이동 시 다시 작성해야 하는 경우도 있다. 하지만 직무기술서를 작성해야 할 이유가 3가지 있다.

첫째로, 직무기술서를 작성하면 업무가 직원 한 명에게 과다하게 할당되었는지 알 수 있다. 둘째로, 직무기술서는 직원을 보호한다. 쉽게 설명하자면 해야 할 업무가 무엇이고 업무에 대한 평가기준이 무엇인지를 명시한 서류를 참조할 수 있다. 셋째로, 직무기술서는 조직을 보호한다. 근로계약서처럼 직무기술서에는 직원에 대한 기대치를 서면으로 명시하여 직원이 이에 미치지 않았을 경우 해고할 수 있는 근거를 제시한다.

직무기술서를 가지고 있는 비영리기관은 많지만 재검토, 재조정을 하지 않는 경우가 많이 있다. 위에 사항을 위해서라도 기관은 계속하여 직무기술서를 업데이트하여야 한다(토마스 울프, 2012).

5. 창조성/유연성

비영리기관의 가장 좋은 직원이 조직의 활동에 대해 관심도 없고 상상력도 없는 일만 하는 관리직원이라는 것은 아니다. 다른 조건이 모두 동일하다면 임원은 관리능력도 있으면서 해당 비영리기관의 목적에 관련된 다른 분야의 지식, 능력, 관심이 있는 사람을 선호하여야 한다. 그보다 더 중요한 것은 자신의 직무를 통해 성장하고 직무를 체계화하며 더 생산적으로 만들도록 기관에 창조성과 신축성을 불어넣는 것일 수도 있다.

조직의 체계가 잘 잡혀 있으며 역할이 면밀하게 구분되어 있어 거의 바뀌지 않는 대기업과는 다르게 비영리기관은 대부분이 규모가 작고 일손이 넉넉하지 않아 한 사람이 여러 역할을 맡고 여러 업무를 해야 할 수도 있다. 또한 비영리기관의 행정관련 수요가 비영리기관의 빠른 성장이나 축소로 인해 변할 수 있기 때문에 특정 업무를 위해 채용된 사람에게 다른 업무를 배치할 수도 있다. 비영리기관은 변화가 항상 있기 때문에 직원들도 융통성을 발휘해야 한다. 설립된 지 오래되고 체계가 잡힌 비영리기관의 경우를 제외하면 대부분의 기관이 오늘의 업무와 10년 후의 업무가 동일하지 않다. 비영리기관은 조직의 변화를 통해 새로운 지식을 얻을 수 있다고 생각하는 사람들을 위한 곳이다.

따라서 창조성과 유연성의 문제에 있어서는 포괄적인 교육을 받았고 다양한 경험이 있는 사람들이, 제한된 교육을 받았고 관리직 관련 경력이 적은 사람보다 유리하며, 행정능력 외에도 직위를 통해 발전하고 업무를 적극적으로 변화시킬 수 있는 사람을 채용하는 것이 바람직하다. 물론 단순한 업무도 많기 때문에 업무를 적극적으로 변화시키지 못할 경우도 있지만 비영리기관의 직원이라면 관리능력은 조금 부족하더라도 호기심과 열정, 창조성이 번뜩이는 사람을 찾는 것을 고려해 보아야 할 것이다.

채용 후보자의 자질의 중요도의 순서는 다음과 같다.

① 해당 업무에 관련한 관리능력
② 창조성, 유연성 문제를 해결하려는 열정, 다른 사람들과 협력할 수 있는 능력
③ 조직구조에서의 권한체계의 필요성의 이해
④ 해당 비영리기관의 활동 분야에 관한 지식, 관심과 열정(토마스 울프, 2012).

6. 자기계발의 기회를 제공

직원들이 새로운 기술을 습득하거나 새로운 지식을 얻도록 돕는 것을 기관이 지원을 하고 직원은 자신이 기관에게 가치가 있는 사람이라고 인지해주어야 한다. 직원의 자기계발은 곧 기관의 발전을 뜻한다. 새로운 전문성을 얻을 기회를 얻는 기회를 얼마나 갖게 되느냐 하는 것이 곧 각자의 경력에 큰 차이를 만들어 낼 것이다(낸시 루블린, 2012).

7. 직원의 해고

직원의 채용절차에서도 이야기했듯이, 기관에 맞지 않는 직원을 고용하는 경우가 있다. 하지만 직원에게 퇴사를 권고하는 것은 생각보다 쉽지 않다. 또한 상하 관계가 있는 경우 직원은 상관에 지시에 따라 좌지우지될 수 있으므로, 직원을 보호하는 장치도 필요하다.

기관이 경고, 불만, 해고 등에 관한 방침을 세우면 이를 준수해야 하며, 해고에 관한 절차가 규정되어 있는데도 이를 준수하지 않으면 상관은 특별한 사유없이 직원을 해고할 수 없다. 직원이 즉시 해고가 될 수 있는 경우나 문제가 있을시 퇴사를 권고하기 쉽지만, 대부분의 문제는 상관이 부하직원의 업무수행에 대하여 불만이 있는 경우이다. 이 경우에는 어떤 문제가 되는 것이 불분명하기 때문에 우려할 일이 생기면 즉시 날짜, 시간, 장소 등을 자세히 명시하여 문제가 된 사항과 행동 그리고 이에 관한 토론 내용 등을 기록하여야한다. 만약 기록이 없다면 직원을 해고하는 것은 정당화하기 어려우며 불법이 될 수도 있다. 또한 이러한 사항을 기록하는 것 이외에 문제가 발생하면 해당 직원에게 면담을 요청하는 것도 좋다. 이 면담기록에는 상관의 지적사항에 대한 직원의 답변, 추후에 개선하고 시정해야 될 사항 등을 요약하여 기록하여 개선사항에 대한 평가면담일정도 같이 정해야 한다.

그 후에도 직원의 업무수행이 개선되는 모습이 보이지 않는다면 두 번째 면담에서 기간을 주어 업무수행에 개선되지 않았다고 통보하고, 문제에 대하여 설명해주고 직원이 스스로 그만두게 하거나 해고 할 수 있는 기록을 남기고 시행할 수 있다(토마스 울프, 2012).

14 비영리기관의 리더십

제1절 사회복지적 리더십과 복지경영

1. 리더십의 정의

리더십(leadership)의 정의는 그동안 많은 연구가 진행되었음에도 아직 합의된 연구가 이루어지지 않고 있다. 일반적으로 리더십은 지휘력, 지도력, 영향력 등으로 불리고 있으며, 한 개인이 다른 구성원에게 이미 설정된 목표를 향해 정진하도록 영향력을 행사하는 과정으로 정의하고 있다. 그래서 리더십은 조직의 목표 관리원의 동기부여 및 목표 설정 참여, 조직구성원들의 지속적 행동유지 차원으로 이해해야 하며 모든 경영활동은 리더의 효율적 리더십에 따른 구성원의 성공적 통합 여부에 달려 있다고 하겠다. 리더십은 일정한 상황에서 구성원들이 목표를 달성할 수 있도록 영향력을 행사하는 과정이며, 그 영향력은 사람을 변화 시키고 새롭게 하고 힘을 주고, 분발, 고취시키는 행위를 말한다(김성철 외, 2018).

리더십이란 목표의 설정과 달성을 위하여 개인이나 집단에 영향을 미치는 과정이며, 과업수행집단의 활동을 지휘하고 조정하는 능력이고, 한 사람이 다른 사람에게 특정한 목표를 달성하도록 하기 위하여 동기화하는 행동이다.

조직의 목적을 효과적으로 달성 하려면 조직구성원 간의 협력은 필수적이다. 이때 리더의 역할은 조직구성원 간의 협력을 이끌어 내고 결과적으로 구성원의 행동과 조직의 성과를 연결시키는 것이다. 비영리조직에서도 최근 사회 환경적 요인의 변화에 따른 경쟁개념의 도입, 조직의 효과성 제고 및 사회적 책임성 등이 강조되고 조직의 관리자의 관리활동이 더욱 중요하게 인식되면서 리더십에 대한 관심이 커지고 있다(서지원 외, 2018).

2. 창조 리더십

경영위기는 조직 내 유연성이 적절한 수준일 때 최소화된다. 성과 극대화만을 추구하는 기업은 유연성을 비효율과 낭비의 원인으로 간주하고 이를 과도하게 제거하려는 노력을 기울이는 경향이 있다.

위기감을 느낀 기업들은 과거 어느 때보다 리더십의 필요성을 절감하고 있다. 기업들은 리더십의 핵심요소로 '창조성(creativity)'을 꼽고 기업 내에 '창조 리더십'의 중요성을 제시하고 있다. CEO들은 증가하는 복잡성을 관리할 수 있는 리더십의 핵심요소로 창조성을 꼽았다.

창조 리더십은 기존 통념을 과감히 버리고 때론 과도할 만큼 독창적인 생각을 실행에 옮기는 능력이며, 이 리더십은 용기와 개방적인 사고가 필수적이다. 기업 내에 조직원전체가 창조 리더십을 기를 수 있는 기초를 마련해 줘야 한다는 것이다. 결국 기업가의 창조 리더십이란 창의적인 인재를 육성하는 능력이다.

창조적인 리더들은 기업 문화를 쉼 없이 개선하고 과거의 성공모델을 선별적으로 기억에서 지우며, 직원들은 물론 고객, 외부 전문가와 함께 새로운 제품과 서비스를 만들어 내고 있다.

기업 내에 창조 리더십을 확산시키려면 소통을 막는 장벽을 부수고 창조적인 리더에 대한 보상을 확실히 해야 한다. 회사가 위기의식을 유지하는 것이 불가능하다면 종업원의 사기는 확실히 둔감해져 수익성 있는 회사를 만드는 데 중요한 요소를 놓치게 된다. 이 때문에 위기감을 체계적으로 유지하는 일은 기업경영에서 매우 중요한 요소이다.

리더들에게 위기란 이제 더 이상 낯선 단어가 아닐 것이다. 최근 들어 종잡을 수 없이 나타나는 경제의 난기류는 기나긴 경기침체와 더불어 리스크를 동반하고 있기 때문에 그 수위가 지난 수십 년 가운데 가장 위협적이다. 호황이 있으면 불황도 있기 마련이다. 그저 사이클로 매번 반복될 뿐이다. 하지만 똑같은 역사가 수도 없이 반복되는 걸보면 사람들의 망각하는 기술도 가히 극강의 경지에 다다르게 된다.

CEO의 위기경영은 핵심적인 기업 활동을 위한 최적의 조건을 제시하기 위해 먼저 현재의 위치를 제대로 파악할 수 있는 방법과 핵심사업의 재정립, 그리고 조직 강화와 성과 개선으로 위기 속에서 이제는 창조적 리더십으로 비영리경영을 이루어야 할 것이다(김성철 외, 2021).

3. 서번트 리더십과 복지경영

서번트 리더십을 직역하면 '청지기 리더십'이지만 국내에서는 '섬기는 리더십'으로 알려져 있다. 미국 학자 로버트 그린리프가 1970년대 처음 주장한 이론으로 '다른 사람의 요구에 귀를 기울이는 하인이 결국은 모두를 이끄는 리더가 된다'는 것이 핵심이다. 즉, 서번트 리더십은 인간존중을 바탕으로, 구성원들이 잠재력을 발휘할 수 있도록 앞에서 이끌어 주는 리더십이라 할 수 있다. 한편 서번트 리더십은 리더의 역할을 크게 방향제시자, 의견조율자, 일·삶을 지원해 주는 조력자 등 세 가지로 제시하고 있다.

드러커(Drucker)는 〈미래경영(Managing for the Future)〉에서 지식시대에서의 기업 내에서 상사와 부하의 구분도 없어지며, 지시와 감독이 더 이상 통하지 않을 것이라고 하였다. 그러므로 리더가 부하들보다 우월한 위치에서 부하들을 이끌어야 한다는 기존의 리더십 패러다임에서 리더가 부하들을 위해서 헌신하며 부하들의 리더십 능력을 길러주기 위해 노력해야 한다는 서번트 리더십 위주의 패러다임으로의 전환이 바람직하다고 볼 수 있다.

"언젠가 진실은 통한다"라는 말이 있듯이 사회복지사에게 '진실성'은 복지를 시작하는 가장 중요한 부분이다. '진실성'이 시작이라고 하면, 복지 통로를 만들기 위함은 '민감성'이다. 사회복지사는 지역복지에 대한 촉각을 곤두세워 민감하게 반응해야 한다.

드러커는 노동은 기계가 대신해 주고 완전히 자동화되는 날이 올지도 모르지만 지식만은 오직 훌륭한 인간적인 자원인 것이다. 지식은 책에서 얻어지는 것이 아니다. 지식은 정보를 담고 있는 데 불과하다. 지식이란 정보를 특정한 업무 달성에 응용하는 능력인 것이다(김성철 외, 2018).

지역사회복지의 실천은 모든 주민들이 주체가 되겠지만, 그 연결 통로의 활성화는 사회복지사의 민감한 반응에 따라 희비가 엇갈린다고 생각했다. 마지막으로 사회복지사는 통로가 중간에 새어나가지 않고 끝까지 올 수 있도록 '일치성'을 가져야 한다고 드러커는 생각했다.

사회복지사는 어떤 고난과 역경이 닥치더라도 자신의 초심을 잃지 않고, 비윤리적인 사회에 물들지 않을 수 있는 진실한 마음을 끝까지 유지해야 한다. 작은 복지의 시작은 인간의 정서적 유대감(사랑)에서 시작된다고 생각한다. 한 사람, 한 사람에게 따뜻한 마음이 전해진다면, 더 나아가 그 지역사회에 보이는 복지가 아닌 정말 속에서 밝게 빛나는 복지를 실천할 수 있다.

재벌 그룹이 몰락할 때마다 지적되었던 실패원인 중의 하나가 시장에서의 신뢰 상실이었다. 기업이 시장에서 신뢰를 잃게 되면 생존의 기회는 물론 모든 것을 잃게 된다. 그래서 한 기업이 신뢰를 얻기 위해서는 기업 내부의 신뢰 기반이 높은 수준으로 축적되어야 한다. 일반적으로 기업 내의 신뢰는 리더의 리더십에 영향을 받는다.

즉, 리더는 자신의 전문적인 일을 통해서는 물론 부하들을 통하여 자기 조직의 목표를 달성해야 한다. 켈의 법칙(Kel's Law)에 의하면, 구성원들 간에 수직적 관계의 거리가 멀수록 직접 대면할 기회가 적어진다. 그래서 상하 간의 심리적 거리가 크면 클수록 쌍방향의 활동이 되기보다 위에서 아래로 진행되는 일방적 행위가 되기 쉽다. 이는 리더의 과제 중심의 지위와 통제가 점차 강화된다는 것을 의미한다. 이러한 환경에서는 다수 구성원들의 자발성을 기대하기 어렵기 때문에 구성원들의 몰입과 헌신 그리고 창의성이 낮아진다.

따라서 신뢰를 바탕으로 심리적 거리를 좁힘으로써 관계의 질을 높여야 한다. 이러한 관계의 질을 높이기 위해선 리더의 직급에 따른 영향 요인을 행사하는 방법이 달라져야 한다. 즉, 수직적 거리가 짧을 경우에는 직접적인 상호작용을, 수직적 거리가 멀 경우에는 제도적 장치를 통한 커뮤니케이션을 마련함으로써 조직 전체의 효율성과 생산성을 높일 수 있다.

새로운 리더십 이론으로 각광받고 있는 서번트 리더십이란 부하와의 관계 관리(relation-management)를 중시하는 것으로, 부하를 가장 중요한 재원(財源)으로 보고 부하에게 리더의 모든 경험과 전문지식을 제공하면서 부하를 굉장히 중요하게 평가하고 어떤 면에서는 극진하게 모시는 리더십을 말한다.

미래기업의 경영자에게 바람직한 리더십 모델로서의 서번트 리더십이 절실히 요구되는 시대이다.

리더십의 변화가 절실히 요구되는 점을 감안할 때 국내 학계에서는 서번트 리더십에 관해 좀 더 많은 관심을 가지고 이에 대한 연구를 확대해야 할 것이며, 국내 기업들도 서번트 리더십과 복지경영에 대한 이해를 넓혀 나가야 할 것이다(김성철 외, 2018).

제2절 리더십의 이해

1. 리더십의 개념

조직의 목적을 효과적으로 달성하려면 조직구성원 간의 협력은 필수적이다. 이때 리더의 역할은 조직구성원 간의 협력을 이끌어내고 결과적으로 구성원의 행공과 조직의 성과를 연결시키는 것이다. 리더십이란 무엇이고, 리더십을 정의하는 데 있어 논의되고 있는 쟁점은 무엇인가? 리더십에 대한 정의는 사회적 현상에 따라, 리더십을 연구하는 관점에 따라 그동안 다양하게 많이 이루어져 왔다. 스토딜(Stogdill, 1974: 259)은 '리더십의 정의는 리더십을 정의하려고 시도했던 사람들만큼이나 많다'고 했다. 우선 초기 리더십이 연구에서 제시된 리더십의 정의를 보면, 스토딜(1974)은 "집단이 목표를 설정하고 그것을 성취하기 위해 집단 활동에 영향을 미치는 과정"이라고 하였으며, 카츠와 칸(Katz & Kahn, 1978: 528)은 "조직의 일상적인 지시에 기계적으로 순응하는 것을 넘어서 영향력을 행사하는 것"이라고 하였다.

또한, 성규탁(1988)은 "어떤 목표를 달성하기 위해 사람들에게 행사하는 영향력, 기술 혹은 이를 행사 하는 과정"이라고 정의하였다. 하우스(House,

1999: 184) 등은 리더십은 "타인에게 영향을 미치고 동기를 부여하며 타인이 조직의 효과성과 성공을 위해 공헌할 수 있도록 하는 개인의 능력"이라고 하였다(최성재 · 남기민. 2006 재인용). 대체로 이 정의들은 공통적으로 리더란 집단이나 조직을 이끌어 가는 핵심 인물이고, 구성원들에게 의도적인 영향력을 행사하는 과정이라는 일방향적(one-way) 리더십을 가정한다(서지원 외, 2018).

단순한 지시와 영향력 행사만으로는 구성원을 동기부여하기 어려우며 조직의 성과가 리더 한 사람만의 역량에 의해 좌우되기보다는 조직구성원 전체의 총체적 역량에 의해 결정된다고 인식하게 되었다. 이러한 인식은 리더십의 정의에 반영되어 '집단과 각 구성원의 목표달성을 위해 구성원 간에 서로 영향을 미치는 교호적 · 교환적 · 변혁적 과정'이라는 내용을 포함하게 되고 리더십이 발휘되는 과정에서 단지 한 사람의 리더가 아니라 복수의 리더가 영향을 미칠 수 있다고 보게 되었다(이기영, 2009).

리더십 연구에서는 이성보다는 영향력의 감성적 측면을 더 강조하는 방향으로 변화되었다. 즉 리더십의 감성적이고 가치지향적인 측면만이 집단과 조직의 탁월한 성취를 설명 할 수 있다는 것이다. 합리적 과정과 감성 중 어느 것이 더 상대적으로 중요한지에 대해서는 여전히 논쟁의 여지가 있으나 리더십을 개념화할 때 두 측면 모두 중요한 것이 사실이다. 이와 함께 직접 상호작용하는 부하 직원과의 사이에서 발생하는 직접적 리더십만을 리더십으로 볼 것인가, 아니면 윤리적이고 본보기가 되는 CEO 등과 같이 리더와 직접적으로 상호작용하지는 않지만 다른 구성원에게 영향을 미치는 간접적 리더십도 이에 포함되어야 하는지에 대한 논쟁이 가능하다. 그러나 직접적 형태와 간접적 형태의 영향력 행사가 명확히 구분되지 않는 경우가 있고, 더군다나 이 두 형태가 배타적이지 않으며 일관된 방향으로 함께 사용된다면 리더십 효과를 증폭시킬 수 있다(강정애 외, 2013).

이상의 리더십에 대한 정의과정을 통해서 볼 때 어떤 관점에서 리더십을 보는지 혹은 어떤 요소를 리더십의 핵심 요소로 보는지 등에 따라 리더십 정의는 다를 수밖에 없고, 그것이 시대적인 사회변화를 반영한다고 한다면 더더욱 통일되게 정의를 내리기란 쉽지 않은 일이다(서지원 외, 2018).

2. 리더십의 특성

리더십은 공식적 또는 비공식적 조직을 막론하고 인간관계에 있어 지대한 관심사로서 보는 관점에 따라 개념을 달리 규정하고 있다. 즉, 리더십은 모든 조직 활동에 동기를 부여하고 촉진하여 다양한 집단 활동을 일정한 목표로 향하도록 일체감을 조성하는 기능으로 볼 수 있다(김성철, 2018).

1) 리더십 특성

*리더십의 활동 중심은 개인이다.
*리더십은 역동적 행위이다.
*리더십은 사람에게 영향력을 주기 위한 활동이다.
*리더십의 가장 중요한 요인은 영향력이다.
*리더십의 목표는 목적달성이다.
*리더십은 의도적이다.

2) 리더십 목표

*조직 및 집단목표의 선택
*조직 및 집단 내외에서 발생하는 여러 가지 사건에 관한 해석
*목표 달성을 위한 업무 활동의 조직화 및 구성원의 동기 유발
*구성원들 간의 협동관계 및 팀워크의 유지
*조직 및 집단하부로부터 지지와 협조의 도출
 (김치영·최용민, 2006)

따라서 리더십은 집단의 단합과 사기(morale)를 증대시키고 또한 집단구성원의 개별적인 발전을 촉진시킬 수 있도록 집단 내의 상호작용을 통제하는 것을 의미한다고 볼 수 있다. 이러한 관점에서 리더십은 관리자의 능력을 수행하는 데 절대적이며 필수적 요건이라 하겠다. 특히 발전목표를 달성하기 위하여의시적인 변동을 가져오려는 과정에서는 집중적이고 의욕적이며 능숙한 내외관계의 관리가 필요하기 때문에 지도력 발휘는 지도자들의 중요한 역할이

라 하겠다.

리더십이란 어떤 상황 내에서 목표달성을 위해 어떤 개인이 다른 개인, 집단의 행위에 영향력을 행사하는 과정이다.

리더십은 어떤 사람들에게 영향을 미쳐서 목표 성취를 위해 나아가게 할 수 있는 능력이다. 리더십을 이야기할 때 자주 등장하는 것이 리더와 매니저의 차이이다. 일상적인 업무를 효율적으로 효과적으로 해낼 수 있도록 조정하며 조율하는 사람을 매니저라고는 하지만 리더라고 하지는 않는다. 리더는 단순히 조직을 관리하는 일상의 의사결정을 하는 사람을 뜻하지 않는다. '목표 (goal)'를 향해 조직을 이끌어 갈 수 있는 사람, 조직의 목표를 명확히 해주며 구체적 동기유발을 이끌어낼 수 있는 사람, 미래의 비전을 향해 방향을 잡아줄 수 있는 사람을 리더라고 한다.

리더십 이론에 있어서 베버(Weber)는 리더십을 리더가 권한을 어떻게 획득하고 실행하느냐에 있다고 보고 세 가지로 분류했다(김성철, 2018).

3) 베버(Weber)의 리더십

첫째, 전통적 권한(traditional authority)의 리더인데, 전통적인 윤리나 사회관습, 신분을 기초로 하는 권한을 행사하는 리더를 말한다.

원시사회나 근대화가 철저하지 못한 사회에서 나타나는 리더의 유형의 가부장적 색채가 짙다.

둘째, 카리스마적 권한(charismatic authority)의 리더인데, 예언자나 영웅 등 어떤 개인의 탁월한 통솔력이나 인기에 토대를 둔 권위로서 전쟁 영웅이나 종교적 예언자가 그 예이다. 이들은 보통 초인간으로 떠받들어진다.

셋째, 합리적 또는 합법적 권한(rational or authority)의 리더로서 집단의 성원들이 정당하다고 인정하는 규칙 또는 법률에 토대를 둔 권위로서 선거를 통해 선출된 현대국가의 대통령, 국회의원 및 법률에 따라 임명된 각급 관료들이 이에 해당한다.

설젠트(sergent)는 리더의 유형은 리더와 추종자와의 관계성을 기준으로 특징지어지는 것이라고 하여 역사적인 인물은 중심으로 리더십을 카리스마적 리더 또는 집행적 리더(charismatic leader), 상징적 리더(symbolic leader), 예우자

(head man), 전문가(expert), 행정적 또는 집행적 리더(administrator), 선동가 혹은 개혁가(agitator dr reformer), 강압적 리더(coercive leader)로 분류했다. 리더십은 리더가 주어진 환경 속에서 조직구성원들을 통하여 조직의 목표나 목적을 달성하려는 목표지향적 행동이기 때문에, 리더십의 결과는 리더와 조직구성원 상호 간의 영향과정에 달렸다(김성철 외, 2018).

이 영향과정에 따라서 조직구성원의 행동은 물론 의도한 성과의 달성 여하가 결정되고, 나아가서는 이로 인한 만족감도 결정된다. 그러나 여러 가지 유형의 리더십 중에서 가장 중요한 리더십은 무엇보다도 섬김과 나눔의 복지적 리더십이 중요하다고 생각한다(김성철, 2018).

4) 사회복지적 리더십

사회복지적 리더십이 바로 미래의 리더십이라고 본다. 사회복지적 리더십은 전통적 리더십 스타일의 대안으로 직원들의 개인적 성장을 신장시키는 동시에 조직의 질적인 개선을 시도한 새로운 리더십 이론이다.

사회복지적 리더십에서는 팀워크, 지역공동체, 의사결정에의 참여, 윤리적 행태 등을 강조한다. 스피어스(L. Spears)는 이러한 사회복지적 리더십을 인간개발의 새로운 시대에 알맞은 진정한 희망과 방향을 제시하는 것으로 주장하고 있다.

사회복지적 리더십은 1970년 그린리프(r. k. Greenleaf)가 '리더로서의 봉사자(SERVANT-Leadership)'라는 책에서 만들어낸 개념이다. 그린리프는 봉사리더는 무엇보다도 먼저 다른 사람에게 봉사하는 사람을 규정짓고 있다.

리더로서의 봉사자 또는 하인은 먼저 봉사하고자 하는 자연스러운 감정이 사지게 되면 리더가 하고자 하는 운명을 의식적으로 선택하게 된다는 것이다. 사회복지적 리더의 특성은 경청, 감정이입, 영적인 치유, 자각, 설득, 개념화, 통찰력, 봉사정신, 성장의 몰입, 공동체 확립 등 10가지로 주장한다.

이것은 특징 자체가 손쉽게 얻어지는 특징이나 자질이 아니라 리더가 되고자 하는 사람들의 절대적인 노력이 필요하기 때문이다. 스미스(R. W. Smith)는 전통적 리더십과 봉사리더십과의 차이를 이론가, 가치, 신념, 수수께끼 풀이, 리더십 스타일, 부하의 스타일 등으로 규정하고 있다.

리더십의 3대 기본요소는 지도자, 추종자, 상황이다.

사회복지적 리더십으로 어떤 것이 바른 것이고 세상이 나아갈 바가 무엇인지 목표를 먼저 분명히 알고 사람들과 더불어 함께 살아가는 것이 바람직하다고 보며 세상의 빛과 소금의 역할을 하기 위해 사회복지적 리더십이 필요하다고 본다. 그리고 모든 삶과 기업은 경영이듯이 복지경영을 통한 나눔과 섬김의 경영을 통해 나아가는 것이 오늘날의 사회에 절대적으로 필요하며 필요하고, 또 하나는 소금과 같은 역할이 필요한데 세상이 이미 썩은 것이 아니고 구석구석 사랑, 봉사, 희생이 많이 살아 있는데, 이런 자생적인 것들이 썩지 않도록, 보존되고 유지되게 하기 위해 사회복지적 리더십과 복지경영이 함께할 때 아름다운 사회가 될 것으로 본다(사회복지경영학: 김성철, 2018).

3. 리더십의 활용방안

사회복지조직을 효과적으로 관리하기 위해서는 서비스의 질과 생산성이라는 두 가지 측면을 적절하게 혼합할 수 있는 리더십 스타일을 찾는 것이 중요하다. 외부환경에 의존적인 사회복지서비스 조직들에서는 리더십 평가의 기준을 자칫 생산성이나 효율성에 국한되어 강요받을 수도 있다. 그러한 기준들도 일견 중요 하지만, 그럼에도 그것들이 서비스의 질이나 효과성 기준을 능가하는 것이 되어서는 안 된다. 이런 이유로 사회복지행정의 원리는 몰가치적 행정보다는 오히려 전문직의 가치개입을 통한 리더십을 강조한다(김영종, 2010).

사회복지조직은 일반 행정 조직과 다르다는 것을 알 수 있다. 리더십의 특성을 충분히 고려해야 할 것이다. 사회복지리더십의 활용 방안으로는 사회복지 실천기술의 활용으로서, 사회복지조직은 수립한 프로그램의 목표를 달성하기 위하여 동원 가능한 모든 기술과 기법을 활용해야 한다. 이를 위해서는 조직의 리더뿐만 아니라 조직구성원 전체의 능력을 증진시켜야 한다. 또한 조직 내의 사기를 진작시킬 수 있는 환경과 분위기를 만들어가는 것도 중요하다. 리더가 조직 내에서 어떠한 리더십을 발휘하고 활용하느냐에 따라 달성여부가 결정된다는 점을 반드시 고려해야 한다.

섬김(servant)의 리더십은 전통적 리더십 스타일의 대안으로 직원들이 개인적으로 성장함과 동시에, 조직의 질적인 개선을 시도한 새로운 리더십 이론이다. 섬김의 리더십에서는 팀워크, 지역공동체, 의사결정에 참여, 윤리적 형태 등을 강조한다. 스피어(L. Spears)는 섬김의 리더십을 인간개발의 새로운 시대에 알맞은 진정한 희망과 방향을 제시하는 것으로 주장하고 있다. 섬김의 리더십은 1970년 그린리프(R. Greenleaf)가 〈섬김의 지도력(servant—leadership)〉이라는 저서에서 도출해낸 용어이다. 그린리프는 헤르만 헤세의 〈동반기행〉에 등장하는 여행단의 하인인 레오에게 아이디어를 얻어 섬김의 리더십을 고안하게 되었다. 그린리프는 섬김의 리더십을 먼저 봉사하고자 하는 자연스러운 감정이 들면 지도자가 하고자 하는 것을 의식적으로 선택하게 된다는 것이다.

섬기는 지도자의 특성은 경청, 감정이입, 치유, 자각, 설득, 개념화, 통찰력, 봉사정신, 성장의 몰입, 공동체 확립 등을 강도하고 있다. 이는 쉽게 얻어지는 특징이나 자질이 아니라 지도자가 되고자 하는 사람들의 절대적인 노력이 필요하기 때문이다. 스미스(R. Smith)는 전통적 리더십과 섬기는 리더십의 차이를 이론, 가치, 신념, 수수께끼 풀이, 리더십 스타일, 부하의 스타일 등으로 규정하고 있다(김성철 외, 2018).

사회복지조직에서의 리더의 역할을 보면 조직의 성격에 따라 다른데, 즉 기업의 최고경영자는 이윤을 최대로 추구하는 것이며, 공공기관조직의 리더인 경우는 정책의 일관적 집행을 가장 중요한 기준으로 삼고 있다.

그러나 사회복지조직의 리더는 클라이언트와 지역사회에 제공하는 서비스 및 활동의 질로서 평가받게 된다(김성철 외, 2018).

따라서 사회복지조직에서의 리더의 역할은

① 조직에서 생산되는 산출물에 의해 직접적인 평가를 받는다.
② 양질의 서비스를 효율적으로 공급하는 것이 그들의 가장 중요한 임무가 된다.
③ 전통적 경영기술과 함께 사회복지정책 형성 과정에서도 중요한 역할을 수행한다.
④ 기관 생산성에 대한 강조와 동시에 클라이언트의 문제 및 욕구에 대해 민감 할 것을 요구 받는다(김치영·최용민, 2006).

리더는 조직 및 구성원의 발전에 대한 책임이 있다.

리더는 뚜렷하고 분명한 목표제시와 방향을 구성원에게 할 뿐만 아니라 솔선수범하는 자세를 보여줘야 한다. 그리고 리더는 상황을 직시하고 분명한 통찰력으로 문제의 핵심을 잘 진단하고, 구성원에게 합리적인 방법을 제시할 수 있는 능력을 가져야 한다. 구성원들이 문제해결 방안을 선택하면 리더는 조직의 안정을 위협할 수 있는 정치적 · 경제적 · 사회적 원인들에 대하여 분석하고, 이러한 원인들이 미칠 파장을 고려하여 대비책을 마련해야 한다(김성철, 2018).

따라서 사회복지조직의 최고관리자는 당면문제의 원인을 분석하고 해결방안을 모색할 수 있지만, 최종적인 방안의 선택은 리더의 몫이기 때문에 리더는 심사숙고해야 한다.

조직의 위기는 조직을 붕괴시킬 수도 있고 조직을 한 단계 발전시키는 결과를 가져오기도 한다. 탁월한 리더는 상황에 따라 적절한 방안을 제시하여 구성원들로 하여금 스스로 문제의 원인을 찾고 해결할 수 있는 능력을 갖춘 자라 할 수 있다.

4. 코칭 리더십과 비영리경영

코칭은 사람과의 관계형성을 기본으로 상대방이 원하는 방향으로 변화를 주도하기 위해 이루어지는 커뮤니케이션 과정으로 수동적인 변화가 아닌 자기주도적 변화를 목표로 하며 일시적인 변화가 아닌 지속적인 변화를 원한다. 현대 사회가 추구하는 코칭리더십은 리더의 일방적인 명령이나 통제가 아니라 조직 구성원에게 조직이 지향하는 방향을 제시해 주고 목표설정을 할 수 있도록 도와주는 역할을 한다. 코칭 리더십은 스스로 직무성과를 향상시킬 수 있는 방법을 탐색하고 분석하는 것을 촉진시킨다.

특히 직무수행능력 함양을 위한 개발, 조직구성원의 과업수행평가, 구성원 사이에 개방적이고 신뢰적 관계 등을 통해 조직목표를 실현하는 조직관리 인식을 공급해 주기 때문에 새로운 리더십 패러다임을 중점으로 부상하는 비영리경영에 주목받고 있다.

코칭 리더십이 조직에 미치는 영향을 살펴보면 다음과 같다.

첫째, 리더가 조직구성원에게 목표를 기대하고 실행에 관련된 긍정적인 피드백을 제공한다. 둘째, 리더가 조직구성원이 지닌 잠재능력을 개발하고 조직이 목표로 하는 변화와 혁신을 지원하는 데 의미를 두고 있다. 셋째, 리더가 코칭을 통하여 조직구성원들이 스스로 동기부여가 되어 조직에 몰입할 수 있는 분위기를 조성한다. 따라서 리더의 코칭 역할은 조직구성원의 직무만족, 조직몰입 등에 긍정적인 영향을 미치는 결과이다(김성철, 2018).

5. 리더십 개발

조직 관리자의 리더십이 중요하게 인식되면서 리더십 개발을 위한 다양한 프로그램 및 방법이 개발되어 활용되고 있다. 대체로 리더십 역량은 공식적인 훈련, 개발활동 및 자조활동 등을 포함한 여러 방법을 통해 길러진다. 공식적인 훈련으로는 지역사회 단체 및 학회, 대학 등에서 이루어지는 워크숍 등이 있다.

개발활동으로는 상사나 외부 컨설턴트에 의한 코칭, 조직 내에서 높은 직위에 있는 사람에 의한 멘토링(mentoring), 특별한 임무를 제공하여 수행하게 함으로써 리더십 역량을 키우는 개발과제방식 등 다양하다. 자조활동은 개인들 각자에 의해 수행되는데, 기술향상을 위해 책을 읽거나 관련 영상을 시청할 수 있다.

또한 보상체계를 개선하거나 조직문화를 변화시킴으로써 지속적으로 학습을 권장하고 시스템을 개선하는 방식도 리더십 개발에 간접적으로 영향을 미친다(강정애 외, 2013).

6. 리더십 연구

리더십은 구성원의 행동과 조직의 성과를 연결시키는 중요한 조직경영 요소이다.

리더십에 대한 질문은 오랫동안 논의의 대상이었지만 리더십에 대한 과학적인 연구는 20세기 들어서 시작되었다. 이러한 연구를 시대에 따라 1930년 대에서 1970년대 후반 사이에 나온 이론을 전통적 리더십 이론으로, 1970년대 후반 이후 현재까지 쏟아져 나온 리더십 이론을 현대적 리더십 이론으로 구분할 수 있다.

연구자마다 리더십을 보는 관점이 다르고 리더십을 개념화하는 차원을 달리함에 따라 다양한 이론이 제시되었다. 비영리조직에서는 최근 급속한 조직 환경의 변화 속에서 경쟁개념의 도입, 조직의 성과에 대한 강조 및 사회적 책임성이 강조되면서 그 어느 때보다도 리더십에 대한 관심이 증대되었다.

리더십 이론을 구분하는 또 다른 방법은 크게 그 이론의 관점이 무엇인가, 그리고 이론의 개념화 수준을 어디에 두는가에 따라 구분하는 방법이다. 즉 리더십을 구성하는 핵심 요소를 리더의 타고난 특성으로 보는가, 리더의 행동으로 보는가, 아니면 리더십이 발휘되는 상황적 요소에 초점을 맞추는가에 따라 다양한 접근이 가능하다. 또한 리더십이 개입되는 대상의 범위가 어디까지 인가에 따라서도 분류할 수 있다. 즉 리더 개인에게 두는지, 일대일 관계인지, 집단수준인지, 조직수준인지 등의 리더십의 개념화 수준에 따라서도 구분할 수 있다(서지원 외, 2021).

7. 리더십 이론

사회적 가치관의 변화로 리더십을 바라보는 시각이 달라지면서 영향력을 행사하는 방식이나 영향력 행사의 주체에 대한 인식도 크게 바뀌었다. 단순한 지시와 영향력 행사만으로는 구성원을 동기부여하기 어려우며 조직의 성과가 리더 한 사람만의 역량에 의해 좌우되기보다는 조직구성원 전체의 총체적 역량에 의해 결정된다고 인식하게 되었다. 성공적인 리더가 되기 위해서는 사물에 관련되는 전문적 기술, 사람에 관련되는 대인기술, 아이디어나 개념에 관계되는 개념적 기술이 필요하다.

비영리조직의 관리자는 조직 및 조직구성원, 그리고 서비스 이용자 및 이해당사자를 고려하면서 조직의성과를 향상시키고자 한다. 따라서 다양하고 통합적인 리더십 기술을 요구하고 있으며, 특히 사회 환경의 급속한 변화는 관리자가 가지고 있는 기존 리더십의 유지뿐만 아니라 새로운 리더십의 개발을 요구하고 있다(서지원 외, 2018).

리더십 이론으로는 특성이론, 행동이론, 상황이론이 있다. 특성이론은 리더의 특성에 초점을 맞춘 연구로 성공적인 리더는 보통 사람들과는 구분되는 리더만의 특징이 있다고 보았다. 행동이론은 리더의 실제적인 행동에 관심을 두고 바람직한 리더의 행동은 다른 사람에게 전수시킬 수 있고, 리더십은 개발할 수 있는 것으로 보았다. 상황이론은 여러 상황적 조건들을 구체화하고 그 조건에 따른 리더십의 효율성을 분석하였다. 변혁적 리더십은 구성원으로 하여금 사적 이해관계를 초월하여 조직의 목적을 이해시키고 높은 수준의 욕구를 불러일으키며 업무성과의 중요성과 가치를 인식시키고, 또한 리더의 권한을 구성원에게 위임함으로써 직무몰입 수준을 높이고 동시에 책임을 지고 창의력을 발휘하도록 하는 진취적인 리더십이다.

리더십에 대한 학문적 접근은 기본적으로 크게 세 가지 방향에서 이루어져 왔다.

첫째는 리더의 특성이나 자질에 초점을 맞추어 그들의 특성과 자질이 리더의 조직효과성에 어떠한 영향을 미치는지를 밝히는 것을 중점으로 한 특성이론(traits theory)이다. 두 번째로, 조직구성원들의 업무성과 및 만족감과 같은 조직의 성과에 바람직하고 효과적인 결과를 가져오는 리더의 행동에 초점을 두고 이러한 행동을 파악해 내는 행동이론(behavioral theory)이다. 세 번째로, 리더십 행동과 다양한 조직상황 혹은 구성원 상황과의 적합성(fitness)에 초점을 두고, 각 상황에서 조직구성원의 업무성과 및 만족감과 같은 조직효과성을 가져올 수 있는 리더의 적합행동을 파악해 내는 상황이론(contingency theory)이다.

최근 사회 환경의 급속한 변화에 따라 불확실성이 증가하고 사회조직의 경쟁력에 대한 패러다임이 변화하며 가치의 부가에서 가치의 창조로 조직의 성공에 대한 인적자원의 중요성이 커지면서 새로운 차원의 리더십이 요구되고 있다. 가장 주목받고 있는 대표적인 리더십으로는 카리스마 리더십과 변혁적 리더십 등을 들 수 있다.

1) 리더십 이론의 관점

(1) 특성접근

특성접근은 초창기의 리더십 연구로, 이 접근에서는 리더의 성격, 동기, 가치 능력 등 리더가 지니고 있는 속성을 강조한다. 이 접근은 다른 사람들이 소유하지 못한 리더로서의 특성을 어떤 사람들은 천부적으로 가지고 태어난다는 가정을 한다. 이를테면 왕성한 체력, 통찰력 있는 직관, 예리한 선견지명, 타인을 움직이는 설득력과 같은 비범한 능력 등을 갖추고 있다는 것이다. 1930년대에서 1940년대까지 이루어진 많은 연구들은 성공적인 리더의 자질이 무엇인지를 밝히려고 하였지만 일관된 특성을 찾는 데는 실패하였다. 그러나 그 후에도 리더의 특성이 리더십 행동과 효과성에 관련되는지를 밝히고자 연구는 거듭되고 있다(서지원 외, 2021).

(2) 행동접근

특성접근이 성공적인 리더를 보장해 주는 특성을 일관되게 밝히지 못하면서 1950년대 초기의 리더십 연구자들은 리더의 행동에 주목하였다. 즉 어떤 연구자는 관리자가 실제로 리더로서 무엇을 하는지, 시간을 어떻게 사용하는지에 관심을 가지고 관리업무의 전형적인 활동패턴, 책임, 기능들을 조사하였다. 또 어떤 연구자는 관리자가 그들의 직무에서의 요구와 제약, 역할갈등에 어떻게 대처하는지 조사하기도 하였다.

관리업무에 대한 대부분의 연구들은 직접 관찰, 일기, 직무기술 설문지, 면접으로 수집한 일화와 같은 기술적 자료수집 방법을 사용하였다.

행동접근의 또 다른 연구범주는 관찰 가능한 리더의 행동이나 의사결정과 효과적인 리더십 지표와의 관련성을 살펴보는 것이었다. 이 접근에서 사용하는 연구방법은 행동기술 설문지를 활용하여 실제의 현장조사 연구를 포함하고 있다. 이렇게 시작된 행동접근 연구는 리더십 행동과 다양한 리더십 효과성 지표들 간의 상관관계를 50년에 걸쳐 조사하였다.

(3) 권력-영향력

권력-영향력 연구는 리더와 구성원 간의 영향력 과정에 초점을 맞추고 있다. 그중 어떤 연구들은 리더가 부하들에게 영향을 미치는 단일 방향의 인과성을 가정하는 리더 중심의 관점을 취한다. 이 연구들은 리더가 소유한 권력의 정도와 유형, 권력을 행사하는 방식을 중심으로 리더십 효과성을 설명하려고 하였다.

(4) 상황접근

상황접근은 리더십의 효과는 리더십이 이루어지는 맥락, 즉 상황에 따라 다르다는 인식에서 출발한다. 이때 주요 상황변수로는 부하의 특징, 집단이 수행하는 작업의 성격, 조직유형, 외부환경의 성격을 포함한다. 이 접근에서의 가정은 상황에 따라 다른 속성이 효과적일 수 있으며 똑같은 속성이 모든 상황에서 최적일 수는 없다는 것이다. 이러한 관계를 설명하는 이론을 때로는 리더십의 '상황이론'이라고 한다.

(5) 통합접근

통합접근은 지금까지 이루어진 많은 연구와는 다르게 실제 리더십에서는 한 가지 유형 이상의 다양한 유형의 리더십 변수를 포함할 수 있다는 인식에서 출발한다. 따라서 최근에는 하나의 연구에서 두 가지 유형 이상의 리더십 변수를 포함시키는 것이 일상화되고 있다. 그러나 여전히 모든 변수(이를 테면, 특성, 행동, 영향력 과정, 상황변수, 결과변수)를 모두 다 포함한 이론을 찾기란 어려운 일이다.

2) 리더십 이론의 개념화 수준

어떤 리더십 이론은 리더 한 개인에게 관심을 두는가 하면 다른 리더십 이론은 리더와 구성원과의 관계에 관심을 두는 이론이 있다. 즉 리더십의 '개념화수준'에 따라 ① 개인 내 과정, ② 일대일 관계과정, ③ 집단과정, ④ 조직과정, ⑤ 복수수준의 이론 등에 초점을 맞춘 이론으로 분류할 수 있다(서지원 외, 2021).

(1) 개인 내 과정

대부분의 리더십 정의는 리더와 구성원 상호 간의 영향력 행사과정을 포함하고 있기 때문에 리더의 속성만으로 리더십을 파악하기는 어렵다. 그럼에도 실제 많은 연구자들은 리더 개인의 의사결정과 행동을 설명하기 위해서 성격특성, 가치관, 능력, 동기부여, 인지심리학 이론을 사용해 왔다. 그러나 개인 내 과정에 대한 지식과 리더십 역할과 행동, 특성에 대한 유형분류는 리더십에 대한 이론 개발에 통찰력을 제공하지만 리더십의 근본적 과정이라고는 할 수 있는 타인에 대한 영향력 부분을 포괄적으로 포함하고 있지는 않다.

(2) 일대일 관계과정

일대일 접근방식은 리더와 구성원 개인 간의 관계에 초점을 맞춘다. 대개 이러한 이론들은 영향력의 원천으로 리더십 행동에 초점을 맞추며, 영향력의 결과로서 구성원 개인의 태도, 동기부여, 그리고 행동변화를 인식함으로써 구성원의 변화를 통한 조직의 성과를 효과적인 리더십 행동으로 설명하는 데 유용하다. 그러나 실제 리더가 구성원을 한 명만 두는 경우는 드물기 때문에 집단성과에 대한 영향력의 설명이 유효하려면 구성원이 유사하고 이들이 독립적인 업무역할을 맡고 있다는 가정이 필요하다. 또한 이 이론은 리더십의 결과 복수성의 구성원에 의해 나타나는 집합적 성과를 설명하는 데 어떤 상황이나 배경이 중요한지에 대해 과소평가한 점도 한계로 지적된다.

(3) 집단과정

효과적인 리더십을 집단수준의 관점에서 보면 초점은 팀 혹은 집단의 성과를 결정하는 집합적 과정에 대한 리더의 영향력에 맞추어진다. 이때 주요 내용으로는 조직의 인력과 자원의 조직화, 구성원의 몰입수준, 구성원의 업무수행에 대한 다신감, 구성원 간의 신뢰와 협력 등이 된다. 일대일 관계이론과 달리 집단수준이론은 팀 혹은 집단에서의 효과적인 리더십을 잘 설명해 준다. 그러나 이 이론은 구성원의 동기부여에 대한 리더의 영향력을 설명하는 데 유용한 심리적 과정 등을 포함하고 있지는 않다.

그리고 외적인 관계를 팀의 관점에서 보기 때문에 외부환경과의 관계에서의 리더십을 파악하는 데에는 한계가 있다(서지원 외, 2021).

(4) 조직과정

집단접근은 일대일 관계 접근이나 개인 내 접근보다 조직의 리더십 효과성 설명에 보다 유용한 면을 지니는 것이 사실이다. 그러나 집단은 통상적으로 더 큰 규모의 사회체계 속에 존재하게 되는데, 만일 연구의 초점을 집단의 내부과정에만 국한한다면 사회체계 속에 존재하게 되는데, 집단에 대한 효과성을 포괄적으로 파악하였다고 할 수는 없다. 그러나 조직분석 수준에서는 리더십을 조직을 둘러싸고 있는 더 큰 개방체계에서 일어나는 하나의 과정으로 설명함으로써 조직과 환경과의 관계에 영향을 미치는 리더십을 설명할 수 있게 된다. 현대의 조직들은 외부환경으로부터 협력과 지원을 확보하는 일이 조직의 생존과 번영에 무엇보다도 중요하기 때문에 조직분석 수준의 리더십 개념화는 중요한 의미를 지닌다. 흔히 이러한 리더십은 '전략적 리더십'에 속한다.

(5) 복수수준의 이론

복수수준의 이론은 두 수준 이상에서 리더십을 설명하는 개념들을 포함한다. 이러한 접근은 이론적으로 조직의 리더십을 종합적으로 설명하는 데는 유용하나 실제 이론검증에 어려움이 있는 것이 사실이다.

8. 리더십의 결론

섬김의 리더십이란 사람들을 도와서 그들의 목표를 성취하게 하고 효과적으로 이루도록 돕는 리더십이다. 섬김의 리더십은 방향제시자, 파트너, 지원자의 세 가지 역할에 중점을 둔다. 섬김의 리더십은 자신의 필요가 아니라 다른 사람들의 필요를 채워주는 사랑의 리더십이다. 진정한 리더와 명예욕뿐인 리더를 구별하는 기준 중 하나가 바로 섬김이다. 리더십에 종의 마음이 요구되는 것은 분명히 맞지만 종의 마음이 있다고 해서 누구나 리더인 것은 절대로 아니다. 가장 훌륭한 리더십의 권위는 위선이나 성격이나 직위의 힘에서 나오는 것이 아니라 바른 모범에서 나오는 것이다.

높은 자일수록 섬겨야 한다는 종 된 리더십(Servant Leardership)이 필요하다.

- 섬김의 리더십
- 지금의 시대는 다양한 가치가 공존 하는 사회
- 이끌고 가는 리더가 아닌, 동행하며 공감 하는 리더
- 통찰력을 가진 리더

다양함이 존중 받는 사회에서의 리더는 이해와 배려를 통한 섬김의 자세가 무엇보다 중요하고 필요하다.

*리더가 갖추어야 할 5가지 덕목
① 뚜렷한 비전 제시
② 탁월함에 대한 열정
③ 동기부여하는 능력
④ 혁신과 열린 마음
⑤ 높은 인격과 공감 능력

*리더의 역할은 성과
- 일을 완벽하게 하는 역할
- 사람을 관리하는 역할
- 미래를 준비하는 역할

*리더십 조건은 책임감
- 권위를 버리고 함께하는 리더십
- 학습하고 솔선수범하는 리더십
- 소통과 동행의 리더십
- 리더는 뒤가 아닌 앞에서 *끄는 자*(김성철, 2021).

세상이 이미 썩은 것이 아니고 구석구석 사랑, 봉사, 희생이 많이 살아 있는데, 이런 자생적인 것들이 썩지 않도록, 보존되고 유지되게 하기 위해 사회복지적 리더십과 복지경영이 함께 할 때 아름다운 사회가 될 것으로 본다(김성철, 2018).

참고문헌

LG 경제연구원(2010). 2020 새로운 미래가 온다. 한즈미디어(주)

KOICA ODA 교육원(2016), 국제개발협력 입문편, ㈜시공미디어

권선국·장지영(2020), 비영리법인의 회계 현황과 개선방안, (사)한국정부회계학회

강나라(2017), 「비영리회계입문」 유원북스

국가법령정보센터

국무조정실(2020.12.23), 비영리법인 온라인 총회 상시적 허용 보도참고자료

국제관계연구(2020), Vol 25, no. 1, 통권 48호 5－38

기획재정부 공적개발원조실적통계 통계정보보고서(2019.12)

기획재정부 COOP 사이트

김민정(2020), "비영리조직에 대한 정부 재정지원의 동태적 변화 연구 : 비영리 민
  간단체 공익활동 지원사업을 중심으로". 성균관대학교 국정관리대학원 석사학위
  논문

김동근(2015), 「협동조합 사회적협동조합 설립절차 실무총람」, 법률출판사

김성철(2018), 사회복지경영학, 공동체

김용운(2002), 국내 화장품 장수 브랜드의 마케팅믹스 전략에 관한 사례연구

김은남(2015), 「이런 협동조합이 성공한다」, 개마고원

김정훈 외 3인(2018), "비영리조직 운영 관리론". 양서원

김정훈·이해익·임안나·정문경(2018). 비영리조직 운영관리론. 양서원

김진수(2009), NPO에 대한 회계정보 공시제도의 평가 및 정책방향, 한국비영리단체
  연구회

김학수 외 3인(2017), "주요국의 비영리법인 과세체계 비교연구", 한국조세제정연
  구원

기현희(2005), 사회복지법인 회계처리의 개선방안에 대한 고찰, 한국국제회계학회

김홍구(2016), 세상을 선하게 바꾸는 이벤트, 엘피

나란희(2020), 비영리조직(NPO) 지역문화재단의 재정자립도 제고방안, 중앙대 예술
  대학원 석사학위논문

노태일(2016), 비영리조직(NPO) 회계의 문제점과 개선방안, 대한경영학회

낸시루블린(2012), 제로의 힘, 반디

네이버 지식백과. 행정학사전

대한민국 ODA통합 홈페이지(www.odakorea.go.kr)

라도삼·박종구(2005), 문화향수 촉진을 위한 마케팅전략에 관한 연구, 성산효대학원논문

민현정(2004), NGO에 대한 지방정부 재정지원의 실태와 문제점, 한국지방자치학회회보, 제16권, 제3호(통권47호)

박상필(2012), 1990년대 이후 한국 시민사회의 발전 : 정부와 시민사회와의 관계를 중심으로 = The Development of Korean Civil Society after 1990s. 민주화운동기념사업회 한국민주주의연구소. 기억과 전망. Vol.0 No.27

박상필(2006), 시민 사회의 과제와 전망 : 비영리단체의 발생원인과 발달배경.

박상필(2015), 한국 시민사회의 변화와 새로운 역할, NGO연구 제10권 제2호 (2015): 35~68

박상필(2000), 비영리 단체의 발생 원인과 발달 배경 88~91. 한국인문사회과학회. 학술지-현상과 인식. Vol.24 No.1·2

박상필(2012), 한국민주주의연구소. 1990년대 이후 한국 시민사회의 발전: 정부와 시민사회와의 관계를 중심으로 2012, vol., no.27, 통권 27호 pp.162-191

박영선·정병순(2019), 시민사회 생태계 진단과 활성화 정책 방향 : 새로운 공익활동 주체 중심으로, 시민사회의 내부적 변화와 공익활동의 다양화

법제처(2020), 보건복지부 및 질병관리청 소관 비영리법인의 설립 및 감독에 관한 규칙

법제처(2021), 비영리민간단체 지원법 시행령

법제처(2020), 협동조합 기본법 시행규칙

배원기·박재형(2019), "비영리법인(NPO)의 회계와 세무 입문", ㈜신영사

비영리민간단체 공익활동 지원사업 선정 결과(2020). 행정안전부

비영리민간단체 공익활동 지원사업 집행 지침(2020). 행정안전부

비영리민간단체법(2020)

사카구치 다이와(2008). 김하경 역. 경영학 산책. 비즈니스 맵

사회적기업연구소(2015). 「사회적협동조합 창업에서 혁신까지」, 스마일스토리

서덕수(2015), 사회복지법인 회계제도의 개선방안에 관한 연구, 한국산업경제학회

성백춘(2012), 사회복지법인의 회계제도 개선에 관한 연구, 한국전산회계학회

심선경(1998), "과업 환경에 따른 사회운동적 민간비영리조직의 특성 및 기능 변화

에 관한 연구 : 지역 사회탁아소 연합회 사례 분석", 이화여자대학교 사회복지대학원 석사학위논문

안소영·조상미·조정화(2019), 조직 다양성(Workforce Diversity) 연구, 어디까지 왔는가?: 국내조직 논문의 경향분석, 한국사회복지행정학 21권 제4호(통권 제65호), 2019, pp. 199-239

영국 가디언지 Socialenterprise Network

오성근, 병원회계 제도에 관한 연구, 한국전산회계학회

이동수·김태영·송경재·이영안(2011), 한국 시민사회의 과제와 발전을 위한 청사진 연구

이보아(2003), 성공한 마케팅, 역사넷

이상호(2002), "다양성관리의 이념과 가치에 관한 논의 - 인력활용의 관점에서 -", 『한국행정논집』, 14(2), 625-644

이성우·이영유(2021), 한국 국제개발협력과 문화 ODA, 문화정책논총 2021 제35집 1호 07, 191-225

이연호 외(2017), EU와 국제개발협력, 서울시, ㈜박영사

이일하(2011), 굿네이버스 창립자가 전하는NGO경영이야기, 굿네이버스

이주희(2004), 비영리조직의 경쟁력 강화를 위한 마케팅전략 연구

이희태(2002), 지방정부의 비영리민간단체 지원사업의 평가와 그 정책과정, p.3

앨빈 H·레이스(1997), 성공적인 예술 경영, 세종출판사

전규안(2018), 《비영리조직의 회계제도 현황과 개선방안》, 한국기업평판검토

정갑연(2017), 비영리조직의 시장지향성이 마케팅 역량을 통해 성과에 미치는 영향, 영세경영연구

정익준(1999), 비영리조직 마케팅, 영풍문고

정현주·홍지영·손혁상(2020), 포르투칼 다자원조 결정요인에 대한 탐색적 연구

조병연·임재희(2012), 한국의 교회 회계제도 개선 연구, 한국국제회계심사

조성표(2016), 교회 회계기준들에 대한 비평과 개선방안, 한국로고스경영학회

조준(2005). 사회복지사업에서 공공 및 민간부문의 역할분담모형과 실제 공급방식에 관한 연구. 동신대학교 대학원 박사학위논문

조철민(2017). 2017년 시민사회의 과제와 전망. 한국민주주의연구소

충청남도공익활동지원센터(2019), 단체설립을 위한 종합 실무 안내서 Newn 설립신공

토마스울프(2012), 21세기NPO경영, 이렇게 하라, 재단법인행복세상

한국사회적기업진흥원(2021), 사회적협동조합 설립 가이드북

한국사회적기업진흥원(2021), 협동조합 정관의 작성방법 및 작성예시

한국수출입은행 2018년 우리나라 ODA 확정통계 주요내용(2020.03)

한국사회적기업진흥원 장영찬 글 발췌, 2020, 포스트 코로나시대, 우리나라 협동조
  합이 나아가야 할 방향

한국조세재정연구원(2022), 국가회계 재정통계 Brief 2020 공익법인 재무현황

Bennet, R(2005), Competitive environment, Journal or Service Marking

Companiesinc https://companiesinc.com/ko/start－a－business/non－profit/

Kohli, A. K, and Jaworski, B. J(1990), Market orientation

Kotler, P. and Levy, S. J(1969), Broadening the Concept of Marketing

Liao, M, Foreman, S. & Sargeant, A(2001), Market versus societal orientation in
  the nonprofit context

McCarhty, Jerome E. (1960), Basic Marketing, A Mandgerial Approach

Prasad, P., and Mills, A. J. (1997), From Showcase to Shadow: Understanding
  the Dilemmas of Managing Workplace Diversity. In P.

Prasad e tal.(ed.), Managing The Organizational Melting Pot: Dilemmas of
  Workplace Diversity. 3－27. Thousand Oaks, CA: Sage Publications.

Smith & Lipsky(1993), Revisiting advocacy by non－profit organization, Vazquez
  et al, 2002, Consumer－based baxed brand equity

찾아보기(인명)

찾아보기(사항)

저자 소개

김성철	백석대학교 NPO경영학과 주임교수 KSC사회적협동조합 이사장
김은주	안성시노인복지관 과장 사단법인 한국비영리조직평가원 위원
김지현	JANE 심리상담연구소 대표 SOLGEMKOREA 대표
김창원	미래글로벌싱크탱크(F.G.T:FutureGlobalThinktank) 연구원장 미래 인재 양성 연구소 소장
김한나	NPO컨설팅 연구원, 사회복지사 한국NCS연구소 연구원
김현경	한국평화사회복지연구소 연구원 Elohim production CEO
김혜림	한국복지발전협회 회장
도우현	한국평화사회복지연구소 연구원
박영복	문학신문사 서울특별시 지회장
서경	인천광역시교육청 학교생활교육과 전문상담사, 사회복지사 한국평화사회복지연구소 연구원
이규성	참사랑재가노인지원센터 사회복지사 한국평화사회복지연구소 연구원
이정아	한국평화사회복지연구소 연구원
한지윤	평택서부노인복지관 사회복지사 한국평화사회복지연구소 연구원
함지훈	수원HAPPY해누리작업장 사회복지사 한국평화사회복지연구소 연구원

비영리기관운영관리

초판발행	2023년 3월 10일
지은이	김성철·김은주·김지현·김창원·김한나·김현경·김혜림 도우현·박영복·서 경·이규성·이정아·한지윤·함지훈
펴낸이	안종만·안상준
편 집	전채린
기획/마케팅	정연환
표지디자인	Ben Story
제 작	고철민·조영환
펴낸곳	(주) **박영사** 서울특별시 금천구 가산디지털2로 53, 210호(가산동, 한라시그마밸리) 등록 1959. 3. 11. 제300-1959-1호(倫)
전 화	02)733-6771
f a x	02)736-4818
e-mail	pys@pybook.co.kr
homepage	www.pybook.co.kr
ISBN	979-11-303-1707-6 93320

정 가   22,000원